国家出版基金项目
NATIONAL PUBLICATION FOUNDATION

“十四五”国家重点图书出版规划项目
国家出版基金资助项目

中国德育研究大系

德育课程研究

总 主 编 | 檀传宝

本册著者 | 刘长海

长江出版传媒 | 湖北教育出版社

图书在版编目（CIP）数据

德育课程研究 / 刘长海著. -- 武汉 : 湖北教育出版社, 2023.12
（中国德育研究大系）
ISBN 978-7-5564-5982-7

Ⅰ. ①德… Ⅱ. ①刘… Ⅲ. ①德育—课程—研究 Ⅳ. ①G41

中国国家版本馆CIP数据核字(2023)第191475号

ZHONGGUO DEYU YANJIU DAXI · DEYU KECHENG YANJIU
中国德育研究大系 · 德育课程研究

出品人 方 平
责任编辑 刘书慧　责任校对 李庆华　封面设计 荆棘设计
版式设计 刘静文　责任督印 刘牧原

出版发行 长江出版传媒 430070 武汉市雄楚大道 268 号
湖北教育出版社 430070 武汉市雄楚大道 268 号
经　　销 新华书店
网　　址 http://www.hbedup.com
印　　刷 湖北新华印务有限公司
地　　址 武汉市硚口区长风路 31 号
开　　本 710mm×1000mm 1/16
印　　张 18.5
字　　数 252 千字
版　　次 2023 年 12 月第 1 版
印　　次 2023 年 12 月第 1 次印刷
书　　号 ISBN 978-7-5564-5982-7
定　　价 98.00 元

总 序

重视道德教化、以伦理组织社会，是中国传统文化的显著特点。[①] 新中国成立后，中国共产党继承并发扬了这一优良传统，先后提出了“德育为首”[②]“德育为先”[③] 等命题,并从“落实立德树人根本任务”[④] 的战略高度来定位德育的崇高地位和神圣使命。这既为中国当代德育研究提供了良好的政治条件和社会氛围，也对德育研究提出了迫切的期望和最高的要求。

不同于古代的经验型教育，包括德育在内的现代教育早已是一种以科学研究为基础的专业性实践活动。而德育研究作为一种严肃的学术活动，其目的正在于揭示德育问题、探寻德育规律、建构德育理论，从而引领德育实践。中华人民共和国成立以来，我国德育研究直面社会现实需要，关怀学校德育实践，取得了许多重要成就。70 余年的当代中国德育研究大致经历了批判化改造、灾难性停滞、科学化探索、人性化追求和本土化建构五个不同历史阶段。总体上看，中国德育研究不断拓展研究领域，不断深

---

① 梁漱溟 . 中国文化要义［M］. 上海 : 上海人民出版社 , 2005 : 20 － 21.

② 江泽民 . 在庆祝中华人民共和国成立四十周年大会上的讲话［J］. 党建研究 , 1989 (8) : 2 － 12.

③ 教育部关于整体规划大中小学德育体系的意见［J］. 中华人民共和国教育部公报 , 2005 (6) : 25 － 29.

④ 习近平 . 决胜全面建成小康社会 夺取新时代中国特色社会主义伟大胜利［M］. 北京 : 人民出版社 , 2017 : 45.

化研究主题，已经初步建立了富有中国特色和时代精神的德育理论体系。

一、新中国德育研究不断发展的历史脉络

中国很早就有礼仪之邦的美名。在传统中国社会，道德、政治、教育三位一体，相互为用。几千年的中华文明史，伦理道德、道德教育或道德教化占据了相当重要的位置。

辛亥革命推翻清朝专制统治建立中华民国之后，国人开始了建立新道德的伦理努力和教育尝试。共和国的主体是公民，而公民需要相应的公民道德,公民教育因而是民主政治制度建立的基石。五四运动在呼唤“德先生”（DEMOCRACY）、“赛先生”（SCIENCE）的同时，也没有忘记还有一位“莫先生”（MORALITY）。中国共产党的创始人之一陈独秀先生就曾指出，只有伦理的觉悟才是最后的觉悟。在此背景下，民国时期的德育研究有一定程度的开展，出版了不少著作。① 同一时期高校的教育系，也开设了德育原理（训导原理）等课程。有论者据此认为，现代德育论开始在中国建立起来。②

随着 1949 年中华人民共和国成立，中国政治、教育、教育研究都进入了新的时代。③ 社会主义制度的建立，在根本性质与根本方向上提出了告别传统道德、传统德育的新要求，理所当然地要求建立自己的德育理论与德育体系。迄今为止，新中国德育研究历经风风雨雨 70 多年，大体以 1978 年改革开放为界，分为“前三十年”和“改革开放四十年”两个大的

---

① 主要有：蒋拙诚．道德教育论［M］．上海：商务印书馆，1920；吴俊升．德育原理［M］．上海：商务印书馆，1935；姜琦．德育原理［M］．重庆：柏庵书屋，1944.

② 檀传宝．学校道德教育原理［M］．北京：教育科学出版社，2000：16；郑金洲，瞿葆奎．中国教育学百年［M］．北京：教育科学出版社，2002：288.

③ 陈元晖．中国教育学七十年［J］．北京师范大学学报，1991 (5)：52 – 94.

历史时期。若进一步细分，则有五个重要历史阶段：批判化改造（1949—1966 年）、灾难性停滞（1966—1976 年）、科学化探索（20 世纪 70 年代末至 80 年代）、人性化追求（20 世纪 90 年代）和本土化建构（2000 年至今）。

（一）德育研究的批判化改造（1949—1966 年）

1949 年，新中国成立。中华人民共和国，这个新生的人民政权、社会主义国家，在根本性质上与封建专制社会、资本主义社会存在本质差别。这从根本上决定了必须对那个半殖民地半封建的旧中国进行脱胎换骨的改造。新生的人民政权、新中国的领导人也从不避讳这一点。毛泽东在《论人民民主专政》中明确指出要对反动阶级实行专政，即强制性改造；对人民则用民主的方法，进行教育和改造。① 在这样的历史背景下，新中国要建立自己的德育理论与德育体系，首要任务就是改造旧的教育体系，特别是改造旧思想。1949 年 12 月，教育部召开了第一次全国教育工作会议，讨论新中国的教育方针和对旧教育进行改造的问题，强调“把改造思想作为理论学习的直接目的”②。

那么，用什么来改造？改造的底气从何而来？

当然是用社会主义思想来改造，用马列主义毛泽东思想来改造。教育的目的是“以社会主义思想教育学生，培养他们成为社会主义社会全面发展的成员”③。改造的底气来自共产党领导的中国革命的巨大成功。在大革命时期、土地革命时期、抗日战争时期、解放战争时期，只要是建立了新的革命政权的时期，就有新的道德标准产生，就把整个旧的风俗习惯基本上改变过来。正如徐特立所说：“中国在帝国主义和封建统治下的社会状

---

① 毛泽东选集：第四卷［M］. 北京：人民出版社，1991：1468－1482.

② 冯刚，沈壮海. 中华人民共和国学校德育编年史［M］. 北京：中国人民大学出版社，2010：5.

③ 中央人民政府政务院关于改进和发展中学教育的指示［J］. 人民教育，1954（7）：16－17.

况总是土豪劣绅、土匪盗贼、流氓地痞等，横行乡里，民生不安，国家衰败……大革命，土地革命，到抗日的民族革命，凡是改变了社会关系的地区，即实行了减租减息平分土地以及发扬起广大人民民主的地区，于是社会习惯和个人道德也就来了历史上空前的大转变：犯法作乱的人，很少看见；烟赌盗贼，不禁自绝；以至夜不闭户，一切坏分子都变成劳动者。"①这种新旧社会的巨变，新旧社会关系的巨变，带来了社会风气的根本好转，带来了个人脱胎换骨的改造。徐特立还对此进行了理论总结，即社会决定人的好坏、善恶。他强调，这种社会决定人性论是符合马克思主义的，因为马克思说"人的本质不是单个人所固有的抽象物"，而是"一切社会关系的总和"。②

德育改造的目的是弘扬共产主义道德，培养共产主义新人，根本方针就是学习苏联的共产主义道德教育。"学习苏联的教育理论和教育经验也是必要的和正确的，……是我们刚开始在全国建设社会主义的时期的必要步骤和有效的方法。"③当时被介绍到中国的苏联的道德教育是这样的：一是对劳动采取共产主义的态度，即"劳动是一种荣誉的物事，是一种光荣的物事，是一种勇敢和英雄主义的物事"，而剥削阶级认为劳动是辛苦的、耻辱的；二是培养苏维埃爱国主义精神，即"爱祖国、爱人民、爱光荣的共产党及其领袖——列宁、斯大林，养成随时为祖国的幸福牺牲一切的精神"；三是集体主义的教育，"所谓集体，并不是许多同样的儿童一种简单的机械结合，而是儿童的各种活动建立在同志爱和友爱的基础上"。④在"一边倒"的学习苏联的方针下，克鲁普斯卡娅、加里宁、凯洛夫等人的理论被介绍到中国，并风靡一时。

---

① 徐特立．论国民公德：上［J］．人民教育，1950（3）：17－19.

② 马克思恩格斯选集：第一卷［M］．北京：人民出版社，2012：135.

③ 陈元晖．中国教育学七十年［J］．北京师范大学学报，1991（5）：52－94.

④ 王雁冰．介绍"苏联的新道德教育"［J］．人民教育，1950（4）：67－70.

在这一历史阶段，德育理论批判改造的对象主要有两个方面：一是彻底批判中国封建社会的传统道德。因为“无产阶级忠于祖国、忠于人民、忠于党、忠于社会主义事业的道德原则是‘从无产阶级斗争的利益中引伸出来的’”[①]。二是彻底批判以杜威为代表的西方资产阶级的德育思想。因为“杜威关于道德的理论，是帝国主义时期资产阶级用以确立善恶标准和规范人类行为的罪恶工具,是资产阶级统治人民思想意识的理论武器”[②]。“杜威关于道德教育的理论是荒谬而反动的。……是一些资本主义国家进行道德教育的指针；而且就我国而论，由于过去教育深受杜威的影响，……存在着杜威理论的残余毒素；所以对于杜威的道德教育论给以彻底的批判……”[③]

比德育理论、学术上的批判更为猛烈的是舆论上对思想界的批判浪潮。1951 年批判电影《武训传》,1954 年批判胡适,1955 年批判胡风反革命集团,1957 年反右派斗争,1963 年批判母爱教育。在一浪高过一浪的批判浪潮中，德育改造逐渐演变成德育领域的阶级斗争，从而为十年“文革”期间德育及其研究的灾难性停滞埋下了伏笔。

在批判旧世界的同时，也有许多建立共产主义、社会主义道德教育理论的努力。在对社会主义新道德以及中国特色教育路径的探究中，徐特立、王焕勋、黄济、胡守棻等一批教育研究者投入了道德教育的研究。1957 年出版的胡守棻编著的《中小学共产主义道德教育的内容和方法》，可以视为这种努力的突出代表。该书共分四章：第一章说明什么是道德（承认道德是人们共同生活及其行为的标准和规则，特别强调道德是社会意识形态之一），什么是共产主义道德（其阶级本质是工人阶级的道德，是从无产阶级斗争利益中引申出来的，同时也代表着全体劳动人民的利益，“它是

① 阎长贵．必须坚决摒弃封建道德：从忠孝谈起［J］．哲学研究，1963 (6)：16 − 25 + 15.

② 滕大春．批判杜威的道德论［J］．哲学研究，1957 (4)：60 − 72.

③ 滕大春．批判杜威关于道德教育的理论［J］．河北天津师范学院学报，1957 (1)：1 − 11.

人类历史上最高类型的道德”“它是未来全人类的道德”[①])，共产主义道德教育的意义和任务是什么。第二章介绍中小学共产主义道德教育的内容(爱国主义、国际主义、爱劳动和公共财物、自觉纪律、集体主义精神、坚强意志与性格)。第三章讲共产主义道德教育的方法。第四章说明各种道德教育的相互联系，以及如何创造性地运用道德教育方法。

(二)德育研究的灾难性停滞(1966—1976年)

1981年党的十一届六中全会通过的《关于建国以来党的若干历史问题的决议》明确指出，“实践证明，‘文化大革命’不是也不可能是任何意义上的革命或社会进步”，而是一场“给党、国家和各族人民带来严重灾难的内乱”。2021年《中共中央关于党的百年奋斗重大成就和历史经验的决议》也明确指出，十年内乱“使党、国家、人民遭到新中国成立以来最严重的挫折和损失，教训极其惨痛”。

由于德育所具有的突出的特殊性，“文化大革命”对新中国的德育事业来说当然更是灾难，学校教育饱受摧残，德育完全沦为“阶级斗争”的简单工具。正如有研究者指出的那样：无情批判、战斗的“革命道德”取代了讲究温良恭俭让的传统道德；人与人之间关爱、诚信、友善等千古流传的道德准则被推翻，团结友爱、助人为乐和勤勤恳恳为人民服务的美德，被斥为缺少阶级观念；公正无私、实事求是、诚实正直的德行，被诬为缺乏革命斗争精神；学校德育对学生提出的那些道德要求，诸如礼貌谦虚、尊长爱幼、遵纪守法及文明行为等，不仅被认为是无关痛痒的“小德”，而且被指为“资产阶级之德”“修正主义之德”。[②]

这一时期德育的一个突出特点是否定个性、否定独立思考，反对个人

---

① 胡守棻.中小学共产主义道德教育的内容和方法[M].上海:新知识出版社,1957:7.

② 蒋制心,张嘉馥.德育概念运用上的混乱应该结束[J].兰州学刊,1980(3):89－91＋96.

奋斗，倡导禁欲主义。青少年在思想汇报或介绍学习“毛选”的心得体会时，都以自己个人的情感、需要和利益为鞭挞的内容，主张“灵魂深处爆发革命”“狠斗私字一闪念”，把“无欲”“无我”奉为至高的道德大加宣传。[①]奉行没有“小我”的禁欲主义道德原则被认为是无产阶级道德的本质特点。由于个人的合理利益被完全否定，极端的国家第一、集体至上的观点泯灭了青年一代的主体意识，个人的独立思考被全然否定。

憎恨教育、斗争教育、禁欲教育造成了教育的非人性化。德育事业也因此遭到了严重的破坏。这表现在：其一，师生关系严重扭曲。中国师道尊严的教育传统被推翻，学生在肉体上毒打老师、在精神上羞辱老师的案例层出不穷。有研究指出，中学教师受到的冲击比小学教师大，大部分批斗教师的事件发生在中学。[②]其二，阶级观点在学生群体之间制造了对立。家庭出身不同的学生、注重学习成绩的学生和追求政治积极的学生之间形成矛盾与对立。其三，在这样一种教育氛围中，学生们是非混淆。在教育与生活中，同情心不再被肯定，善良不再被肯定；无情被误认为革命的坚定性，野蛮被错看作革命者应有的勇敢。一种畸形的情感和道德观形成。

这一时期德育如果说有什么“理论成果”，那就是“阶级斗争德育论”的形成。其主要内容是：

第一，强调道德是阶级的道德，阶级性是道德的本质属性。在阶级对立的社会，“道德始终是阶级的道德”[③]。

第二，教育是为阶级斗争服务的，是阶级斗争的工具。“教育从来就是阶级斗争的工具，我们从不讳言我们的教育是无产阶级斗争的工具，必

---

① 孙少平. 十年“文革”时期学校德育的实践特征及其异化[J]. 现代教育论丛, 1998 (6): 17－20＋16.

② 于珍.“文革”时期农村基础教育的面相：一项口述史的研究[J]. 中国校外教育, 2014 (21): 56＋87.

③ 畅广元.“知、仁、勇”是为“复礼”服务的反动道德[J]. 陕西师范大学学报(哲学社会科学版), 1974 (1): 39－43.

须为无产阶级的政治服务。为了在与资产阶级争夺下一代的斗争中取得胜利，把儿童培养成为共产主义事业的接班人，我们就必须对他们加强无产阶级的阶级教育，抵制剥削阶级思想对他们的侵蚀。”①

第三，学校德育的根本任务是培养无产阶级道德，提高学生的社会主义觉悟。“学生社会主义觉悟的提高，共产主义道德的养成，无产阶级世界观的树立，主要是德育的任务。德育主要是以社会主义、共产主义思想来武装学生的头脑，培养学生的无产阶级的道德品质。”②

第四，学校德育的内容尽管有多个方面，但核心是阶级观点的教育。“归结起来，就是对学生进行马克思列宁主义、毛泽东思想的教育，使学生具有无产阶级的阶级观点、革命观点、群众观点、集体观点和劳动观点……核心就是阶级和阶级斗争的观点。”③

第五，阶级教育的具体内容：其一，使学生具有阶级和阶级斗争的基本认识；其二，让学生了解阶级斗争的历史；其三，使学生了解社会主义时期阶级斗争的实际，增加不断革命的思想；其四，让学生认识国际工人运动和民族解放斗争的情况；其五，教育学生学习、继承和发扬无产阶级的革命精神，培养革命的品质和作风；其六，帮助学生学习运用阶级观点和阶级分析的方法来观察问题，提高阶级觉悟。④

第六，阶级斗争一抓就灵，阶级斗争也是学校德育工作的好方法。由于现实生活中普遍存在着阶级斗争，一小撮阶级敌人企图腐蚀青少年，所以，“发现一条规律，就是学生的思想反复，总是同南京路上阶级斗争的风浪息息相关”⑤。总之，阶级斗争是一门主课，忆比教育（回忆旧社会的

---

① 曾尚友．掌握儿童特点，加强阶级教育［J］．江苏教育，1965 (2) : 10 − 12.

② 何辛．学生阶级教育在德育中的地位和内容［J］．学术研究，1964 (1) : 48 − 52.

③ 同②.

④ 同②.

⑤ 上海市培光中学党支部．毛主席哲学思想指导我们做好学生思想工作［N］．文汇报，1972 − 12 − 01.

苦难，对比新社会的成就与人民的幸福生活）是一种基本方法，参加现实的阶级斗争是基本途径，学习马列和毛主席著作是学校主导性的课程安排（低年级学习语录，中年级学习马列和毛主席的部分著作和章节，高年级通读《毛泽东选集》和马列部分著作），最终目的是把学生培养成为反修防修的战士。①

（三）德育研究的科学化探索（20世纪70年代末至80年代）

1976年，“文化大革命”结束。在经历了短暂的徘徊之后，党的十一届三中全会决定冲破长期的“左”的错误的严重束缚，把全党的工作重点和全国人民的注意力转移到社会主义现代化建设上来，由此导致了德育价值观的转折，即由德育“为阶级斗争服务”转变为德育“为社会主义现代化建设服务”②。

从教育学界来看，人们最初是通过否定“文革”、反思“文革”来寻找教育发展的方向的。潘懋元先生曾经谈到，“文革”结束后，我国教育界在反思时，提出要研究、探索教育规律，因为“文革”的教训就是不尊重教育规律。③理所当然地，要做好德育工作，就必须尊重德育规律，按德育规律办事。这就是当时理解的德育科学化的内涵。因此在德育理论界，对德育过程规律的探寻成为研究的热点。几乎所有的德育理论研究学者，

① 大寨大队党支部．加强党的领导，把学校办成无产阶级专政的工具［M］//瞿葆奎．教育学文集·德育．北京：人民教育出版社，1989：352－359.

② 鲁洁，班华．德育理论在科学化轨道上前进［J］．教育研究，1988（12）：6.

③ 潘懋元．对高等教育若干问题的思考［J］．西北工业大学学报（社会科学版），2018（2）：26－30.

如鲁洁[①]、班华[②]、郭文安[③]、李道仁[④]、涂光辉[⑤]等都先后参与了德育过程规律的研究，仅《教育研究》就先后发表了30余篇相关论文。由此，德育过程规律研究成为改革开放之后我国德育理论研究的第一个高峰，研究内容涵盖德育过程的概念、本质、特点、结构、要素、基本矛盾，中国古代的德育过程思想，苏联的德育过程理论等，特别是把德育过程与人的思想品德形成过程区分开来，把有目的的德育影响与自发的社会影响区别开来。

从目前已有的总结反思改革开放初期德育研究的著述来看，改革开放初期对德育过程理论研究的意义与价值被大大低估了。总体上看，这一研究表达了尊重德育规律、追求德育科学的雄心；表达了不甘心智育第一、德育第二的现实窘境；与当时的学科制度化活动相互促进，促使德育原理成为一门独立的学科（以1989年胡守棻主编的高等院校教材《德育原理》出版为标志）。当时所研究的问题，事实上奠定了德育学科的理论基础，引发了对德育本质、德育功能、德育人性化的研究，具有建构独立的德育学科的建设性价值，并具有德育原理的奠基性价值。

当然，这一阶段德育研究的主题还包括德育与个性发展、德育目标的依据与层次性、德育内容序列化、德育方法科学化等。

---

① 鲁洁．德育过程初探［J］．教育研究，1981(2)：56－60；鲁洁．试评我国古代教育家有关德育过程的论述［J］．南京师大学报（社会科学版），1980(3)：21－25.

② 班华．思想品德教育过程［J］．教育研究，1980(3)：78－83.

③ 郭文安．试论青少年学生的德育过程［C］//北京师范大学教育系资料室．德育过程论文选编，1983：23－40.

④ 李道仁．试析德育过程的基本规律［J］．教育研究与实验，1984(1)：32－38.

⑤ 涂光辉．试论德育过程的基本规律［J］．湖南师院学报（哲学社会科学版），1984(3)：8－12.

（四）德育研究的人性化追求（20 世纪 90 年代）

以人为本是教育的基本逻辑。鲁洁曾经指出："总结……近 10 年来（1988—1998 年——作者注）德育理论的发展，便会发现一个明显的趋势，那就是一方面德育理论继续在科学化的轨道上前进，另一方面表现出人性化倾向，而且二者正在逐渐走向整合。"[①] 班华也曾撰文论述了新世纪德育的人性化走向。[②]

20 世纪 90 年代，德育研究在科学化探索之后，之所以出现人性化的追求，原因是多方面的。

第一，源于从计划经济向市场经济或者商品经济转型所带来的冲击，中国人的人格要求由计划经济下的单位人、被动人、集体人，转向主体人、自由人等。[③] 这是现实生活的需要，是最根本的需要。学术研究的转向是对这种社会现实和社会实践的表达和回应。

第二，源于德育理论界对道德、道德教育本质与功能的创新性认识。鲁洁提出，"道德教育是一种超越"，"道德教育不是对现实的行为与关系的复制与重现，而是按照某种超越于现实的道德理想去塑造与培养人，促使人去追求一种理想的精神境界与行为方式"。[④] 道德不全部是、不纯粹是规定、限制人自己的力量，也是人探索、认识、肯定、发展和创造自己的力量。

第三，源于思想界和学术界关于人道主义的论争，使人和人的主体性成为哲学的主题。人性化是对教育的本质、人的本质认识的提升，是对把

---

① 王啸，鲁洁．德育理论：走向科学化和人性化的整合［J］．中国教育学刊，1999 (3)：17 − 21.

② 班华．德育理念与德育改革：新世纪德育人性化走向［J］．南京师大学报（社会科学版），2002 (4)：73 − 80.

③ 同①.

④ 鲁洁．道德教育：一种超越［J］．中国教育学刊，1994 (6)：2 − 8.

人的本质完全归结于阶级性，把个人完全看作社会的工具、集体的工具的阶级人性论的反对。

因而，在这个时期，“人是主体”的教育思想得以确立，主体性德育思想应运而生。主体性德育认为道德教育应以培养学生主体性道德人格为目标，以人的内在需要为动力，把价值引导与自主建构相结合，在活动与交往中生成主体性道德人格。[①]

这个时期，不仅追求德育的人性化，同时也追求德育的现代化，二者相互交织。教育要现代化，德育也要现代化。[②]学者们批判指出了当时学校德育的低效及无效问题，试图在借鉴西方德育理论与德育实践的基础上勾画出现代德育的理想特征。鲁洁、王逢贤主编的《德育新论》（1994年）、班华主编的《现代德育论》（1996年）以及戚万学、杜时忠编著的《现代德育论》（1997年）等著作或教材，均试图围绕现代德育构建、促进德育现代化的中心议题发力突围。而活动德育论[③]、情感德育论[④]、德育美学观[⑤]等当代中国德育理论的创新与建构也使中国德育研究开始呈现出百花齐放的局面。与此同时，在德育现代化话语的召唤下，西方道德教育的理论与

① 肖川．主体性道德人格教育［M］．北京：北京师范大学出版社，2002：152－183.

② 班华．近十年来德育思想现代化的进展［J］．教育研究，1999(2)：18－22.

③ 戚万学．活动道德教育论［M］．南京：南京师范大学出版社，1994；戚万学．活动道德教育模式的理论构想［J］．教育研究，1999(6)：69－76.

④ 朱小蔓．情感教育论纲［M］．南京：南京师范大学出版社，1993；刘慧，朱小蔓．多元社会中学校道德教育：关注学生个体的生命世界［J］．教育研究，2001(9)：8－12；朱小蔓．情感德育论［M］．北京：人民教育出版社，2005.

⑤ 檀传宝．德育美学观［M］．太原：山西教育出版社，1996；檀传宝．让德育成为美丽的风景：欣赏型德育模式的理念与操作［M］．合肥：安徽教育出版社，2006；檀传宝．美学是未来的教育学：德育世界的探寻［M］．上海：华东师范大学出版社，2015.

实践，如道德认知发展理论[①]、价值澄清理论[②]、建构主义德育理论[③]等也被大量引介到中国，成为中国德育人性化、现代化理论与实践探究的思想资源与历史镜鉴。

（五）德育研究的本土化建构（2000 年至今）

经过 20 多年的改革开放，当历史的车轮跨入 21 世纪时，我国的经济、社会、教育、文化都发生了巨大的变化，德育理论也进入了一个多元化发展的新时期。这是因为：第一，德育理论经过科学化与人性化两个阶段的积累，已经有了比较深厚的基础。第二，世纪之交的基础教育改革为德育理论研究提供了难得的机遇与广阔的舞台（生活德育论大有用武之地）。第三，随着大量的、多样性的西方德育思想、德育理论的引进，我国德育理论研究也在不知不觉中融入了多元化的趋势。第四，社会转型的文化冲突、文化危机导致各种文化思潮的兴起，“这也直接影响了德育理论流派的产生与交替”[④]。

在这一时期，中国德育研究不断回应本土性需要，走上了本土化建构的道路。典型表现有三个方面：

第一，推进中华优秀传统文化研究。经过 20 世纪 80 年代、90 年代的理论储备，复兴中华优秀传统文化已经势不可挡，并从底层走向政策、从理论走向实践，成为主导学校德育的一股重要力量。研究者多认同中华优

---

① 郭本禹．道德认知发展与道德教育：科尔伯格的理论与实践［M］．福州：福建教育出版社，1999; 岑国桢．吉利根对道德认知发展理论的修正［J］．心理科学，1992 (4) : 33 − 37 + 66.

② 冯增俊．价值澄清德育理论述评［J］．海南师院学报，1992 (3) : 28 − 33 + 43.

③ 肖川．建构主义学习观与学校德育［J］．教育导刊，1998 (Z2) : 36 − 37; 肖川．建构主义与道德教育中的灌输［J］．河北师范大学学报（教育科学版），1999 (4) : 10 − 15.

④ 叶飞，檀传宝．改革开放 30 年德育理论发展脉络探析［J］．教育研究，2009 (1) : 19 − 24 + 85.

秀传统文化是中国人的精神家园，在西方强势文化风靡世界的时候，必须要坚持走文化自主路线。[①]有论者认为，2014 年教育部颁布《完善中华优秀传统文化教育指导纲要》，意味着中国的德育指导思想实现了结构性变革，即由 2010 年之前受马克思主义和社会主义道德一元指导的局面，调整为一种复合型建构性的德育指导方针。[②]一些研究者致力于从传统文化中发掘现代道德教育的资源，探讨全球化进程中具有中国本土特色的道德教育。如认为传统道德可贵之处在于其强调精神，道德教育的中国形态应该是精神形态，而非西方的理性形态；强调伦理与天理良知相通，而非理智狡黠的算计。[③]或认为传统“天人合一”“仁民爱物”道德观可生发出现代生态道德教育思想。或认为传统道德蕴含丰富的生命教育意识、德性教育传统可资利用，可以将传统美德中的感恩教育、孝道教育、自强教育、责任教育作为突破口，开拓新德育。[④]或主张在教育理论研究中，应以整体的、多视角的范式来实现对中国传统道德文化的多层次、立体式开发与利用，而非简单的、分割的碎片式继承。[⑤]

第二，加强社会主义核心价值观教育。社会主义核心价值观凝聚着社会价值共识，吸纳了世界先进思想，中华优秀传统文化是社会主义核心价值体系建构的前提与基础。社会主义核心价值观明确而完整地回答

---

① 鲁洁. 应对全球化：提升文化自觉［J］. 北京大学教育评论，2003（1）：27－30.

② 张亚月. 德育的历史性变革：从政治认同走向社会认同［J］. 中国青年研究，2016（8）：35－40.

③ 樊浩. 道德教育的“‘精神’形态”与“中国形态”［J］. 教育研究，2013，34（2）：44－53.

④ 沈建华. 传统文化视角下青少年道德教育的活化和链接［J］. 教育研究，2015，36（11）：25－29＋48.

⑤ 易连云. 传统道德教育研究的范式转换［J］. 教育研究，2010，31（4）：30－33.

了“教育之道”，表达了中国学校教育的价值立场。① 对于教育来说就是要解决好学生的人生价值取向问题。培育和践行社会主义核心价值观需要从理论引领、舆论宣传、文化熏陶、实践养成和制度保障五个维度入手。② 社会主义核心价值观应通过具体化、日常化、形象化和生动化的形式引导学生自觉认同。③ 社会主义核心价值观融入学校教育，应立足于优秀德育教材的开发、高水平师资队伍的建设、德育话语体系的合理转换及德育方式的多元创新。有论者指出，把社会主义核心价值观融入教材，要掌握三种逻辑，即知识逻辑、生活逻辑和教育逻辑，打通三个世界，即符号世界、意义世界和生活世界。④

第三，立足于中国学校德育实践场域的多种德育理论应运产生。20 世纪 80 年代以来，中国经济高速增长，取得了举世瞩目的经济奇迹。然而，也产生了环境污染、道德滑坡、贫富悬殊、官员腐败诸多问题。德育研究者们冷静审思伴随着现代化进程而泛滥的经济主义、唯科学主义、极端个人主义、工具理性至上及人类中心主义等谬误⑤，凸显生活、情感、生态、制度等过去被忽视、压抑或被边缘化的主题，由此形成了多种德育理论“百花齐放”的可喜局面。除了上一时期出现的活动德育论、情感德育论、德

---

① 杜时忠，曹树真．社会主义核心价值观“进教材”的教育学探索［J］．教育研究，2015，36 (9)：34 － 39.

② 王琰．将社会主义核心价值观融入高校立德树人全过程的五个维度［J］．思想理论教育导刊，2015 (1)：124 － 127.

③ 靳玉军．论社会主义核心价值观教育的实践要求［J］．教育研究，2014，35 (11)：4 － 7 + 15.

④ 同①.

⑤ 鲁洁．教育的返本归真：德育之根基所在［J］．华东师范大学学报（教育科学版），2001 (4)：1 － 6 + 65.

育美学观继续活跃之外，这一时期新产生的主要德育理论有生活德育论①、公民教育论②、制度德育论③等。

综上所述，新中国成立以来，“前三十年”的德育研究伴随新民主主义革命胜利之后的喜悦与自信，力图改造旧道德、旧德育。它以革命者的姿态，否定中国传统道德文化与德育思想，否定西方近现代德育理论与德育模式，“一边倒”地学习苏联思想、政治与道德体系、教育经验与教育理论，也尝试在德育理论建构上追求中国特色。“文化大革命”期间，由于错误地估计了国内外形势，错误地坚持无产阶级专政条件下“继续革命”的理论，强调“阶级斗争”，最终导致学校德育沦为阶级斗争的工具，德育理论的发展也处于完全停滞的状态。

以改革开放为始的“后四十年”的学校德育研究，则在解放思想的旗帜下，乘改革开放的东风取得了重要进步。其重要原因，一是彻底反思、批判并否定错误的教育理论，二是大胆学习借鉴外国德育研究成果。反思与批判中，最根本的教训就是两条：一是不尊重教育规律；二是不尊重人，

---

① 鲁洁．德育课程的生活论转向：小学德育课程在观念上的变革［J］．华东师范大学学报（教育科学版），2005（3）：9－16＋37；鲁洁．生活·道德·道德教育［J］．教育研究，2006（10）：3－7；高德胜．生活德育论［M］．北京：人民出版社，2005；高德胜．生活德育简论［J］．教育研究与实验，2002（3）：1－5＋72.

② 檀传宝，等．公民教育引论：国际经验、历史变迁与中国公民教育的选择［M］．人民出版社，2011；李萍，钟明华．公民教育：传统德育的历史转型［J］．教育研究，2002（10）：66－69；万明钢．论公民教育［J］．教育研究，2003（9）：37－43.

③ 杜时忠．制度德性与制度德育［J］．教育研究与实验，2002（1）：38－43；刘超良．制度德育论［M］．武汉：湖北教育出版社，2007；杜时忠．制度何以育德？［J］．华中师范大学学报（人文社会科学版），2012，51（4）：126－131＋4；杜时忠．人文教育与制度德育［M］．合肥：安徽教育出版社，2013；杜时忠，张敏．国家道德即德育［J］．教育研究与实验，2013（1）：7－10；张添翼，杜时忠．再论制度何以育德［J］．教育研究与实验，2018（5）：12－15＋25；杜时忠．德育十讲：制度何以育德［M］．武汉：华中师范大学出版社，2019；杜时忠，张添翼．三论制度何以育德［J］．教育学报，2020，16（4）：20－29.

否定教育主体性。对前者的反思，产生了探索教育规律、德育规律，追求德育科学化的思潮，典型表现就是对德育过程规律的研究；对后者的反思，引燃了主体性教育、主体性德育思潮。大胆学习借鉴外国德育研究成果，则给德育研究带来了最新研究信息、理论想象力和世界眼光。当然，当代中国德育研究并不满足于反思过去，更期待未来，不仅借鉴，更追求创新。它既客观理性地批判，更热情洋溢地建设，那就是追求并建构现代化、科学化、人性化的德育理论，并在本土德育理论建构方面收获了累累硕果。毫无疑问，这四十来年是中国德育研究突飞猛进、全面进步的时期，是中国德育学术发展历史上最好的时期。

二、新中国德育研究的重要成就、局限与发展逻辑

新中国德育研究走过了 70 多年不平凡的历程，在思想产出、学科建设、人才培养、实践引领等方面都取得了显著成绩。德育研究获得了独立的学科地位，初步建立起具有明确研究对象、体现时代精神的德育理论体系。与此同时，德育研究也面临着十分严峻的时代挑战，存在着知识体系比较陈旧、研究方法比较单一、原创性成果十分稀少等亟待解决的问题。

（一）德育研究的重要成就

1. 德育研究获得了丰硕的理论成果

新中国成立以来，在 70 多年的理论探索中，不同思想的交锋让中国德育理论研究不断取得进步。在德育研究中实际上存在两种学术争鸣：一种表现为历史性的反思，另外一种表现为同一时期不同理论观点的竞争、交流，最终促成了百花齐放的繁荣局面。特别是 20 世纪 90 年代以来，中国德育研究在不长的时间内，围绕德育本质、德育功能，以及德育与个体、

德育与社会生活的关系等主题开展了有影响力的学术争鸣，彰显了德育研究的学术魅力，提升了德育研究的科学品质，提高了德育研究的学术声誉。

与学术争鸣相伴而生的，是我国德育研究在科学化、人性化论述上的新进展，先后出现了主体德育论、活动德育论、情感德育论、德育美学观、生活德育论、公民教育论、制度德育论等多种德育理论主张。它们从不同的视角出发，运用多种方法，对学校德育乃至社会道德现象和问题进行了深入的研究，各成一家之言，并以各自的方式力图影响和变革学校德育实践。它们深化了我们对德育的认识，丰富了德育理论体系，促进了德育研究的繁荣。

2. 德育研究取得了独立的学科地位

德育逐渐从教育学的一个研究领域，分化发展成为一个独立的二级学科。人们一般在两种意义上使用“学科”一词：一是依学问性质而划分的知识门类，如物理、化学等；二是学校教学的科目，如语文、数学等。无论在哪一意义上，德育科学研究，尤其是“德育原理”，都已经成为教育学体系中一门相对独立的重要分支学科。其主要理由有三：

首先，德育学科是关于德育的学术知识体系，既有明确的研究对象（德育现象或德育问题）①，也具备了相应的研究方法（虽无特有的研究方法，但社会科学常见、通用的方法或移植于其他学科的特色方法似乎足以支持德育学科的研究需要），还形成了自己的理论体系。

其次，德育学科是教育学科中的一类教学内容。在高等院校，特别是师范院校或者教育学院中，“德育原理”“德育论”或“德育学”是作为一门课程广泛开设的，德育学科作为一个教学科目是普遍的社会事实。

---

① 班华．略论德育论学科对象与任务的几个问题［J］．教育科学研究，2007 (4) : 5 － 9；班建武．“十一五”期间德育学科发展的回顾与总结［J］．教育科学研究，2011 (7) : 67 － 75.

最后，德育原理内部，也正在形成一个可观的分支学科群，包含德育主体论[①]、德育过程论[②]、德育课程论[③]等，以及与其他学科交叉而产生的德育心理学[④]、德育社会学[⑤]等。这样，德育原理不仅从教育学母体中分化独立出来，而且成为一个拥有众多分支学科的独立学科群，其学科地位和学科特色日益彰显。

德育研究成为独立的学科体系的突出标志，是德育原理形成了相对完整的理论体系：一是思想观念体系，如道德是可教的，品德发展及道德教育是有规律可循的，德育的本质是一种超越，以道德的制度培养道德的人等；二是概念范畴体系，如道德、品德、德育，直接德育、间接德育、隐性课程意义上的德育，以及品德形成、德育过程、德育实效等；三是教材结构体系，目前已经相对稳定，大体分为“学科总论”“理论基础”“实践应用”等几大部分，具体展开为德育学科论、德育本质论、品德发展论、德育目的论、德育过程论、德育课程论、德育方法论、德育环境论、德育管理论、德育评价论、德育比较论等。

经过70多年的努力，我国建立了自己的德育理论体系。值得一提的是，这不是通过全盘否定中国传统德育文化和接受西方德育理论而实现的，而是更加理性地对待中国传统德育文化和世界先进德育理论。许多学者都主张要实现传统德育的创造性转化，包容、自信地借鉴国外德育理论，从单向度地盲从外国德育理论，到提出教育研究、德育研究的中国化，建立具有中国风格、中国气派的德育理论。

---

① 肖川．主体性道德人格教育［M］．北京：北京师范大学出版社，2002; 于光．德育主体论［M］．北京：中国社会科学出版社，2010.

② 范树成．德育过程论［M］．北京：中国社会科学出版社，2004.

③ 佘双好．现代德育课程论［M］．北京：中国社会科学出版社，2003.

④ 韩进之，王宪清．德育心理学概论［M］．上海：上海人民出版社，1986.

⑤ 鲁洁．德育社会学［M］．福州：福建教育出版社，1998.

3. 德育学科的社会建制逐渐完备

综合经典和现代学科分类理论，可以认为：一门学科的独立或成熟，两个方面标准或条件最为重要：一是专业化的知识建构，如明确的研究对象、行之有效的研究方法和严谨的理论体系；二是制度化的社会建制，如专门的研究机构、专业性的研究共同体、专业研究期刊，以及专门人才培养等。德育学科在制度化建设上从无到有、从弱到强，显示出德育研究得到了越来越多的社会支持和越来越高的社会认可。

70 多年来，中国德育研究共同体日益壮大（2017 年全国专业德育研究者有 70 人左右，关注德育研究的专业研究者约有 500 人[①]），不仅成立了全国性的德育论专业委员会（现为“全国德育学术委员会”）等专业学术团体，而且一些大学还建立了多个专门德育研究机构，如教育部人文社科重点研究基地南京师范大学道德教育研究所、北京师范大学公民与道德教育研究中心、华中师范大学道德教育研究所等，还出现了多种专业期刊，如《中国德育》《中小学德育》《班主任之友》《班主任研究》等。此外，在全国众多的教育学术刊物中，也有为数不少的德育栏目，发表大量的德育研究论文。在德育研究专业人才培养方面，我国从 20 世纪 80 年代开始招收硕士生、博士生，目前已经形成了一个由学士、硕士、博士和博士后构成的完整德育人才培养体系，目前在校研究生约为 1500 人。这既是德育学科兴旺发达的标志，更是德育学科持续发展的根本支撑。

4. 德育研究提升了对于德育实践的影响力

我国德育研究有强烈的实践取向，并体现出鲜明的时代特征。“直面社会现实、关怀德育实践，是 40 年来中国德育学科发展最重要的理论品格。

---

① 刘峻杉，平和光．知识生产视角下我国德育研究的特征与展望［J］．全球教育展望，2017，46（9）：61－72＋85.

从 20 世纪 80 年代对于基础道德重建的呼吁、世纪之交对于新世纪挑战的思考，到近年对于社会主义核心价值观教育、国际理解教育等议题的集中关注，中国德育理论工作者均及时回应了当代社会对于德育实践变革的迫切需要……”①

德育研究者积极参与国家德育决策，指导中小学德育改革。如主持修订义务教育阶段国家德育新课程标准、主编德育教材、开展学校德育诊断、推动教师德育专业化、通过大学与中小学合作（U–S 协同）推进学校德育深度变革等。在德育理论研究的推动之下，我国学校德育正在发生可喜的变化：由过度政治化的强制灌输式的德育逐步走向科学化、人性化、生活化的德育，由追求不食人间烟火的圣贤道德转变为追求社会正义和社会关怀的现代伦理，从封闭式德育走向开放性德育，从学校德育的教育孤岛走向学校、家庭、社会相互支持的合力德育。

（二）德育研究的现存局限

新中国德育 70 多年的发展，在取得长足进步的同时，也存在一些亟待突破的局限。这集中表现在：

1. 德育研究的学科视野相对封闭

道德现象与道德行为是复杂的，是多学科的研究对象。道德理论研究者往往强调道德是社会行为，忽略道德行为的多学科基础，导致对于哲学、伦理学的研究关注较多，而对生物学、心理学、人类学、社会学、经济学、政治学等相近学科关注较少，对于语言学、美学、艺术等跨学科领域对人类道德行为研究成果则更为陌生。一个明显的证据是，尽管对于哲学、伦理学的新进展相对敏感，但德育研究者也仍然未能敏锐地把握当前人文社

---

① 檀传宝，陈国清．改革开放 40 年我国德育学科建设的探索与进步［J］．中国教育学刊，2018 (10)：28 － 34.

会科学研究范式的转换，对于道德哲学和伦理学、政治学研究中的权力批判和语言转向等还比较漠视。

权力批判的目的是要揭示道德与权力之间的联系，将道德从压制性的意识形态中剥离出来，以防权力借助道德之名畅通无阻。许多研究者批判道德专制与道德灌输，然而其批判的语言依然是大而化之的宏大叙事，未能深入地揭示与批判微观领域中权力运行规则，诸如借用道德之名所实施的隐蔽的性别偏见、歧视、压制以及不平等。哲学和伦理学研究的语言转向,强调思维必须通过语言符号体现,思想的内容受制于说话的方式。同样，研究道德教育问题必须依凭语言来进行，研究所用的概念不清会带来理论混乱。如有人支持道德的相对性，有人反对道德相对主义，有人赞扬消费文化的好处，有人批判消费主义的害处，但道德的相对性与道德相对主义、消费文化与消费主义之间的本质区别是什么，其界限该如何准确划分，则缺乏必要的语言学澄清。对语言缺乏审视，限制了理论研究者之间的对话与交流，使得许多德育理论研究无奈地成了研究者们的“自说自话”。

2. 德育研究的方法论基础相对薄弱

许多德育理论研究者仍然坚守着哲学思辨范式，尤其是受规范伦理学的影响，以直线性演绎逻辑为主，缺乏复杂性、动态性及整体性思维方式，德育研究的方法论基础相对薄弱。表现在：第一，大量研究直接套用哲学、伦理学、政治学的术语与理论来诠释德育问题，对于理论的教育适切性缺乏反思；第二，德育研究注重对道德规范进行合理性论证，轻视批判性思维的培育，也轻视个体道德内化的生成过程；第三，道德哲学—主体维度的研究偏重于道德认知，对于道德情感的研究则相对薄弱。[①]

此外，许多德育研究者往往忽视也窄化了实证研究，习惯于运用问卷

---

① 孙学功．道德情感研究综述［J］．哲学动态，1998 (1)：17 － 19.

调查去“处理”复杂的德育问题，而对于批判主义与诠释主义视角下的质性研究则相当陌生。与之相对，一些研究者已经用高质量的研究成果证明，质性研究的两种方法——人种志研究和扎根理论，都是可以较好地从经验中通过归纳来建构理论的方法，它们既保留了理论的系统性，又不阉割教育事实的丰富性。

3. 对重大现实问题缺乏道德审视

“道德教育是整个共同体的事业……进而，它对我们有双重意义。它指教育在某种程度上是道德的，所有计划和实施着的教育都努力将所有与道德相关的内容包括在内；它指这样一种教育，旨在提升受教育者的伦理理想，使得他们能够持续地与他人道德地相遇。”① 因此学校教育的伦理基础理应包括自由、公正、民主、关怀、幸福等基本道德价值。这些基本价值不仅是教育哲学、政治哲学的研究领域，更应是道德教育研究者思考的重大问题。德育理论研究有义务追问什么样的教育是道德的，如何以道德的方式培养道德的人，依循这个思路，道德教育研究者对现实的反思和批判力度是不够的。

在教育制度领域，道德教育研究者需要思考如何突破教育制度科层化、等级化、工具理性化的桎梏，将学校建设成为道德共同体以及民主生活共同体②；在教育政策领域，道德教育研究者应审视教育政策的正当性，审视政策制定的程序正义与实质正义③；在教育改革方面，道德教育研究者应批判反教

---

① 诺丁斯．关心：伦理和道德教育的女性路径［M］．武云斐，译．北京：北京大学出版社，2014.

② 金生鈜．为什么要塑造学校的道德文化：学校作为一个道德共同体的再道德化思考［J］．西北师大学报（社会科学版），2005 (4)：71－75.

③ 杜时忠，张添翼．教育制度和教育政策的伦理属性及其实现［J］．中国教育科学（中英文），2017 (4)：91－105.

育行为的伪改革，将教育的道德标准作为重要的维度纳入评价指标之中[①]。

此外，我国德育研究还存在一些“痼疾”。比如，不少研究者习惯于做当下教育政策的简单诠释，而损害了德育研究应有的科学品质，其结果是德育概念的大而不当、名实不符等问题至今悬而未决。依据我国学校教育的制度安排，德育的外延远远超出道德教育，不仅包含了政治、思想、道德、心理、法治五大内容，而且教育政策上强调的所有不属于智育、体育、美育的教育任务都会归于“德育”名下。为了迁就这一现实，德育原理教科书只好宣称我国的德育是“大德育”。然而在实际的德育研究中，无论是德育理论的建构、德育规律的阐述，还是德育过程的展开，以及学生品德发展规律的论述等，实质内容仍然主要是道德教育而没有包括政治教育、思想教育、心理教育和法治教育。[②]德育概念理解“守一而望多”[③]的原则落实，仍然任重道远。

（三）德育研究发展的学术逻辑

上述成绩与不足同时存在，其中原因值得深思。人文社会科学与研究物质世界、强调事实与规律的自然科学不同，有其自身的学术逻辑，即以人文世界、社会世界为研究对象，关注价值与意义，注重呼应时代精神、回应时代挑战，强调研究活动的社会历史和人文精神属性。德育研究本质上属于人文社会科学研究，有其内在的学术逻辑，有其内部独特的矛盾和困惑要去面对和解决。在学科信念上，是学科独立与学科依附之间的拉锯；在价值取向上，是集体主义与个人主义的博弈；在发展路径上，是西方化与本土化的此消彼长；在研究方法论上，是人文主义与科学主义的融合。

---

① 吴康宁．教育改革成功的基础［J］．教育研究，2012，33 (1)：24 − 31.

② 张忠华．论中国特色的德育概念之研究［J］．现代大学教育，2008 (3)：86 − 92 + 113.

③ 檀传宝．学校道德教育原理［M］．北京：教育科学出版社，2000：4 − 5; 檀传宝．德育原理［M］．北京：北京师范大学出版社，2017：4 − 5.

1. 德育研究的学科信念：学科独立与学科依附之间的拉锯

在教育学的众多二级学科之中，德育研究的政治从属性特别明显。这一特征可能与其研究对象的政治属性有着重要的关联。德育最突出的特点之一是深受政治影响，因为道德与政治之间具有千丝万缕、密不可分的亲缘关系，有的道德要求本身就是意识形态的要求。从理论上讲，道德教化、道德教育是政治实施的基石。[①]在我国传统政治思想中，“修身”一直是“治国”与“平天下”的逻辑起点。今天，“培养什么样的人”依然是教育的核心问题，它决定道德教育的走向。因此，道德教育不应也不可能摆脱政治的影响。

然而，德育研究作为揭示德育问题、探索德育规律的科学活动，毕竟不能直接混同于政治上意识形态的宣传工作，不能满足于对现行政策的简单解释和论证。故如何保持学科的相对独立性，这成为道德教育学者们努力的一个重要方向。鲁洁曾经指出：“……基础性的工作，就是努力把德育作为一门学问来研究它，既不是对党和政府的政策的诠释，也不是直观经验的描述。”[②]

改革开放以来，道德教育研究经历了三次重大的主题转换，其中对人的关切一直是不变的价值诉求与研究基点。[③]德育研究者以其对人的关切、对人性的呼唤来建构学科的独立性，来促进学科的原创性。主体性德育、欣赏型德育、生活德育、情感德育、制度德育、公民教育等理论都是围绕着德育的现代化与人性化而进行理论建构的，它们响应了时代精神，试图将德育从政治的附庸变成为人的德育、属人的德育。尽管各自使用的术语

---

① 任剑涛．道德与中国传统政治的合法性［J］．华中师范大学学报（人文社会科学版），2005 (1)：27 － 34.

② 鲁洁．回望八十年：鲁洁教育口述史［M］．北京：教育科学出版社，2014：233.

③ 胡金木．改革开放以来道德教育研究主题的回顾分析［J］．江苏教育研究，2009 (4)：16 － 18.

不同，但它们的追求完全一致。第一，反对道德教育的专制化、唯知识化、唯理性化，希冀道德教育促进人的完整发展、促进人的美好生活；第二，德育理论研究更多地关注儿童，特别是儿童的解放，更多地借鉴现代道德心理学的研究成果，更多地关注儿童的道德发展与道德学习；第三，追求道德理性、道德自主和道德宽容，而反对道德强制、道德绑架和道德高压。

2. 德育研究的价值主线：集体主义与个人主义的博弈

中国德育研究面临的一个理论难题是在社会日趋多元的环境下，如何重构道德价值，并形成道德共识。新中国成立以后，共产主义、集体主义道德观实际上延续了中国传统伦理观中的整体主义（由家族血缘伦理转到集体组织伦理），如重义轻利、重群轻己的道德价值观。之后，集体主义教育在学校教育实践中产生了异化，否定了个人合理欲望及追求个人幸福之行为存在的价值。[①] 改革开放后，随着市场经济对个人利益的肯定、保障及刺激，义利关系发生了重大的变化与重组，即大众意识形态推崇义利并举，甚至重利轻义。这一过程持续了数十年，使得学校德育面临一个复杂的社会道德环境。社会主义核心价值观的提出，在某种意义上可以看作义利关系重组过程的阶段性完成，自此义利并重、群己和谐应该成为主导的价值观。

在义利关系和群己关系的转型中，道德价值观逐渐突破了传统价值观，走向多元。诺丁斯的关怀伦理的引入[②]，不仅符合中国重视人际关系的传统，而且其充满人性关怀的笔触也填补了康德、涂尔干、杜威理论中忽视个人情感的缺陷，成为教育理论的润滑剂。并且，诺丁斯所代表的女性主义伦理学，对过于注重理性与公正伦理的男性主义伦理学提出了挑战，引入了

---

① 杨建朝．从虚假到真实：集体主义教育反思［J］．教育学报，2011，7 (5)：41 － 47.

② 侯晶晶，朱小蔓．诺丁斯以关怀为核心的道德教育理论及其启示［J］．教育研究，2004 (3)：36 － 43; 孙彩平．在道德关系建构中生成德性：析诺丁斯道德教育的新理念［J］．比较教育研究，2003 (9)：6 － 10.

道德教育的性别视角，进一步推进了道德教育理论的多元化。21 世纪以来，随着社会发展不平衡矛盾的凸显，大众对社会公平的呼声渐高。在这种背景下，罗尔斯的社会正义理论产生了广泛的影响。[①]至此，德育理论界基本达成了价值共识，即推崇康德式的道德自由与罗尔斯式的社会正义、涂尔干式的理性权威、杜威式的教育民主与诺丁斯式的教育关怀。自由、正义、理性、民主、关怀已经成为德育学者共同的价值追求，这与整个中国社会转型中的时代精神是相符合的。

3. 德育研究的路径选择：西方化与本土化的此消彼长

中国现代化进程包括现代教育发展中始终有一组基本的矛盾，即如何处理传统文化与现代文化之间的冲突，如何在东方文化与西方文化之间进行取舍。

自五四新文化运动直至整个 20 世纪 90 年代，传统文化都被视为落后文化、黑暗文化而被攻击、被批判。于是，教育现代化的目标一度是科学化与民主化，其过程是不断舍弃传统文化，不断学习、引进和复制西方文化教育。[②]21 世纪以来，随着经济全球化过程中民族主义的复兴、后现代哲学思想对西方中心主义和后殖民主义的挑战，世界各国的文化自觉与本土化需求变得越来越强烈和深刻，传统文化复兴成为必然的趋势。现代化不是西方化、一元化，而是本土化、多元化。这一趋势同样表现在德育理论研究中。德育理论研究者开始自觉地反思全球经济和信息一体化带来的价值多元与文化多元对道德教育的冲击[③]，批判现代化对人精神需求的漠

① 罗尔斯．正义论［M］．何怀宏，何包钢，廖申白，译．北京：社会科学出版社，1988; 赵敦华，江立成．罗尔斯的正义说［J］．求索，1994 (2) : 66 − 68; 姚大志．罗尔斯正义理论的道德基础［J］．江海学刊，2002 (2) : 37 − 42.

② 杨东平．艰难的日出：中国现代教育的 20 世纪［M］．上海：文汇出版社，2003 : 4.

③ 黄书光．全球化时代的学校德育思考［J］．思想・理论・教育，2002 (2) : 3 − 7.

视，自觉地肩负起道德教育研究应承担的社会责任与文化使命。德育研究者业已形成的共识是：德育现代化必然立足于中国大地，必然包含传统文化教育的现代转型，也必然包含德育理论本土化的探索。[①] 当前对传统德育资源的挖掘，对优秀传统道德文化的重新阐述，对中国特色的德育理论的探索，均属于德育理论本土化的自觉尝试。

4. 德育研究的方法转换：人文主义与科学主义的融合

纵观中国德育研究的主题，经历了从学科本位、主义本位到问题本位的发展历程。20 世纪 80 年代，德育理论研究的重点是探索德育规律，推动学科独立。20 世纪 90 年代，德育理论大量借鉴西方哲学流派和社会思潮，同时，德育各分支学科也开始萌芽，如德育社会学、德育文化学等。及至 21 世纪，聚焦于德育问题的研究更多了，特别是关于德育实效、德育课程、德育改革等实践命题的研究，问题导向得到了前所未有的强调。

从学科本位、主义本位到问题本位，这一过程背后也体现了德育研究方法论的转换。学科本位、主义本位侧重于哲学思辨，主要的研究方法是逻辑演绎，即用某一哲学理论的视角来看德育问题，将其基本原理推至德育研究，其思维方式是整体的、人文的，关涉很多问题，并不聚焦于特别具体的教育实践问题。而以问题为本位的研究，则聚焦于一个个具体的德育问题的解决，常常不拘泥于教育学科，而是用多学科的视野来研究，从而凸显了德育研究的跨学科性质[②]；或者运用实证研究的方法对问题存在的频率、后果进行揭示，用定量研究方法尤其是以问卷法为主、访谈法为辅来揭示德育问题成为一种普遍的做法；或者用行动

---

① 易连云．全球共同利益视阈下的中小学德育课程改革思考［J］．教育学报，2018，14 (1)：45 － 50.

② 戚万学，唐爱民，韩笑．改革开放 40 年德育理论研究的主题及进展［J］．教育研究，2018，39 (10)：20 － 31.

研究来验证德育理论的效用，用质性研究方法对教育现象的精神意味做更深入、立体的揭示。总体看来，目前中国德育研究在方法论上正在努力超越简单的“主义”与“问题”的二元对峙，逐步走向人文主义与科学主义的深度融合。

以上，我们在回望70多年中国德育的发展历程的基础上，努力总结了中国德育研究的历史、成就与不足以及德育学术发展的基本逻辑。“缺什么，补什么。”这一历史的全面总结，尤其是现存局限的分析，其实已经构成了对未来中国德育研究发展应有趋势的严肃探讨。

当然，任何理论研究从来都不可能没有实体性研究对象或者研究的“质料”。对中国德育研究未来发展方向更为准确的把握，当然还需要从对于新时代中国社会的发展方向以及由这一方向所决定的中国德育发展的逻辑中去获得进一步的深入理解。也就是说，只有清晰了解新时代中国需要有什么样的德育，我们才能更为明晰也更为脚踏实地回答新时代中国德育研究应有的努力方向。

三、时代逻辑的转换与中国德育事业及德育研究应努力的方向

2017年，党的十九大宣布“中国特色社会主义进入新时代”，我国社会主要矛盾已经转化为“人民日益增长的美好生活需要和不平衡不充分的发展之间的矛盾”。[①] 与此相应，新时代的中国德育如何为切实解决“人民日益增长的美好生活需要和不平衡不充分的发展之间的矛盾”作出应有贡献？进一步说，依据新时代的发展逻辑，我们需要什么样的德育实践、德育研究？对于这些时代之问题作出全面、认真的回答，实乃新时代中国德

① 习近平．决胜全面建成小康社会　夺取新时代中国特色社会主义伟大胜利［M］．北京：人民出版社，2017：11.

育理论工作者必须承担的重要历史使命。

（一）新时代教育发展逻辑的重要转换

由于改革开放以来中国社会经济的长足发展，我们已经进入了一个“物质丰裕的时代”，而这无疑是新时代教育发展逻辑转换的物质基础。

我们可以 2019 年的经济发展指标为例。这一年，中国有两项发展指标特别具有划时代意义：一是人均 GDP 首次超过 1 万美元（国家统计局的数据显示，2019 年中国人均 GDP 达到 10276 美元[①]）；二是城乡居民平均恩格尔系数（居民食物支出占家庭生活总支出的比重）首次降到 30% 以下（国家统计局的数据显示，2019 年全国城乡居民平均恩格尔系数为 28.2%[②]）。

人均 GDP 首次超过 1 万美元、恩格尔系数首次降到 30% 以下，都是了不起的成就，但对于人民的幸福生活而言，平均恩格尔系数显然更为重要。这是因为国家、社会发展的终极目标都是人民生活的改善，而恩格尔系数所直接反映的，正是人民生活水平的高低。虽然横向比较，我们与发达国家尚有不小差距，现实发展的挑战甚多（如基尼系数居高不下），未来发展也未必会一直一帆风顺，但若纵向比较或做大历史的总体考察，我们仍然要承认一个基本的事实——中国已经进入了一个全新的历史发展阶段：几乎所有国民都摆脱了极端贫困、解决了温饱问题、实现了全面小康，国家在整体上已经进入了一个国民物质生活普遍较为富足的新时代——而这一点具有特别重要的历史意义。因为支持各项事业发展的经济基础日益雄厚，所以我们才有可能、有底气达成许多过去可能难以企及的成就。即便还存在教育质量有待提升等诸多挑战，我国教育事业已有长足的发展就

① 据《每日经济新闻》2020 年 1 月 17 日发表的文章，2019 年，中国人均 GDP 首破 1 万美元，GDP 总量与日、德、英、法四国之和大体相当。国家统计局 2022 年 2 月 28 日公布的《2021 年国民经济和社会发展统计公报》显示，2021 年中国人均 GDP 已经达到 80976 元，按当时的年均汇率折算为 12551 美元，已经超过世界平均线。

② 2019 年全国居民恩格尔系数 28.2%　连续 8 年下降[N]. 中国青年报，2020－01－22.

是不争的事实。我们再以 2019 年的数据为例。据有关部门的统计：2019 年，我国九年义务教育巩固率为 94.8%，义务教育普及程度达到世界高收入国家的平均水平；2019 年，我国高等教育毛入学率从 2000 年的 12.5% 提高到 51.6%[①]，高等教育在校学生总规模超过 4000 万人，实现了从大众化向普及化的历史性跨越，中国已建成世界上最大规模的高等教育体系[②]……这些成就，无疑都以改革开放以来国家综合国力大幅度提升从而能够有力支持教育事业的发展为基本前提。以国家对教育的投入为例，2012 年以来，国家财政性教育经费支出连年超越 GDP 的 4%，总规模以数万亿元计[③]。因此，我们完全可以预期，只要国家保持目前的发展势头，不断提升的经济实力、综合国力也必定会在未来支撑中国教育事业的进一步腾飞。

不过，"物质丰裕"的社会对人类发展，尤其是对教育事业的发展的挑战也是空前巨大的。中国教育事业发展从现在开始必须直面的挑战至少来自两个方面：一是教育需求类型的升级；二是社会人口结构的变化。

所谓教育需求类型的升级，指的就是无论受教育者（学生）还是教育者（教师），大家接受和从事教育的动机类型都已经悄然发生范型上的变化。受教育者，以后当然还会继续考虑教育的工具性价值（如获得文凭、找一份好工作），但越来越多的人会从过去接受教育的"饥饿逻辑"（如"跳农门"、找工作等）的控制中逐步摆脱出来，更多地关注通过教育去追求修身养性、实现人生梦想等教育的本体性价值。2020 年，湖南省一位贫困家

---

① 根据美国学者马丁·特罗的研究，以高等教育毛入学率为指标，可以将高等教育发展历程分为精英（15% 以下）、大众（15% 至 50%）和普及（50% 以上）三个阶段，当高等教育毛入学率超过 50%，高等教育就进入了普及化阶段。

② 据《2019 年国民经济和社会发展统计公报》，2019 年我国九年义务教育巩固率达到 94.8%。据 2021 年全国教育事业统计主要结果，2021 年我国九年义务教育巩固率达到 95.4%，各种形式的高等教育在学总规模 4430 万人，高等教育毛入学率达到 57.8%。以上数据均不包括我国港澳台地区。

③ 国家统计局数据：2020 年教育经费总投入达 53014 亿元。

庭出生的高分考生不顾网上许多人的劝阻，没有选择更赚钱的金融专业而毅然报考了自己所心仪的考古系，就是一个典型案例。贫困子弟的这一抉择，虽然未必已是普遍现象，但在过去物质匮乏的时代却一定是更难想象的。类似心理需求的变化，在教育工作者身上也呈现出了同样的变化趋势。2015 年河南省一位重点中学教师辞职的理由居然是“世界那么大，我想去看看”，这封“史上最具情怀的辞职信”，当然不是说明教师们以后都不在意薪酬、待遇了，而是意味着在新的历史时期，除了物质上的回报，将会有越来越多的人更倾向于在教育工作、日常生活中寻求生命的安顿、意义的获得。

以上接受、从事教育的动机范型的变化，其实是可以理解的。因为“仓廪实则知礼节，衣食足则知荣辱”(《管子·牧民》)。依据心理学家马斯洛的需要层级理论，当一个人的基础需要获得满足之后，其“优势需要”就一定会转移到对真善美、自我实现等高级需要、超越性需要上去。接受教育、从事教育的心理需求类型变化，或者学习与工作动机类型的变化，正是悄然发生的时代巨变的典型表征之一。就德育而言，获得良好生活所需的道德教养、建构安身立命的价值观念、追求人生的终极意义，同时在社会生活中成为拥有公共参与能力的有尊严的社会主体，对于新时代学习者的重要性将越来越大。

所谓社会人口结构的变化，指的是由于社会经济以及教育事业的迅速发展，我国人口的社会阶层、文化素养等正在悄然发生的结构性变化。首先是中等收入群体（或者中产阶层）的不断壮大。目前中等收入群体有多大，学术界尚有争议，但是改革开放以来中等收入群体迅速发展壮大的趋势，则是大家普遍认可的。而且，只要中国经济、社会继续向前发展，中等收入群体就会不断壮大。中等收入群体，并不只是一个合乎某些财富指标的人群，其突出特征之一就是基本生活问题已经解决，与之相应，心理需要的类型也会随之变革——与获得个体尊严、寻求社会正义等精神需要相关的自由、平等、公正、民主、法治的意识、诉求都会普遍提高。

除了社会阶层结构的变化，还有一项与教育发展直接相关的结构性变化，就是人口文化素养结构的变化——中国受教育人口的比重已经达到前所未有的高度。与新中国成立初期 80% 以上国民是文盲相比较，九年制义务教育已经全面实现、高等教育进入普及化阶段的中国，其人口文化素养结构——其实就是受教育人口占比已经发生翻天覆地的变化。越来越多的国民接受了良好的基础教育、高等教育，固然是我们时代最伟大的成就，也更有利于国家治理现代化的实现，同时，由于“民智已开”，包括教育治理在内的全部社会治理将面临全新的挑战，也是不言而喻的。我们可以肯定地讲，许多不讲公平正义或“不讲道理”的社会治理与教育治理的旧模式必将越来越不合时宜，而社会主义核心价值观所蕴含的自由、平等、公正、民主、法治等精神，将成为我国公民普遍而真实的现实诉求。近年来一些人们过去习以为常的社会“小问题”常常能在一夜之间就迅速形成重大网络“舆情”，重要原因之一，也在于此。

总之，“中国特色社会主义进入新时代”，或者中国进入“物质丰裕的时代”，都已经让国家教育需求的类型、社会大众的结构发生了重要变化。中国教育只能顺应历史大势，努力做出与时俱进的改革。换言之，新时代教育发展逻辑即将发生重要转换——中国教育实践与理论建设一定要有回应“2019 年以后”时代要求的范型之变[①]——以提供优质、公平的教育供给为教育事业发展的基本逻辑。而在德育领域，顺应“物质丰裕的时代”来临的历史大势，我们应该努力做出与时俱进的变革，形成优质、公平的教育供给，至少包括完成在德育主题（内容）、德育形态（形式）两个方面的继往开来与品质提升。

再换言之，依据新时代教育发展的大逻辑，中国德育研究如何为推进德育实践在教育主题（内容）、教育形态（形式）两大转型提供全面、专

---

① 檀传宝．发展范式转型的意味：论“2019 年以后”的中国与中国教育应有的变革［J］．中国教育学刊，2022（8）：64－69.

业的理论支持，也就势必成为新时代中国德育理论建构责无旁贷的使命。

（二）新时代必须坚守的德育主题

1. 加强基础道德教育——讲求基本人伦与道德教养

人类生活有一个重要且普遍的常识：若日常社会生活不讲基本人伦和道德修养，社会成员行为粗鄙，人际以及家庭、社会关系普遍紧张，何谈美好生活？所以，加强基础道德教育，既是教育领域一个千古不变的旧主题，又是“物质丰裕的时代”亟待应对的新课题。

中国是一个伦理型的文明古国，一直有强调基础道德的传统。孟子有云：“恻隐之心，人皆有之；羞恶之心，人皆有之；恭敬之心，人皆有之；是非之心，人皆有之。恻隐之心，仁也;羞恶之心，义也;恭敬之心，礼也;是非之心，智也。仁义礼智，非由外铄我也，我固有之也，弗思耳矣。”（《孟子 · 告子上》）“四端”说固然重点讲的是仁义礼智的发端，但也同时强调了基础道德发乎自然的“天理”属性。“父子有亲，君臣有义，夫妇有别，长幼有序，朋友有信”（《孟子·滕文公上》）等“五伦”与天理的自觉结合，强化了基础道德教育的重要性。故古代设立学校，“夏曰校，殷曰序，周曰庠，学则三代共之，皆所以明人伦也”（《孟子 · 滕文公上》）。“明人伦”等道德教育无疑是学校德育的基础或者根本。

“道德教育是学校德育的根本”[①] 其实也是许多西方教育学家的共识。杜威曾经明确指出：“民主政治热心教育，这是众所周知的事实。”“民主主义不仅是一种政府的形式；它首先是一种联合生活的方式，是一种共同交流经验的方式。人们参与有共同利益的事，每个人必须使自己的行动参照别人的行动，必须考虑别人的行动，使自己的行动有意义和方向，这样

① 檀传宝 . 道德教育是学校德育的根本［J］. 全球教育展望，2001 (6)：9 － 14.

的人在空间上大量地扩大范围，就等于打破阶级、种族和国家之间的屏障，这些屏障过去使人们看不到他们活动的全部意义。”[①] 美国著名的品德教育倡导者里克纳也曾经明确指出：“我们民主的奠基人认为，道德教育是我们民主社会得以存在的关键。”“他们的理由是：民主的政府是由人民当家做主，人民自己对社会的自由与公正承担责任。这意味着人民至少在某种意义上说必须是善良的，他们必须理解民主的道德基础，并为之尽责……”[②] 因此他们的一个共同点就在于他们看到了政治教育虽然重要，但必须建立在最基本和最有效的道德教育基础之上。

对于当代中国社会而言，基础道德教育不仅具有永恒的、理论的意义，而且还具有十分迫切的现实意义。这是因为，物质生活的相对富裕会凸显人们对于精神生活的强烈需求。2014 年，人民论坛问卷调查中心曾经进行过一项有关中国“社会肌体健康”的调查（调查对象 8015 人）。据此形成的分析报告显示，超过八成的受访者认为当前中国社会正处于“亚健康状态”（“若请您为当今中国社会的健康程度打分，从 0 到 10，分值越高越健康，您的打分是？”选择 5 分及 4 分以下的各为 24.4% 和 57.7%），网民们认为最大的“社会病”包括：信仰缺失（55.3%，百分比越高意味着越多人认为这是最大的“社会病”）、看客心态（48.7%）、社会焦虑症（44.5%）、习惯性怀疑（40.4%）、炫富心态（38.9%）、审丑心理（36.5%）、娱乐至死（34.3%）……传统中国是一个乡土社会，特别强调以道德和信仰形成社会规范来规约各种利益主体。但这一调查发现，当今社会有高达 88.0% 的人认同（完全认同、比较认同者分别占 60.2% 和 27.8%）“信仰缺失、道德滑坡”是中国当代社会一种普遍的“社会病”。[③] 基础道德本身及其信仰基础的缺失，恰好与先秦儒家、宋明理学建立的基础道德的“天理”“伦常”的论证逻辑

---

① 杜威. 民主主义与教育［M］. 王承绪，译. 北京：人民教育出版社，1990：92.

② 里克纳. 美式课堂　品质教育学校方略［M］. 刘冰，等译. 海口：海南出版社，2001：5.

③ 数据来自人民论坛问卷调查中心 2014 年 9 月发布的《当前社会病态调查分析报告》。

以及杜威和里克纳的共识走向了完全相反的方向，同时也反映出了日渐富裕的中国社会在精神层面的饥渴状态以及人民群众心理需求的时代转向。

为了因应新时代社会发展趋势和人民群众的精神需要，2019 年 10 月 27 日，中共中央、国务院印发了《新时代公民道德建设实施纲要》。该纲要开宗明义指出："中国特色社会主义进入新时代，加强公民道德建设、提高全社会道德水平，是全面建成小康社会、全面建设社会主义现代化强国的战略任务，是适应社会主要矛盾变化、满足人民对美好生活向往的迫切需要，是促进社会全面进步、人的全面发展的必然要求"，"要把社会公德、职业道德、家庭美德、个人品德建设作为着力点。推动践行以文明礼貌、助人为乐、爱护公物、保护环境、遵纪守法为主要内容的社会公德，鼓励人们在社会上做一个好公民；推动践行以爱岗敬业、诚实守信、办事公道、热情服务、奉献社会为主要内容的职业道德，鼓励人们在工作中做一个好建设者；推动践行以尊老爱幼、男女平等、夫妻和睦、勤俭持家、邻里互助为主要内容的家庭美德，鼓励人们在家庭里做一个好成员；推动践行以爱国奉献、明礼遵规、勤劳善良、宽厚正直、自强自律为主要内容的个人品德，鼓励人们在日常生活中养成好品行。"对于教育工作者来说，这不仅是对社会发展中道德建设的强调，更是对于基础道德教育最为明确的强调。

基础道德教育既是对儿童道德发展逻辑的尊重，也是完整人格建设逻辑的必然要求。因为儿童总是在与身边人友好相处的日常生活中发展其道德的；而没有基本道德人格建设，任何宏大的社会政治理想、价值观念都会失去其有效生长的起码逻辑基础。强调基础道德教育，既是一个超越时空的永恒、普遍的教育命题，也是当代中国德育直面当代中国社会现实精神需要必须作出的理性回答。

2. 开展民主法治教育——协力政治文明建设

"美好生活"一定是共和国每一个公民都拥有人格尊严，合法权利都得到充分保障的生活。因此"不断满足人民对美好生活的向往"，一方面要求大力加强民主与法治建设，建设社会主义政治文明，另一方面则需要扎实开展民主、法治教育，确保公民成为负责任的权利主体、共和国真正的主人翁与建设者。因此，民主与法治教育、社会主义民主政治教育，或者中国特色社会主义的公民教育的开展就是这一美好生活建构的应然之义。

关于人的现代化，美国社会学家阿历克斯·英格尔斯曾经有过精彩的论述。在深入研究西方发达国家现代化进程并考察了第三世界国家现代化发展出现的诸多问题之后，英格尔斯发现：一个国家或企业即使有先进的制度，但如果缺乏能赋予这些制度以真实生命力的广泛的现代心理基础，如果执行和运用这些现代制度的人自身还未从心理、思想、态度和行为上都经历一个现代化的转变，那么就会导致制度的畸形发展甚至失败。再完善的现代制度和管理方式、再先进的技术工艺，也会在一群“传统人”的手中变为废纸一堆。这就是著名的“英格尔斯效应”。因此，英格尔斯断言：“人的现代化是国家现代化必不可少的因素。它并不是现代化过程结束后的副产品，而是现代化制度与经济赖以长期发展并取得成功的先决条件。”①

中共中央、国务院于2019年2月颁布的《中国教育现代化2035》明确指出，要“大力推进教育理念、体系、制度、内容、方法、治理现代化，着力提高教育质量，促进教育公平，优化教育结构，为决胜全面建成小康社会、实现新时代中国特色社会主义发展的奋斗目标提供有力支撑”。而与之配套的由中共中央办公厅、国务院办公厅印发的《加快推进教育现代化实施方案（2018—2022年）》所制定的5年教育现代化总体目标则是：“经过5年努力，全面实现各级各类教育普及目标，全面构建现代化教育制度体系，教育总体实力和国际影响力大幅提升。实现更高水平、更有质量的普及，教育改革发展成果更公平地惠及全体人民，教育服务经济社会发展的能力显著提高，社会关注的教育热点难点问题得到有效缓解，多样化可

---

① 英格尔斯.人的现代化［M］.殷陆君，编译.成都：四川人民出版社，1985：8.

选择的优质教育资源更加丰富，人民群众受教育机会进一步扩大，学习大国建设取得重要进展。”在以上两个文件中，无论是“推进教育理念、体系、制度、内容、方法、治理现代化，着力提高教育质量，促进教育公平，优化教育结构”，还是“教育改革发展成果更公平地惠及全体人民，教育服务经济社会发展的能力显著提高，社会关注的教育热点难点问题得到有效缓解，多样化可选择的优质教育资源更加丰富，人民群众受教育机会进一步扩大”，都说明教育现代化在制度、观念层面均得到了前所未有的强化。这是因为，无论我们的教育现代化在器物层面的进步指标如何亮眼，若教育制度民主与法治水平还不够高，若我们培育的社会主义建设者和接班人还不完全具备独立人格和创造精神、不能积极和理性参与社会治理，若我们不能在制度、精神层面实现彻底的现代化，我们就不可能真正意义上全面实现教育现代化。

若是做国际比较，社会主义民主法治教育、社会主义民主政治教育、社会主义核心价值观教育，其实就是世界各国所说的公民教育。我们与他人的区别，只在于我们的公民教育是中国特色社会主义的公民教育。公民教育所要培育的“公民”，既与“臣民”相对，也与“私民”相对。前者要求社会成员告别等级社会和人身依附，成为民主社会的权利和责任主体，因此公民教育的核心内容就必然包括自由、平等、公平、正义、民主、法治等；后者要求受教育者告别自给自足、不问政治的小农人格，成为有责任感、有能力参与社会治理的社会成员，因此公民教育的内容就必然包括道德责任、法治精神、爱国、敬业、诚信、友善等。无论中外，公民教育的目的，都在于促进受教育者健全的公民身份（Citizenship）的建构，从而在人格上告别人身依附和小农人格，实现人的现代化。正是在这个意义上，公民教育是现代教育性质的体现，是现代教育的目的性要求，因而公民教育意味着“全部教育的转型”①。当然，中国公民教育是中国特色社会主义公民教育。

---

① 檀传宝．论公民教育是全部教育的转型：公民教育意义的现代化视角分析［J］．安徽师范大学学报（人文社会科学版），2010，38(5)：497－503.

教育即生活。要实现人的现代化、培养现代公民，不仅需要设置如“道德与法治”“思想政治”等专门的德育课程，还需要系统“重构学校制度生活”。因此加强学校制度建设以及开展与之相应的制度德育，就成为加强民主与法治教育的必然选择。依据制度德育论的理论主张，第一，“制度是教育资源”，应当彰显学校制度正向的多方面的育德功能；第二，“制度是教育过程”，应当确立优良学校制度的品质，对现行学校制度进行批判性审视，建构公平正义、民主平等、自由发展的学校教育制度，把制度建构活动变成教育过程；第三，“制度是生活方式”，应当把成文的制度规定与有组织的制度活动，通过内化与外化双向机制，变成稳定的制度化行为模式，化为学校制度生活，通过学校制度生活来培养学生品德。① 从本质上看，制度德育论是从学校制度重建、优化的角度主张加强教育生活意义上的民主与法治教育。

3. 推进“人类命运共同体”教育——促进全球公民责任和团结

当代社会，人类生活已经是一个相互依存的整体。一国人民的“美好生活”，一定与其他国家有直接和间接的关联。所以近年中国一直大力倡导构建“人类命运共同体”(a Community of Shared Future for Mankind)。“人类命运共同体”这一理念的提出，既是为了维护中国人民的尊严，维护国家的核心利益、主权、安全及发展，也是为了更好地承担国际义务，反对单极化霸权，推动建立更加公平正义的全球治理新秩序。“人类命运共同体”，是一种政策宣示、一种社会理想，更是一种客观现实。②

“人类命运共同体”理念之所以成立，首先是因为世界经济的“全球化”

---

① 杜时忠 . 制度何以育德？ [J] . 华中师范大学学报 (人文社会科学版) , 2012 , 51 (4) : 126 − 131 + 4.

② 据中国外文局当代中国与世界研究院 2020 年 9 月 15 日发布的《中国国家形象全球调查报告 2019》，已有六成以上海外受访者认可“人类命运共同体”这一理念对个人、国家、全球治理的积极意义。

已经是一个具有突出现实性、普遍性的客观事实与发展趋势。市场经济的发展已经使得全球化市场成为当代各国经济面临的客观现实，产业、市场、资本的全球化分工会使得资源配置更好地实现优势互补，世界经济的发展也更有效率与活力。所以尽管在理论上一直存在对于全球化进一步加剧了国家间的贫富差距，加重资本对于普罗大众的经济剥削、政治压迫，导致政治、文化、生态危机日益严重等广泛的批评，尽管近年一些发达国家出于一己之私也采取了许多“逆全球化”的政策干预，经济全球化仍然是一个不可阻挡的历史潮流。

经济全球化除了使得世界变小、成为“地球村”，还加快了科技、文化、教育的交流，互联网的产生与发展，新媒体尤其是智能化的社交媒体的涌现和全球化覆盖，也使得整个世界在信息交流方面实现了前所未有的相互开放，而更加开放的世界反过来又使得全球化的范围和程度不断加深，“人类命运共同体”建构的现实性也因此得到进一步强化。

此外，当代世界还面临着许多亟待解决的现实问题，如战争与冲突、环境和气候问题、发达国家与发展中国家的贫富差距等。这些问题也都具有全球性，非一个国家或者某一国家集团可以单独解决。因此，各国如何和平相处、各国国民如何作为“全球公民”参与国际秩序的重建，迫切需要我们努力在德育上开展“人类命运共同体”意识的教育或者“全球公民”身份的培育。

联合国教科文组织 2015 年发布的《反思教育：向“全球共同利益”的理念转变》（*Rethinking Education: Towards a global common good*, 2015）[①] 明确指出，虽然“目前关于公民的定义仍以民族国家为核心，但在全球化

① 中文版已经由教育科学出版社于 2017 年出版。原文“common good”应译作“公共善”而非“共同利益”(common interest)。公共善着眼于社会正义，共同利益强调利害关系。联合国教科文组织的这一报告强调应该重新思考教育的使命，将教育视作在全球范围内促进公平正义、培育全球公民身份的事业。

的影响下，这种概念和相关做法正在改变”[①]。跨国社会和政治共同体，民间社会和行动主义都是新型“后国家”公民的表现形式。全球化创造出了超越民族国家的新型经济、社会和文化空间，正在促成超越民族国家界限的新的身份认同和动员模式。而“国家教育”面临挑战，人类社会要“重新思考多元互联世界中的公民教育”。[②]

超越民族国家层面的“人类命运共同体”教育，与国际上通行的“全球公民教育”（Global Citizenship Education，简称 GCE）相通。总结联合国及世界各国全球公民教育的政策与实践经验，为了真正“促进全球公民责任和团结”，“人类命运共同体”教育，或者“全球公民教育”至少应当包括如下几个重要的教育主题：第一，文化理解与和平教育。第二，经济发展与可持续发展教育。第三，全球治理与公民的建设性参与。

以上基础道德教育、民主法治教育、“人类命运共同体”教育，刚好构成了一个由近及远的逻辑系列。只有在教育内容上不断扎实强化这些主题的教育，我们的世界才可能更加美好，中国德育也才能满足人民群众对于美好生活的向往。但无论是基础道德教育、民主法治教育还是“人类命运共同体”教育，在内容选择、界定和有效开展上，都有许多需要德育理论工作者勇敢面对、深度回应的重大课题。

（三）新时代应当建构的德育形态

实现优质、公平的教育供给这一新时代中国教育事业发展的基本逻辑，不仅要求有高品质的德育内容安排，也要求有高品质的德育形式保障。让中国德育在教育形态上更加美好、让新时代少年儿童有更多接受优质德育

---

① 编译自 TAWIL S. Education for ‘global citizenship’: A framework for discussion［C］// ERF Working Papers, Series No. 7. Paris: UNESCO, 2013.

② 联合国教科文组织 . 反思教育：向“全球共同利益”的理念转变［M］. 联合国教科文组织中文科，译 . 北京：教育科学出版社，2017：57.

的幸福感，具体说来，让中国德育成为专业的德育、审慎的德育、美好的德育，理应成为新时代德育形态变革的主要方向。

1. 让德育成为专业的教育——对德育规律的严格遵循

立德树人是教育的根本任务，故在教育上“人民日益增长的美好生活需要”也就自然表现为人民群众对于德育实效提高的广泛期待。而要让中国德育实效提高、让德育形态更为美好，这就需要严格遵循德育的客观规律，实现经验型德育向专业化德育的历史转型。

首先，由经验型德育向专业化德育的历史转型，要求德育实践充分尊重儿童道德发展的客观规律。

关于儿童的道德发展，劳伦斯·柯尔伯格（一译科尔伯格）曾经在道德认知发展上有过经典的描述。柯尔伯格不仅通过实证研究归纳出了儿童道德判断三水平（前习俗、习俗、后习俗）、六阶段（奖惩与服从定向、工具主义的相对主义定向、好孩子定向、法律与秩序定向、社会契约定向、普遍伦理原则定向）的发展轨迹，而且通过图利尔等人的试验得出结论：发展性道德教育的第一个心理学原则是，儿童只能同化在发展意义上合乎他们自身水平的那些道德说理；第二个心理学原则是“道德发展上的向前运动不仅依赖于向儿童揭示下一阶段的思维，而且要使儿童体会到运用他们自己当前的思维水平到道德问题情景中发生认知冲突的经验，如果经验不到足够多的认知冲突和不确定性，道德发展就不会发生”。[①] 柯尔伯格的道德认知发展理论及其生发出来的两难讨论、公正团体等德育方法至今仍然有重要的应用价值。当然，儿童道德发展并不只有道德认知发展一个维度，精神分析理论、社会学习理论、积极心理学等许多品德发展理论都从

---

① KOHLBERG L.Cognitive-developmental theory and practice of collective moral education［M］// WOLINS M, GOTTESMAN M. Group care: the education path of youth aliyah. NY: Gorden & Breach,1971 : 367.

人格发展、道德情感、亲社会行为等方面补充了儿童道德发展的其他维度。即便是儿童道德认知发展理论本身，通过图利尔、努奇等人的努力，也发展出了社会认知领域理论，将道德发展领域与社会习俗、个人生活领域的发展严格区分开来，人们对儿童道德认知发展图景的描绘也越来越具体、准确。吉利根、诺丁斯等人则以他们在关怀教育理论上的杰出贡献，从性别视角补充了我们对于儿童道德发展的认识。道德发展理论的不断发展已经告诉我们的基本常识是，儿童道德发展的阶段性特征是客观存在的，发展的逻辑也是有规律可循的。而要求得德育实效提升，教育实践只能遵循这些规律。若我们将“德育”定义为思想、道德、法治、心理教育等更广泛的领域，则思想、道德、法治、心理教育等教育实效提升的前提，也一定是对儿童思想、道德、法治、心理发展实际与客观规律的敬畏与遵循。

其次，由经验型德育向专业化德育的历史转型，还要求德育实践充分尊重德育活动的客观规律。

在当代中国德育实践探索中，德育的课程改革一直是德育实践改进的重点领域，而德育课程改革的一大进步，就是在课程理念上对于德育规律的尊重。其中最重要的就是鲁洁所倡导的“生活德育”理念对于课程改革的巨大贡献。鲁洁指出：“道德学习的本质，不是知识学习，而是生活的、实践的学习。”① “当代的教育却无视道德之知的实践特性，同其他知识一样也把它放在科学理性主义的过滤器中筛选成普遍化、客体化的知识，彻底割断了它长在母体身上的脐带，断绝了它与生活实践的联系，也就使它再也回不了自己的家。”② 因此，“新德育课程的基本理念是回归生活。德育课程要‘源于生活，通过生活，为了生活’，在课程的实施中，不仅要关注课程的内容贴近生活，

① 鲁洁．江苏社科名家文库：鲁洁卷［M］．南京：江苏人民出版社，2015：18.

② 鲁洁．边缘化　外在化　知识化：道德教育的现代综合症［J］．教育研究，2005 (12)：11 － 14 + 42.

还要努力促使课程学习能真正改变生活”[1]。德育课程改革的具体目标应当表现为“道德观：从知识道德向生活道德转变”“课程观：从唯知识论走向生活经验论”“学习观：从单向传输转向交互作用”[2]。

不管德育课程标准与课程实践如何发展，我们可以肯定的是：不仅德育课程，而且全部德育实践，在坚持中国特色社会主义德育方向的同时，如何克服德育内容“假大空”、德育方式“强制灌输”等违背规律的德育惯习，始终是中国德育追求进步的重要方向之一。

再次，由经验型德育向专业化德育的历史转型，在教育实践上必然要求德育工作专业化水平的全面提升。

“德育专业化”既是历史的趋势，也是逻辑的必然。在进入现代社会之前，包括德育在内的所有教育活动都是经验型的。从事个体化教学工作的教师，其教育实践与手工艺人师傅带徒弟的模式并无本质差异。其基本逻辑在教育内容上都是“会什么，教什么”，在教育形式上也都是借助经验探索教育的有效性。尽管中外都不乏杰出的教育家和教育思想家，但是他们的教育实践、教育理论都是经验性的探索。以机器大工业为代表的现代生产的迅猛发展以及义务教育普及运动所催生的大规模学校教育，特别是“师范教育”的产生，是经验型教育到专业化教育的一个重要分水岭。师范院校的产生，意味着人类社会在制度上认可了教育工作两种专业性：一是在教育内容上，现代科学各学科知识意义上的“学科专业性”得到进一步认可；二是在教育方式上，教育学、心理学、教学法等所代表的“教育专业性”得到了体制性的认可。如果说“学科专业性”是旧式教育“会什么，教什么”逻辑的延续与升级，那么“教育专业性”则是现代教育与古代教育的根本区别所在。从此，包括德育在内的全部现代教育，都必须

---

① 鲁洁．江苏社科名家文库：鲁洁卷［M］．南京：江苏人民出版社，2015：18.

② 鲁洁．德育课程的生活论转向：小学德育课程在观念上的变革［J］．华东师范大学学报（教育科学版），2005 (3)：9－16＋37.

兼顾“学科专业性”和“教育专业性”。在这一意义上，现代教育、德育必须实现由经验型到专业化的范式变革，当然就是一个历史的必然。

之所以说“德育专业化”不仅是历史的趋势而且也是逻辑的必然，还因为：若全部教育都要承认“学科专业性”和“教育专业性”，实现由经验型到专业化的范式变革，德育作为教育的“根本任务”当然也要完成这一历史的转型。而要完成这一历史转型，德育就必须在研究、决策和教师的德育专业化等方面做出应有的努力。

完整的“德育专业化”无疑应当包括德育研究的专业化和德育决策的专业化。因为没有研究的专业化，德育决策及实践就没有“专业”的基础，专业化也就无从谈起。而德育决策的专业化则是德育事业专业化发展的关键。因为没有对于儿童道德发展规律的把握，没有对于德育原理、德育规律的尊重，就不可能有教育政策所追求的德育实效的取得与提高。“文革”时期一些政策对于德育规律的否定直接导致了德育内容的混乱以及德育方式非理性，其结果是灾难性的。“文革”结束后，“五讲四美三热爱”运动在全国范围内广泛开展，其实就是因为绝大多数国民已经意识到基本德性丧失的灾难性后果。20 世纪 70 年代末 80 年代初出现的青年一代的“信仰危机”更是意味着强制灌输无法建构真正的信仰。而新世纪伊始开启的德育课程改革之所以取得重要进步，最为根本的经验无疑也是教育决策对于德育专业或德育规律的应有尊重。

“德育专业化”还应当包括教师德育专业化。[①] 迄今为止，日常教育生活中人们常常将教师专业化理解为课程、教学意义上的专业化，这是一个严重的“概念的缺损”。其结果，“一方面，教师大学毕业拿到教师资格证书时基本没有学习过如何进行德育，在继续教育过程中对德育的学习也是偶然和不系统的，故所有教师都在以‘摸着石头过河’的方式

① 蓝维．德育专业化的关键：德育教师的专业发展［J］．教育研究，2007 (4)：26 – 27.

从事德育；另外一方面，现代教育与心理科学已经在德育理念、德育基础理论、德育策略与技能、品德及德育心理等许多维度都累积了十分丰富的研究成果，但这些成果只在教育研究者圈子里面循环，而较少与一线教师和其他实际教育工作者联系”[①]。因此，如何分门别类让所有实际承担着德育使命的从教人员都获得相应教育岗位所必需的德育观念、德育理论与德育事务等方面的专业知识与能力，是新时代中国教育事业尊重德育规律，实现德育实效、品质提升的关键之关键。

2. 让德育成为审慎的教育——对后真相时代的理性应对

当前，由于经济全球化的不断深化以及媒介生活形态的突飞猛进等原因，社会生活的复杂性、价值观的复杂性都已经空前提高。如何应对“后真相时代”的挑战成为全球性话题。

2016 年，《牛津英语词典》将“后真相”（post-truth）一词选为年度词汇，并将之定义为“诉诸情感与个人信仰比陈述客观事实更能影响民意的一种情形”。尔后《经济学人》在一篇文章中将“后真相”解释为：“真相并未被篡改，也未被质疑，仅仅是变得次要了。”[②] 也就是说，“后真相时代”的公众在求真相没有希望的情况下，往往不再“较真”，人们更趋向于相信他们在情感上愿意相信的“事实”。概括说来，“后真相时代”的突出特征有二：一是由于种种原因，尤其是基于各种利益的考量，与过去相比，当代社会已是一个真相更难把握的社会；二是由于媒体发达、信息爆炸，人类很难像过去那样轻易获得真相，因此许多人便“方便行事”“反求诸己”，只相信自己愿意相信的“真相”。后者不仅让形形色色的民粹思维大行其道，也让真相的求索、共识的形成变得更为困难。而“未经反思就接受的观点

---

① 檀传宝．再论“教师德育专业化”［J］．教育研究，2012，33 (10)：39 － 46.

② NOGUEIRA J. Post-truth politics：art of the lie［J］. The Economist，2016 (9)：a27 － a33.

和草率作出的决定有可能给我们的家庭、朋友、同事、社会、环境以及星球造成破坏性的灾难”[①]。

虽然“后真相时代”的到来,也有碍于自然世界里真相的发现,但是“诉诸情感与个人信仰比陈述客观事实更能影响民意的一种情形”肯定更多地发生在社会领域，尤其是价值观及其教育领域。故在当代社会，德育不可避免地面临两大维度的时代挑战。

首先是在教育目标、内容上，当代德育会面临不同价值观的同台竞技，其次是德育的形式方面，如德育的方式、方法等，同样会在不同制度、不同意识形态的国家间竞争，这都要求德育能够帮助道德学习主体在复杂的当代社会生活中作出明智且经得起考验的价值选择。此外，在“后真相时代”，人们对情感与信仰的服膺往往超过了对事实真相的究问。批判性思维有助于人们基于事实追求道德生活的真相。故在“后真相时代”，德育要理性应对上述挑战,批判性思维(Critical Thinking,又译作“审慎性思维”)就显得前所未有地重要。

所谓批判性思维，不过是“做出有目的、自我监督的判断的过程”，是“就观点和行为建构一个合理且公正的判断”。[②]批判性思维的关键能力，包括质疑能力和理性思考能力。[③]与彼得·法乔恩的前述定义相似，诺希克列举过另外三个有代表性的定义：“批判性思维是合理的、反思性的思考，着重于决定相信什么或做什么”(来自恩尼斯)；“批判性思维是熟练的、可靠的思考。因为它对背景很敏感，依赖于标准，并且是自动调整的，所以有助于形成有效的判断”(来自李普曼)；“批判性思维是你

① 法乔恩.批判性思维:思考让你永远年轻[M].李亦敏,译.北京:中国人民大学出版社，2013:6.

② 同①7.

③ 美国学者恩尼斯的观点,转引自 COTTRELL S.批判性思考:跳脱惯性的思考模式[M].郑淑芬,译.台北:寂天文化,2007:12.

在思考的时候，考虑自己的想法，以使自己更好地思考”（来自理查德·保罗）。[①]

批判性思维所要求人的，不过是严肃反思自己的判断和行动，不过是“讲理”（reasoning）——依据“理”（依据可靠标准并推理）、“据”（客观事实）作出理性的抉择并服从真理。批判性思维是一种明智的思维方式，其本身并不等同于某种道德上的善或恶。换言之，一些邪恶之徒也可能具有某种批判性思维的能力并让这一能力为犯罪服务。但对于德育而言，批判性思维要求分析信息来源与背景，依据一定标准，通过重新组织概念、展开逻辑推理，从而合理反思、评估所获取的信息及其附着的价值观，这不仅会帮助个体获得事实意义上的真相，更有利于帮助个体在置身于价值信息的洪流时能够以公正客观的态度作出理性的道德判断，避免无意中被未经反思的道德情感带来的猛烈冲击俘获而成为无脑的“乌合之众”。很显然，当代人要在纷繁复杂的价值世界中真正安顿自己、安顿年轻一代的精神生命，与其在眼花缭乱的价值观面前无所适从，不如在德育实践中强化批判性思维的培育，让德育对象在“风吹雨打”中自由、理性地选择并牢固建构起自己的价值观。由于批判性思维具有特别强调反思、强调标准、强调真实、强调理智等特性[②]，批判性思维的培育当然也一定会让合理的德育活动在内容、形式的竞争中拥有更强大的竞争力。

“物质丰裕的时代”和“后真相时代”无疑是同一个时代。前者意味着精神需要的凸显和德育对于这一需要高质量回应的必要；后者则要求高品质的德育，应该将批判性思维纳入日常德育生活，不仅提升德育的实效，而且因为实效的获得而让德育对象体会自主、自由地接受德育的美好。

---

① 诺希克．学会批判性思维：跨学科批判性思维教学指南［M］．柳铭心，译．北京：中国轻工业出版社，2005：2.

② 同①3－5.

3. 让德育成为美好的教育——主体自由的真正实现

如果用发展批判性思维的方式去应对“后真相时代”的德育的挑战是一种相对“防守”的策略，那么更为积极的教育战略就是让德育成为一种最“美好”的教育事业。当代德育应当成为一种能让道德学习主体自由真正实现的德育，一种自主、生活和审美的德育。

与自主的德育相反，在德育领域最不美好的学习体验，当然就是蔑视学习者的主体性、“按着马头让其喝水”（杜威语）式的强制灌输了。关于“灌输”，或者“强制灌输”，柯尔伯格曾经有过一段十分精辟的论述：“灌输既不是一种教授道德的方法，也不是一种道德的教授方法。说它不是一种教授道德的方法，是因为真正的道德应当包含对可能出现的价值冲突作出审慎的抉择；说它不是一种道德的教授方法，是因为合乎道德的教学必然意味着尊重儿童正在发展的对所学内容进行推理与评价的能力。”[①]

与灌输式的德育相反，让道德学习主体自由真正实现的德育，一定是自主、生活的德育。“唯物辩证法认为外因是变化的条件，内因是变化的根据，外因通过内因而起作用。”[②] 因此自主的德育不仅是现代教育学、心理学的主张，也符合唯物辩证法的基本原理。就像石头不可能孵化出小鸡一样，没有德育对象内在学习动机的发动，没有对特定价值观念的情感接纳、认同，没有学习者学习经验（生活）、发展阶段等“内因”条件的支持，就没有任何有效学习发生的可能性。由于涉及情感、态度、价值观的改变，与一般文化课知识学习相比较，强制灌输在德育上会更加无效。也正是因为这一点，柯尔伯格才说灌输“不是一种教授道德的方法”。自主的德育、自我建构的德育不仅是教育“效益”的要求，而且是教育伦理的要求。现

---

① POWER C, KOHLBERG L. Using a hidden curriculum for moral education［J］. Education Digest, 1987 (2) : 12.

② 毛泽东选集：第一卷［M］. 北京：人民出版社，1991 : 302.

代德育乃至全部教育之所以区别于古代德育、教育，一方面是彻底的人身依附的否定，另一方面是教育基于人是目的而非手段的伦理基础。因为无视学习主体的尊严，将学习者看作达成某种目的的工具或者器皿，所以“按着马头让其喝水”式的强制灌输意义上的德育才“不是一种道德的教授方法”。就是说，由于违背现代教育伦理，德育的强制灌输范式在本质上是反德育的。

自主的德育可能面临价值观教育的强制与放任之间的矛盾；强调生活的德育也可能面临德育对生活的适应与超越之间的张力。而促成价值引导与自主建构的矛盾解决的“中庸之道”，在于德育内容与形式的审美化。因为“道德教育的内容与形式如果可以处理成一幅美丽的画、一曲动听的歌，那么与这幅画、这首歌相遇的人就会在‘欣赏’中自由地接纳这幅画、这首歌及其内涵。道德教育的价值引导与道德主体的自主建构两个方面就可以在‘欣赏’过程中得以统一”①。所以，让道德学习主体自由真正实现的德育更一定是审美的德育。

正如自主、生活德育的意义不仅在于德育绩效的提升，也在于教育伦理的落实一样，审美化的德育最为重要的也不仅仅在于通过对德育内容、形式、师生关系等的审美化改造而使得德育更为生动、克服道德规范之于学习者的“顽强的疏远性”，审美化的德育最重要的意义，也在于席勒所言的“在有文化教养的圈子里，在审美的国度里，人就只需以形象显现给别人，只作为自由游戏的对象而与人相处”②这一极富美感的教育境界的达成。由于道德及其学习自由的真实获得，德育才可能让学习主体摆脱奴隶式的被动道德规训状态，也脱离“人和人以力相遇”的丛林法则所支配的

---

① 檀传宝．德育美学观［M］．北京：教育科学出版社，2021：224.

② 席勒．美育书简［M］．徐恒醇，译．北京：中国文联出版公司，1984：145.

野蛮生活。因此，审美化的德育实践是一种能使道德主体的意义求索和学习自由兼得的当代德育之道。

无论是自主的、生活的、审美的德育，或是其他许多浪漫、理想的中国当代德育理论主张，本质上都是在主张让德育成为因道德学习主体自由的真正实现而变得更加“美好”的教育，而这正是“物质丰裕的时代”中国社会对于德育最核心的要求。

依据新时代的发展逻辑，我们需要什么样的德育实践、德育研究？

我们认为，加强基础道德建设、开展民主法治教育、促进“人类命运共同体”的形成，应该成为新时代必须坚守的最重要德育主题；让中国德育成为专业的德育、审慎的德育、美好的德育，理应成为新时代德育形态变革的最重要的改革方向。如果上述德育主题（内容）、德育形态（形式）的发展方向的确是新时代发展逻辑的必然，那么新时代的德育研究理所当然服从这一时代转型的逻辑去求得自身的发展。新时代的中国需要高品质的德育，相应地也就需要与之相应的更高品质的德育研究。换言之，如果中国德育理论工作者要“将论文写在大地上”，就一定要投身于以高质量的学术研究推进中国德育在内容与形式维度的品质提升这一伟大的事业之中。

在这一时代背景之下，《中国德育研究大系》可谓当代中国德育学人对于高品质德育实践与理论建构这一时代责任的一次集体性的学术承担。

四、《中国德育研究大系》的缘起与编撰历程

湖北教育出版社是一家情系教育、志存高远的专业出版社。自 2002 年以来，出版社曾经与多位德育研究者一起合作研制、出版国家义务教育新课程标准教材《品德与生活》《品德与社会》（鄂教版），为基础教育课程改革添砖加瓦。在愉快而高效的合作过程中，出版社与德育专家们不仅加深了了解，而且获得了高度互信。2020 年 10 月，全国德育学术

委员会第29届学术年会在海南召开，湖北教育出版社方平社长专程与会，提出与全国德育学术委员会合作出版《中国德育研究大系》的详细设想。《中国德育研究大系》选题价值也受到了全国德育学术委员会许多专家的高度肯定。会后，我们就立即着手谋划书系的框架、邀请和遴选作者、商讨编撰工作的日程安排。

2021年6月，《中国德育研究大系》启动会在华中师范大学召开。长江出版传媒股份有限公司领导、湖北教育出版社领导和多位编辑参加会议，全国德育学术委员会时任理事长檀传宝教授、副理事长杜时忠教授，以及十位作者：孙彩平教授、卜玉华教授、齐学红教授、唐爱民教授、程红艳教授、班建武教授、叶飞教授、刘长海教授、李敏教授、刘春琼副教授参会研讨。为了认真总结中国当代德育研究的重要成果、应对德育研究面临的时代挑战、回应社会对德育实践的重大关切，与会专家一致认为在“两个一百年”的历史交汇点，编写《中国德育研究大系》适逢其时。在这次会议上，大家对《中国德育研究大系》的编写思想、风格定位、内容体例等问题进行了深入讨论，并形成如下共识：第一，丛书要成为高水平研究成果的集成，要优先考虑德育研究的学术性、专业性。第二，要突出时代气息和中国特色，充分反映中国德育发展和德育理论进步的整体风貌。第三，要具有国际视野、中国立场，要成为一个具有民族特色和世界眼光的德育研究精品系列。

最终呈现的《中国德育研究大系》由《德育基本理论研究》《学生品德发展研究》《教师道德研究》《德育课程研究》《班级德育研究》《家庭与社会德育研究》《德育方法研究》《德育评价研究》《中国传统德育研究》《中国德育研究新进展》十个分册组成，基本实现了预期目标。为了确保《大系》的学术水准与出版质量，在十册图书编写、审校完成后，我们又特别邀请了十位学者分别对上述十部书稿进行了审阅，他们分别是：周小李教授、张添翼副教授、蔡辰梅教授、郑航教授、李家成教授、李太平教授、朱晓宏教授、唐汉卫教授、冯永刚教授、郑富兴教授。十位审稿人认真阅读了书稿，并提出了大量中肯而有益的建设性意见，各册作者在此基础上进行了修改完善。

在此，我们对十位审稿人表示衷心感谢！

这十册图书汇集了中外德育研究的最新成果，在深入探讨德育基本理论、中国传统德育及面向未来的中国德育等诸多理论课题的同时，也系统分析、回应了教师道德、品德发展以及影响青少年品德成长的课程、教材、教学评价等德育领域的重大实践课题。《中国德育研究大系》既是汇集当代德育研究成果的百科全书，更是推进中国特色社会主义德育理论建构的工作平台。它不仅为中国特色社会主义德育理论的建构提供了一个系统、深入的崭新起点，更为构建方向正确、内容完善、学段衔接、载体丰富、常态开展的新时代德育工作体系，大力促进德育工作的专业化，提升德育的创新性、实效性，落实立德树人的根本任务，奠定了重要的教育理论之基。再加上作者团队——全国一批深具专业实力的德育研究者的积极参与和倾情奉献，我们有充分的理由相信：这是一套集权威性、公益性、原创性和实用性于一体的集大成之作。其出版，无论对于中国德育理论的建设还是德育实践品质的提升，都具有十分重要的时代意义。

汇集一批好学人，做成一桩大事情。在《中国德育研究大系》即将出版之际，作为主编，我们由衷感谢出版社有关领导、编辑团队对于本书系的有力支持，真诚感谢十位作者在百忙之中的积极响应、倾情投入和高品质的产出。与此同时，我们更是和全体作者一样，由衷地希望与更多的读者们同行，携手迎接一个中国德育研究更加美好的新时代！

檀传宝　杜时忠

目录

导　论

《中国德育研究大系》定位于全面梳理改革开放以来中国德育研究进展和经验，为未来的研究工作提供较为坚实的学科知识平台和较为清晰的发展方向指引。《德育课程研究》的职责，是梳理德育课程领域的重要研究成果，为未来的德育课程研究和实践提供共享知识平台和具有前瞻性的深化方向。然而，德育课程是一个由对学生进行道德教育的德育课程构成的复合体系，改革开放以来人们对不同类型的德育课程的研究并不均衡，分门别类地对各种德育课程研究进展情况进行分析几无可能，且写作容易流于碎片化,不利于读者把握德育课程研究的全貌。有鉴于此,笔者遵循“守一而望多”的写作思路，立体多维地对在德育课程体系中处于核心位置的国家直接学科德育课程进行细致分析，同时适当涉及隐性课程、校本课程等方面的相关研究进展。

一、以国家直接学科德育课程为中心，“守一而望多”开展德育课程研究

在分析德育概念时，檀传宝提出了“守一而望多”的原则。在我国，德育的概念一般是指思想、政治、品德、心理发展健康教育，即“大德育”。然而，国外德育一般只含道德教育，也就是“小德育”。概念界定的模糊导致我国德育实效不高，也使得中外有关德育问题的交流存在着诸多障碍。针对这一问题,檀传宝提出了“守一而望多”的原则:“守一”是指守住“德”

的质的规定性，概念不能泛化；“望多”是拓展外延，但是要有度，需要存在一个标准。

“守一而望多”原则对于开展德育课程研究具有借鉴意义。习近平总书记指出，思政课是落实立德树人根本任务的关键课程。在德育课程体系中，思政课处于核心、灯塔位置，对其他各类德育课程发挥指引、辐射作用。办好德育课是当前学校德育创新中的主要任务；把德育课研究透，有助于优化德育课程体系，提升德育实效。从实际情况来看，我国关于德育课程的研究成果主要集中在国家直接学科德育课程方面，其他一些领域，如校本德育课程，也出现了很多鲜活的案例，但有深度的理论研究还比较少见。

“守一而望多”原则也比较符合我国当代德育课程研究的实际情况。在分析德育课的目标、内容与实施方式时，众多研究者表达了“德育课程的根本目的是引导人们建构有道德的生活”“德育课程就其本质而言不是传授知识的课程，而是经验课程”“德育课程应当让儿童们去经验他们生活中阳光和愉悦，也引导他们去获取解决现在生活中的问题和困惑的种种经验，把现在正在进行的生活构建得更有道德、更加美好”① 的观点。习近平总书记提出“坚持显性教育和隐性教育相统一”的原则，将“惊涛拍岸的声势”和“润物无声的效果”有机结合起来，明确指出“思政课要做思想政治教育的显性课程”，我们“要理直气壮开好思政课”；同时，“要挖掘其他课程和教学方式中蕴含的思想政治教育资源，实现全员全程全方位育人”。② 依据以上观点，德育课程体系中各部分相互配合程度有待提升的问题可以相应地理解为德育课对其他各类德育课程辐射指引功能有待充分发挥的问题、德育课所遵循和倡导的德育理念没有有机贯穿德育课程体系的问题。

---

① 鲁洁．德育课程的生活论转向：小学德育课程在观念上的变革［J］．华东师范大学学报（教育科学版），2005 (3)：9 − 16 + 37.

② 习近平．思政课是落实立德树人根本任务的关键课程［J］．奋斗，2020 (17)：4 − 16.

基于以上分析，笔者借鉴“守一而望多”的研究思路，以国家直接学科德育课程研究为中心，开展德育课程研究，努力围绕德育课优化这一中心线索，对改革开放以来中国德育课程研究进展和经验展开分析。

二、以国家直接学科德育课程的实践历程为线索，立体多维地开展德育课程研究

围绕德育课，研究者撰写了大量理论文章，政府颁布了若干政策文件，各地各校开展了丰富多彩的实践。如何分门别类地将这些成果清晰整理出来，成为摆在作者面前的另一个实际问题。在这一方面，美国学者古德莱德提出的课程类型理论为笔者提供了很好的启示。

古德莱德发现课程在实践中表现为不同形态，学者对课程的理想化定位在实施中并不一定行得通，理想课程必然要在采用和实施过程中经受社会政治审视和技术性专业审视。据此，他提出了包括五种类型的课程观，分别命名为理想的课程、正式的课程、领悟的课程、运行的课程、经验的课程。理想的课程产生于理想化的计划过程，可能受到一系列宗教信念、价值观以及偏好的影响。正式的课程是那些在州或者学校层面被官方采用的课程。领悟的课程是由作为正式课程的接收者的教师对正式的课程进行解读的产物。运行的课程是在学校和课堂上每节课、每天所发生的课程。经验的课程是学生在教学过程中实际体验到的课程。

借鉴古德莱德的思路，笔者认为，以德育课的实践历程为线索来展开研究工作，是必要而有新意的。就其实践样态来看，我国德育课大致经历了如下阶段或形态：（1）德育课程理念阶段。在这一阶段，政治领袖和研究者对德育课的目的、功能、地位、内容、形态等进行描绘，提出具有理想性和前瞻性的观点，与此相对应的德育课程是理念中的德育课程。（2）德育课程政策阶段。在这一阶段，政府部门出台相应政策，对德育课的目的、功能、地位、内容、形态等进行明文规范，以期指引实践，与此

相对应的德育课程是政策中的德育课程。（3）德育课程教材编写阶段。在这一阶段，教科书作者依据相关政策和理念，为德育课编写合乎要求的教科书，与此相对应的德育课程是正式文本化的德育课程。（4）德育课程实施阶段。在这一阶段，教师解读德育课程政策和教科书，在课堂上组织开展德育课教学活动，与此相对应的德育课程是实施中的德育课程。（5）德育课程经验阶段。在这一阶段，学生经历了德育课教学活动，在思想观念和行为观念上产生一些变化，与此相对应的德育课程是经验的德育课程。对于经验的德育课程，国内外普遍关注的问题其实是德育课教学的效果，因而，笔者将以上五个阶段的研究主题依次概括为德育课程理念研究、德育课程政策研究、德育课程教科书研究、德育课程实施研究、德育课程评价研究，并将其作为本书第二章至第六章写作的基本框架。

第一章
德育课程类型解析

在讨论为政问题时,孔子将“正名”放在首位,认为“名不正则言不顺,言不顺则事不成”。在学术研究中,澄清学术概念、理顺概念之间的逻辑关系也至关重要,唯有以得到清晰界定的学术概念作为基础,研究工作才能顺利展开,研究成果才能获得学界的关注、讨论和认可。

在改革开放初期,德育课程不是一个清晰、独立的学术概念,德育、德育课、德育课程经常混为一谈。“随着我国德育改革的发展和德育理论研究的深入”①,德育课程问题受到广泛重视,在这一领域出现了认识性德育课程、活动性德育课程、隐性德育课程、显性德育课程、校本德育课程、社团德育课程、特色德育课程、基础性德育课程、拓展性德育课程等若干概念。此外,还有研究者指出:“在中小学德育一体语境中,一切课程都是着眼整体育人的,都是立德树人的具体载体,可谓‘无课不德育’。”②以上概念来源不同,分类标准不一,表述形式各异,研究者对于这些概念所指称的内容在德育课程体系中的地位没有达成共识,实践者面对纷繁复杂的德育课程概念也会产生迷茫。因而,从课程类型视角出发开展正本清源工作,清晰把握这些概念的逻辑关系,全面理解和把握德育课程,构建内

---

① 班华.现代德育论[M].合肥:安徽人民出版社,2001:157.

② 张志勇,赵福庆.中小学德育一体化原理[M].济南:山东教育出版社,2019:212.

在结构清晰的德育课程体系，成为成熟规范的德育课程研究不能绕开的基础性问题。

第一节　德育课程类型领域的文献梳理

截至21世纪初期，研究者基本上把德育课程等同于国家统一设置的德育课。随着课程改革的深入、隐性课程的显现、活动课程的繁盛、校本课程的兴起，研究者视野中的德育课程种类越来越丰富，部分研究者开始自觉地进行德育课程类型分析。

一、与德育课相等同的德育课程

几乎所有的学术论文直接切入德育课程讨论而没有分析德育课程的所指。多数论文直截了当地将“德育课程”理解为《品德与生活》《品德与社会》《道德与法治》等国家统一设置的德育课。

鲁洁以生活论转向为视角，从道德存在观、课程观、学习观等方面分析小学德育课程改革，其立论素材全部来自她带领团队进行的德育课教材编写工作。[①] 可见，此时作者所讨论的德育课程其实就是当时国家统一规定在小学阶段开设的《品德与生活》《品德与社会》课。高德胜在《回归生活的德育课程》中紧扣“专门的德育课程”展开分析，指出了以往的德育课程脱离学生生活的缺陷，围绕21世纪初问世的国家课程标准和《品德与生活》《品德与社会》教材进行了德育课程回归生活的理路探讨。[②] 陈

① 鲁洁．德育课程的生活论转向：小学德育课程在观念上的变革［J］．华东师范大学学报（教育科学版），2005 (3) : 9 − 16 + 37.

② 高德胜．回归生活的德育课程［J］．课程·教材·教法，2004 (11) : 39 − 43.

光全[①]、班建武[②]、俞国良[③]等也将德育课程看作人们常说的“德育课”,将德育课程作为“一门综合性的必修课”进行分析。

二、德育课程类型的初步分化

一些论文采用以“德育课程”为核心的衍生概念，展开对德育课程的其他部分的分析，如从隐性课程与显性课程划分的角度提出“隐性德育课程”概念，指出校园物质、制度、文化环境“对学生品德的形成和发展发挥着独特的不可替代的作用”[④]；从“学科式德育课程教学效果低下”的现实问题出发，倡导加强德育活动课程建设，主张“德育活动课程应以培养解决具体的道德问题、处理各种现实的道德情景的能力为目标”，并据此构架德育活动课程内容[⑤]；以国家三级课程管理体制为依托，开展“德育校本课程开发”，以弥补德育国家课程体系的不足，提高学校德育的实效性，创建有特色的学校[⑥]。

此外，还有研究者围绕学科教学、社团活动展开德育及德育课程方面的探讨，但没有提出明确的德育课程子概念，很多实践工作者在工作研讨时会灵活使用“社团德育课程”“特色德育课程”等概念。

---

① 陈光全，杜时忠．德育课程改革十年：反思与前瞻［J］．课程·教材·教法，2012 (5)：83－90.

② 班建武，檀传宝．改革开放 30 年中小学德育课程的变迁与发展［J］．思想理论教育，2008 (24)：14－19.

③ 俞国良，闫嵘．中外青少年德育课程比较［J］．教育科学研究，2005 (3)：45－48.

④ 季诚钧．试论隐性德育课程［J］．课程·教材·教法，1997 (2)：9－13.

⑤ 周跃良．论中小学德育活动课程建设［J］．课程·教材·教法，1999 (3)：5－8.

⑥ 卢少军，朱跃民．中学德育校本课程开发探析［J］．山东师范大学学报（人文社会科学版），2009 (6)：116－120.

三、德育课程类型的自觉梳理

少数论著将“德育课程”看作一个学术概念群，尝试梳理概念群内各种概念的逻辑关系，但这一工作显然还没有完成。

魏贤超提出整体大德育课程体系，认为“这一新的课程体系由认识性德育课程、活动性德育课程、体制意义上的德育课程、气氛意义上的德育课程、隐性的认识性德育课程和隐性的活动性德育课程组成”①。班华主编的《现代德育论》从空间、时间、存在方式和影响方式角度指出完整的德育课程包括若干因素，但没有分析这些因素的内在关系，而是“着重介绍三类德育课程，即认识性德育课程、活动性德育课程、隐性德育课程”②。檀传宝主编的《德育与班级管理》将德育课程分解为显性课程与隐性课程，进而将显性课程“分为专设的德育课程或德育活动（又称‘直接德育课程’）和其他学科课程（又称‘间接德育课程’）”，指出“学校中的隐性德育课程非常丰富和庞杂……可以出现在学校各种教育情境中”③。戚万学、唐汉卫主编的《学校德育原理》讨论了德育课程的三种基本类型，认为“德育活动课程和德育隐性课程是德育学科课程的必要补充”④。郑航将德育课程大致分为学科性德育课程、活动性德育课程和德育隐性课程三类，认为“前两者属于德育显性课程，与后者相提并论”，并且在具体分析阶段将小学德育课程归纳为认知取向型、行为取向型、情意取向型、综合型、整合型等几种基本类型。⑤赵志毅等将德育课程分为学科德育课程、活动德育

---

① 朱小蔓．道德教育论丛(2000 年卷)［M］．南京：南京师范大学出版社，2000：428.
② 班华．现代德育论［M］．合肥：安徽人民出版社，2001：163.
③ 檀传宝．德育与班级管理［M］．北京：高等教育出版社，2013：112－114.
④ 戚万学，唐汉卫．学校德育原理［M］．北京：北京师范大学出版社，2012：197.
⑤ 郑航．学校德育概论［M］．北京：高等教育出版社，2007：127－129.

课程、隐性德育课程三种。[①] 佘双好从经验的角度理解课程，将现代德育课程理解为“学校作为一个整体提供给学生的思想道德方面经验的总和”，将其分为“显性德育课程和隐性德育课程两大部分”[②]，对每个部分的内在结构进行了剖析,将其组合成“类似于金字塔或海面冰山似的结构图形”[③]。张忠华在论文中把德育课程分为五类，分别是认识性德育课程、活动性德育课程、学科德育课程、隐性德育课程、校本德育课程[④]，但并没有说明这样分类的依据。

面对德育课程概念群的日益丰富，研究者迫切需要开展系统而全面的概念清理和反思，以期为深化德育课程研究奠定稳固的学术概念基础。

第二节 课程类型考察与德育课程概念图谱构建

本着追根溯源的立场，笔者尝试勾勒出各种德育课程概念的三条由来线索，对多种多样的德育课程进行分类考察，并将其结构关系进行列表式呈现。

一、基于课程德育意图清晰程度的德育课程分类

教育学者一向注重研究在专门教育机构中实施的以文化传递为直接目的的课程，杜威则旗帜鲜明地指出，这种具有直接教育意图的传递仅是“一种相对表面的手段”，教育学必须重视“更为基本的和更为持久的教导方

---

① 赵志毅．德育原理与方法［M］．北京：人民教育出版社，2013：126.

② 佘双好．现代德育课程论［M］．北京：中国社会科学出版社，2003：18.

③ 同②105.

④ 张忠华．德育课程理论研究综述［J］．思想理论教育，2005（19）：62－67.

式”。[①] 这种更重要的教导方式就是“每个人从和别人共同生活（只要他真正地生活而不只是继续生存）中所得到的教育”，这种教育“是偶然的”，但又是必然的，“不仅社会生活本身的经久不衰需要教导和学习，共同生活过程本身也具有教育作用”。[②] 沿着杜威的思路，克伯屈分析了学习过程中的“同步学习”[③] 现象，指出学生在学习物理、数学等学科课程的同时也在进行价值观等方面的学习；菲利浦 · 杰克逊明确提出“隐性课程”概念，指称课堂上广泛存在但教育者对其缺少明确把握和计划的那些教育因素。班华将隐性课程界定为“课内外间接的、内隐的，通过受教育者无意识的、非特定心理反应发生作用的教育影响因素”[④]。靳玉乐认为，潜在课程指“学校通过教育环境（包括物质的、文化的和社会关系结构的）有意或无意地传递给学生的非公开性教育经验（包括学术的与非学术的）”[⑤]。随着隐性课程概念的提出，那些具有直接教育意图的教育教学安排被统称为显性课程，显性课程与隐性课程成为把握课程的一对重要范畴，显性德育课程与隐性德育课程（有时也被称为德育显性课程与德育隐性课程）随之成为把握德育课程的一组重要概念。

人们通常将德育课程看作学校课程的一部分，即学校课程中具有直接德育意图的那部分课程；显性德育课程因而可以指那些基于直接德育意图而专设的学科或活动，隐性德育课程则指那些缺少直接德育意图但客观上对于学习者的思想道德品质产生影响的学校因素，这些因素“以间接的、内隐的、不明确的方式”[⑥] 作用于学生思想和行为。显性德育课程与隐性德

① 杜威 . 民主主义与教育［M］. 王承绪 , 译 . 北京 : 人民教育出版社 , 2001 : 9.
② 同 ①11.
③ 克伯屈 . 教学方法原理 : 教育漫谈［M］. 王建新 , 译 . 北京 : 人民教育出版社 , 2016 : 7.
④ 班华 . 现代德育论［M］. 合肥 : 安徽人民出版社 , 2001 : 177.
⑤ 靳玉乐 . 潜在课程简论［J］. 课程 · 教材 · 教法 , 1993 (6) : 48 － 51.
⑥ 檀传宝 . 德育与班级管理［M］. 北京 : 高等教育出版社 , 2013 : 114.

育课程的划分仅具有分析的意义，两者之间并不存在严格的分界线，因为隐性课程的本质是未被发现的课程，一旦某种学校因素（如师生关系、教室布局等）的教育功能被揭示和利用，这种因素就自然而然地从隐性课程变身为显性课程。

随着研究的深化，显性德育课程的阵营越来越大，既包括专门为德育开设或组织的德育课和德育活动，又包括并非专门为德育开设或组织但具有德育影响因而有必要着重发挥其德育功能的正规教育活动，有研究者将其称为间接德育课程、学科德育课程，当前主要指“语文、历史，甚至数、理、化等非专门开设的德育课程”“这些课程中固有的价值教育与道德教育存在着非常密切的相关性，使学科教学成为道德教育的一个重要途径”[①]。隐性德育课程与间接德育课程很难清晰区分，客观来说，当数学、物理等学科教学的德育影响没有得到认识的时候，它们就属于隐性德育课程的范围；一旦其德育影响得到认识，它们就跻身间接德育课程之列。虽然显性德育课程的阵营在不断壮大，但隐性德育课程仍然有巨大的探索空间，因为德育课程恰如一座冰山，露出水面的显性德育课程仅是冰山的一角，潜隐于水下的隐性德育课程才是冰山的主体部分。研究者指出，“有直接和显性德育的地方，就有隐性德育课程存在”，并且，隐性德育课程“可以出现在学校各种教育情境中。具体地说，既可以出现在专设德育课程和学科课程教学上，也可以通过无处不在、无时不有的物质情境，诸如校貌、校舍建筑、设备、校园文化、教室布置、各种仪式、校风、校容、校纪校规、班风、学风以及师生关系、同学关系等，对学生身心发展（包括知识、情感、信念、意志、行为和价值观等）产生潜移默化的影响”。[②] 佘双好指出：“由于隐性德育课程既包含了学科课程和活动课程所覆盖的领域，同时也覆盖了学校物质环境、学校制度环境和学校精神文化环境中所寓含的德育因素，

---

① 檀传宝. 德育与班级管理［M］. 北京：高等教育出版社，2013：113.

② 同①114.

在范围上覆盖了现代德育课程的各个领域。尽管这些隐性教育因素对学生的影响是随机的、偶发的和零星的，但它是所有德育课程中影响学生思想道德素质范围最广、时间最长、最具有动态性的德育课程，因此，在现代德育课程体系中处于基础性的地位。”①

二、基于课程表现形式的德育课程分类

“课程即教学科目”②的课程观由来已久，这种观点主张分科教学，“以有组织的学科内容作为课程组织的基础”③。分科教学具有相对发达的目的性、计划性、系统性，在学校中得到普遍遵行，在理论界也受到广泛推崇。佘双好认为：“在现代课程观念中，学科课程依然是最重要的课程形态，以一定学科形式系统组织起来的教育性经验，是所有课程经验中最基本、最核心、最稳定的部分，它集中反映了人类文明的思维成果，具有强大的理性的感召力。学科课程是现代课程中不可或缺的重要组成部分。”④杜威等人要求以活动为中心组织教学，系统提出与“学科课程”相对的“活动课程”。学科课程的局限性在于“学科课程把知识的逻辑规律置于课程开发的中心，而把学习者个性需要、心理规律置于边缘”⑤,活动课程的优势在于“较之学科课程，提供给学生更为广泛的学习空间和更为充分的动手操作机会”“使儿童的校内、校外生活统一起来，减小它们之间的隔阂”，但“儿童从活动课程中获得的知识缺乏系统性和连贯性，有较大的偶然性和随机性”⑥。严格来

① 佘双好．现代德育课程论［M］．北京：中国社会科学出版社，2003：106.

② 全国十二所重点师范大学联合编写．教育学基础［M］．北京：教育科学出版社，2002：162.

③ 同②173.

④ 同①102.

⑤ 同①102.

⑥ 同②174.

说，“学科课程和活动课程并不对立”[①]，杜威主张学校课程应该从以活动为中心逐步过渡到以分科教学为中心，“当代课程从实质上突破了非此即彼的单一性形式……学科课程与活动课程的界限正在淡化”[②]。

基于学科课程论，我国在各学段普遍设立了德育课。德育课“是直接为培养学生思想道德素质所设计的德育课程，它集中地体现了统治阶级的意识形态的基本要求，作为统治阶级思想和意识形态的标尺而出现于学校课程体系之中……它具有德育的整合的功能……在现代德育课程体系中居于主导性地位”[③]。语文、历史、数学等学科课程也具有德育功能，但它们的德育影响相对来说缺少系统性，可以看作辅助或间接学科德育课程。基于对活动的德育功能的把握，各级各类学校还普遍组织开展具有明确德育目标的活动，即专门活动德育课程（或称直接活动德育课程、专门德育活动课程等），如《中小学德育工作指南》专门强调组织开展节庆纪念日活动、仪式教育活动等。与各学科教育的德育功能相似，学校组织开展的其他各类正规活动均具有德育功能，因而可以看作辅助或间接活动德育课程，可以通过巧妙加强德育设计彰显其德育价值。

当前，学科德育课程与活动德育课程呈现彼此走近、深度融合的趋势。从学科德育课程方面来看，以德育课为例，课程标准规定，高中思想政治课程“是帮助学生确立正确的政治方向、提高思想政治学科核心素养、增强社会理解和参与能力的综合性、活动型学科课程”[④]，课程坚持教育与生产劳动和社会实践相结合，着眼于学生的真实生活和长远发展，使理论观点与生活经验、劳动经历有机结合，实现“课程内容活动化”“活动内容

---

① 佘双好．现代德育课程论［M］．北京：中国社会科学出版社，2003：103.

② 袁振国．当代教育学［M］．北京：教育科学出版社，1999：143.

③ 同①106.

④ 教育部．普通高中思想政治课程标准［M］．北京：北京师范大学出版社，2020：1.

课程化”[①]。由此可见，将这些学科德育课程看作“认识性德育课程”[②]已经不再合适。从活动德育课程方面来看，若干研究者和学校致力于活动德育课程建设，主张“德育活动应成为德育主要的教育形式”，倡导加强系统化、正规化建设，“使德育活动课程具有自身的逻辑性和课程体系，并改变目前许多学校德育活动课程开设的随意性”[③]。随着学科与活动、直接与间接、显性与隐性边界的淡化，或直接或间接的学科德育课程和活动德育课程将越来越融合。

三、基于课程管理主体的德育课程分类

2001 年发布的《国务院关于基础教育改革与发展的决定》指出："实行国家、地方、学校三级课程管理。……在保证实施国家课程的基础上，鼓励地方开发适应本地区的地方课程，学校可开发或选用适合本校特点的课程。"教育部于同年颁发的《基础教育课程改革纲要（试行）》（以下简称《纲要》）将“改变课程管理过于集中的状况，实行国家、地方、学校三级课程管理，增强课程对地方、学校及学生的适应性”作为基础教育课程改革的具体目的之一。以这两个文件为基础，地方课程、校本课程正式获得公众认可，与国家课程一道构成课程的三种类型。

国家课程、地方课程、校本课程的划分，是以课程管理主体为依据的。国家课程是国家规定的课程，它集中体现一个国家的意志，是一个国家基础教育课程计划框架中的主体部分。[④]《纲要》规定："教育部总体规划基

① 教育部．普通高中思想政治课程标准［M］．北京：北京师范大学出版社，2020：2.

② 班华．现代德育论［M］．合肥：安徽人民出版社，2001：164.

③ 周跃良．论中小学德育活动课程建设［J］．课程·教材·教法，1999（3）：5－8.

④ 钟启泉，崔允漷，张华．《基础教育课程改革纲要（试行）》解读［M］．上海：华东师范大学出版社，2001：355.

础教育课程，制订基础教育课程管理政策，确定国家课程门类和课时。制订国家课程标准，积极试行新的课程评价制度。”地方课程是由省级教育行政部门依据国家课程管理政策和本地实际情况开发的课程，须报教育部备案。校本课程是学校在执行国家课程和地方课程的同时开发的供学生选择的课程，校本课程开发要根据当地社会、经济发展的具体情况，结合本校的传统和优势、学生的兴趣和需要。地方课程和校本课程是对国家课程的补充，总体上应该服务于国家课程的有效实施，“必须是在国家宏观课程政策和国家课程标准的框架内进行的，要与国家的教育方针、教育目标特别是人才培养目标相一致，确保人才培养目标更好地实现”[①]。中共中央、国务院 2019 年颁发的《关于深化教育教学改革全面提高义务教育质量的意见》提出了加强课程教材建设的具体要求：“国家建立义务教育课程方案、课程标准修订和实施监测机制，完善教材管理办法。省级教育部门制定地方课程和校本课程开发与实施指南，并建立审议评估和质量监测制度。县级教育部门要加强校本课程监管，构建学校间共建共享机制。学校要提高校本课程质量，校本课程原则上不编写教材。严禁用地方课程、校本课程取代国家课程，严禁使用未经审定的教材……”这些规定细化落实了“教材建设是国家事权”[②]的基本立场，进一步阐明了国家课程在义务教育课程体系中的核心地位。

国家德育课程、地方德育课程、校本德育课程是基于课程管理主体不同而产生的德育课程子概念。国家德育课程通常被看作是德育课，事实上，从管理主体角度来看，国家德育课程还包括国家规定开展的德育活动，如《新时代爱国主义教育实施纲要》要求“充分挖掘重大纪念日、重大历史事件蕴含的爱国主义教育资源，组织开展系列庆祝或纪念活动”。地方德

---

① 许洁英. 国家课程、地方课程和校本课程的含义、目的及地位[J]. 教育研究，2005 (8)：32－35

② 郝志军. 教材建设作为国家事权的政策意蕴［J］. 教育研究，2020 (3)：22－25.

育课程以基于地方历史、地理、爱国主义教育资源的课程为主要形式，也包括地方教育行政部门规划开展的区域德育活动。在现有成果中，直接以“地方德育课程”为题的论著基本没有，不过，由于地方课程的基本目的“是满足地方或社区发展的实际需要，加强学生与社会现实和社区发展的联系，使学生了解社区，接触社会，关注社会，学会对社会负责，关心社会，增强学生的社会责任感”①，“培养学生热爱家乡的情感、建设家乡的信心和真才实学”②，地方课程的内容偏重地方历史、地理、经济、文化传统等，因而，具有突出的德育课程意味。校本德育课程有助于创建有特色的学校，在实践中受到广泛关注，很多学校开发了形式多样的学科类、社团类、活动类校本德育课程，并使之序列化。研究者指出，校本课程关注学生的现实需要，易于隐蔽教育意图，淡化教育色彩，有利于提高德育实效；充分挖掘利用当地的教育资源，推动学生进行生活体验和社会体验，有利于培养学生的道德选择和道德判断能力。③举例来看，山东莱州市第一中学构建了“六阶段 36 单元”主题德育课程，以月为单位，高中三年设置 36 个主题；开发了“人生规划”课程，指导学生勾画自己美好的未来；研发了一门必修课程——“莱州一中学生在校三年应做好的十二件事”，给学生提供切实的成长导引。④与地方课程相似，校本课程具有突出的德育课程意味；而根据课程是否以育德为主要目的，校本课程又可以进一步分析为校本直接德育课程和校本间接德育课程。

---

① 郭元祥．关于地方课程开发的几点思考［J］．课程·教材·教法，2000 (1)：6 － 8.

② 成尚荣．地方课程的开发与建设［J］．中国教育学刊，2005 (12)：23 － 26.

③ 郑国祥．德育校本课程的有效开发与实施［J］．教学与管理，2008 (22)：43 － 44.

④ 蔡润圃．校本德育课程：赋予学生成长的价值和力量［J］．中小学管理，2015 (2)：28 － 30.

四、德育课程概念图谱

基于以上三条分类线索，笔者尝试将名目繁多的德育课程子概念稍作解释（表 1–1）。

表 1–1　德育课程概念关系表

德育意图	管理主体			表现形式
	学校	地方	国家	
显性德育课程	校本直接学科德育课程 校本间接学科德育课程	地方直接学科德育课程 地方间接学科德育课程	国家直接学科德育课程 国家间接学科德育课程	学科课程
	校本直接活动德育课程 校本间接活动德育课程	地方直接活动德育课程 地方间接活动德育课程	国家直接活动德育课程 国家间接活动德育课程	活动课程
隐性德育课程	有待发掘的潜隐性德育因素			

笔者将德育课程看作对受教育者思想品德发展有影响作用的教育因素的复合体。在表格底部的是未被发现、在学校德育安排中未得到重视的隐性德育课程，它彰显着德育研究的丰富前景。与隐性德育课程相对的是显性德育课程，依据课程表现形式可以分为学科德育课程和活动德育课程两大类，依据课程管理主体可以分为校本德育课程、地方德育课程和国家德育课程三大类，两两组合产生六种具体课程类型，每一种课程又可以根据德育意图清晰与否分为直接和间接两种。各种类型的课程不是彼此孤立的，总体来说，地方课程和校本课程是作为国家课程的补充或延伸而存在的；各种课程类型之间的界限也不是绝对固定的，而是可以彼此转化的，如当

前大量学科德育课程在运行方式上向活动型课程靠拢，一些学校或者地方原创的活动在得到国家倡导后也可以变成国家课程。需要说明的是，对于很多实践者来说，表格中的一些概念是比较陌生的，这是因为学校德育实践中这一部分德育课程相对比较单薄，或者实践者缺少对这些课程进行清晰分类的自觉意识。

第三节　基于课程类型考察的德育课程一体化建设思路

各种德育课程相互联系，应该成为彼此支撑的有机整体，以横向贯通、纵向衔接、螺旋上升的方式促进学生的道德学习。然而，反观现实，各种德育课程“碎片化、割裂化、分散化”[①]的情况普遍存在，推进德育课程一体化建设刻不容缓。

一、德育课程碎片化、割裂化、分散化的现实表现

其一，德育课被看作传授道德知识的专门课程，在学校德育体系中处于边缘地位。鲁洁将“边缘化、外在化、知识化”[②]概括为道德教育的现代综合征，笔者认为，这些分析非常适用于分析德育课的现实处境。德育课本应着眼于人的全面发展、人性的完善和提升，在当下知识化的教育生态中，人们却仅仅依据德育课在考试、分数、升学中的功利价值对它进行估值，最终，德育课因为抽象化程度不高、应试价值偏低而在义务教育阶段

---

① 叶飞，檀传宝．德育一体化建设的理念基础与实践路径［J］．教育研究，2020 (7)：50－61.

② 鲁洁．边缘化 外在化 知识化：道德教育的现代综合症［J］．教育研究，2005 (12)：11－14.

受到普遍轻视。教育部集合全国专家力量，精心编选了观念正确、体例完备、资料丰富、文本精美的部编本德育课教科书，如能得到脚踏实地的应用，必将有力地促进学生的思想品德形成；然而，由于教学过程中的轻率和照本宣科，这些教科书的育人价值目前没有得到充分发挥。并且，在科层制管理格局中，义务教育阶段的德育课只是勉强能够与其他学科并列的一门课，无法发挥对其他学科开展德育的辐射和指导作用；德育课教学在很多学校中由分管教学的校领导直接管理，分管德育的校领导往往无缘置喙德育课教学，更不用说将其列入学校德育规划进行一体化设计。

其二，学校热衷于开发校本德育课程，但校本德育课程开发缺乏有效监管。由于国家课程和地方课程对学校来说属于“规定动作”，很多学校希望通过开发校本课程来彰显学校特色；加之在语文、数学类学科开发校本课程的难度偏大，开发校本德育课程成为学校的首选。概念迭出、百花竞放的校本德育课程确实能够给人带来眼前一亮的感觉，然而，冷静反思，笔者认为校本德育课程繁荣的背后潜藏着两大问题。一是校本德育课程的质量堪忧。一些课程实际上是三五位老师利用课余时间下载、拼贴的结果，语言规范性、框架合理性、课程思想性很难得到保障。二是校本德育课程的必要性有待商榷。《中小学德育工作指南》及不同学段德育课的课程标准对学科德育和活动德育进行了国家层面的细致规定，学校德育应该更多地定位于结合校情进行国家德育课程的校本化实施，而不是另起炉灶地进行校本德育课程开发并且在学生密密麻麻的课程表中增设专供校本德育课程使用的课时；如果学校醉心于开发校本德育课程，甚至喧宾夺主地宣传校本德育课程，势必分散教师精力，削弱德育课的教学和育人效果。

其三，学科德育课程与活动德育课程彼此割裂，没有形成育人合力。在绝大多数学校，国家、地方、校本学科德育课程由教师在教室里进行讲授，仪式、节庆纪念等各类活动德育课程由德育处、大队部、班主任在学科课时以外组织实施，德育课与德育活动“两张皮”的现象普遍存在。依据教学联系生活的理念，很多德育课在教学安排上要求学生在上课前有以往活动经验、在下课后进行拓展巩固活动，然而，教师在实施教学时只是象征性地带领学生回顾很久以前的某些活动或者其他人的活动来导入，在下课时应付式地将拓展巩固活动作为学生自主完成的作业布置下去。在同一时间段（周、月或者学期）内，多数学校的学科德育与活动德育没有什么联系，加剧德育的碎片化。

其四，隐性课程研究成果没有得到自觉应用，学生管理方式、师生关系等依然沿袭旧路。研究表明，师生关系、学生管理乃至教室里的座位布置对学生的道德社会化均有显著影响。这些德育影响因素一经揭示，就由隐性德育课程转化为显性德育课程。然而，在学校实际工作过程中，这些研究成果没有得到自觉使用，很多学校仍然采用过分强调教师权威的学生管理方式，很多班级的师生关系有待优化，德育课上所描绘的民主管理、平等对话在日常学校生活中没有成为现实，制造了书本知识与现实生活、显性德育课程与隐性德育课程之间的深层割裂。

二、以德育课为核心推进德育课程一体化建设

要解决上述问题，德育课程一体化建设应该以德育课程类型分析为依据，旗帜鲜明地将德育课作为德育课程体系的核心，发挥德育课对各类德育课程的指引辐射作用，充分落实国家德育意志。

其一，确立德育课在德育课程体系中的核心或者灯塔地位。国家课程体现国家意志，作为国家直接学科德育课程的德育课以国家课程政策、《中小学德育工作指南》和课程标准为依据，采用“教育部统一组织编写并经国家教材委员会审订通过”[①] 的统编教材，教材的思想性、科学性、民族性、

① 罗生全 . 论教材建设作为国家事权［J］. 课程 · 教材 · 教法 , 2019 (8) : 4–11.

时代性得到了充分的保障，理应在德育课程体系以及学校全部课程体系中发挥方向统率、思想指引作用，像灯塔一样将马克思主义中国化的最新成果、社会主义核心价值观辐射于学校教育教学全过程。

其二，依据理论性和实践性相统一原则创新德育课教学。针对德育课照本宣科、生硬灌输的僵化教学模式，新时代德育课教学要坚持守正和创新相统一，在坚持思想性、理论性的同时增强亲和力和针对性：跳出喊口号的误区，将思想政治理论与日常生活现实相结合；告别单方面说服，贯彻师生平等对话和批判性研讨，让真理在越辩越明的过程中自然显现；反对揠苗助长，落实螺旋上升，从具体到抽象、由浅入深地促进学生建构思想政治道德观念。知行合一是德育课的基本要求，德育课教学创新必须跳出封闭教室和专门课时的局限，转而依托全部学校生活开展人生指引，在认知与行动的持续互动和螺旋上升中逐步形成相应品德，同时将专门课堂教学作为凝练、升华各类德育课程育人效果的宝贵阵地。

其三，以德育课传递的基本原理为基准明确所有课程内容的社会主义方向。紧扣“培养什么人、怎样培养人、为谁培养人”这一根本性问题，着眼于培养堪当民族复兴重任的时代新人，学校应提高课程育人的使命自觉，秉持马克思主义基本原理细致审查各学科教学内容，确保教学内容遵循正确的思想政治方向，推动各学科课程彰显育人功能。所有活动课程也要紧扣立德树人根本任务，明确育人目标，努力发挥育人功能。在这样的课程体系中，德育课处于灯塔、纲领位置，所有课程对学生的促进和培养都支撑着学生向着灯塔的方向攀登，形成对社会主义思想政治道德观念的坚定信念。

其四，从国家课程校本化实施与开发的层面合理定位校本德育课程。国家课程对学生成长发挥影响，必须借助学校、班级层面的课程实施，从这种意义上来说，一切对学生发挥影响的课程都具有校本属性，不同学校、不同教师对国家规定的课程和教科书的实际运用过程同中有异。依据德育课在“维护国家意识形态安全、培养社会主义建设者和接班人”[①]及立德树人过程中的关键课程地位，学校必须高度重视国家直接学科德育课程的校本化实施与开发，遵循国家课程的基本理念和目标，并从自身实际出发，在国家课程留下的可能空间之内对其进行“再开发”或“二度开发”[②]，基于校情提升国家德育课程的育人实效，杜绝粗糙、随意、任性贴标签式的所谓“校本德育课程开发”。

其五，依据显性教育与隐性教育相统一原则在学校生活中贯彻社会主义核心价值观。依据广义的课程观，课程涵盖学生在学校内的一切生活经验。从思想政治道德观念生成的角度来看，学校、班级里的师生互动、同伴交往等一切社会生活经验都会影响学生的价值观建构，是隐藏在正规课程之下的更为宽广、更为深厚的隐性德育课程。有必要反思学校与社会的关系，端正办学宗旨，“按人民的利益和国家的意志来办好教育”[③]；把学校建成一个小型的民主社会，将丰富多彩的经济、政治、文化现象循序渐进地引入校园，让学校生活成为培养学生参与社会能力的过程；细致提升学校生活的道德品位，努力让爱国、敬业、诚信、友善等社会主义核心价值观扎根于校园，让学生时刻参与符合社会主义核心价值观的美好生活，在生活的过程中形成相应品德；创造条件将学生带出校门，开展社会实践、劳动体验、志愿服务、研学旅行，支持学生积极有创意地参与社会活动。

三、德育课程一体化的立体模型

依据将德育课（国家直接学科德育课程）作为德育课程体系的核心、

① 习近平．思政课是落实立德树人根本任务的关键课程［J］．奋斗，2020 (17)：4 − 16.

② 杨小微．从实施到开发：国家课程校本化的新走向［J］．课程·教材·教法，2019 (5)：44 − 49.

③ 高德胜．教育爱国与爱国教育［J］．思想理论教育，2019 (12)：1.

以德育课辐射指引从国家间接学科德育课程到隐性德育课程等其他各类德育课程的思路,笔者尝试将本文所涉及的德育课程概念进一步立体建模（图1–1）。

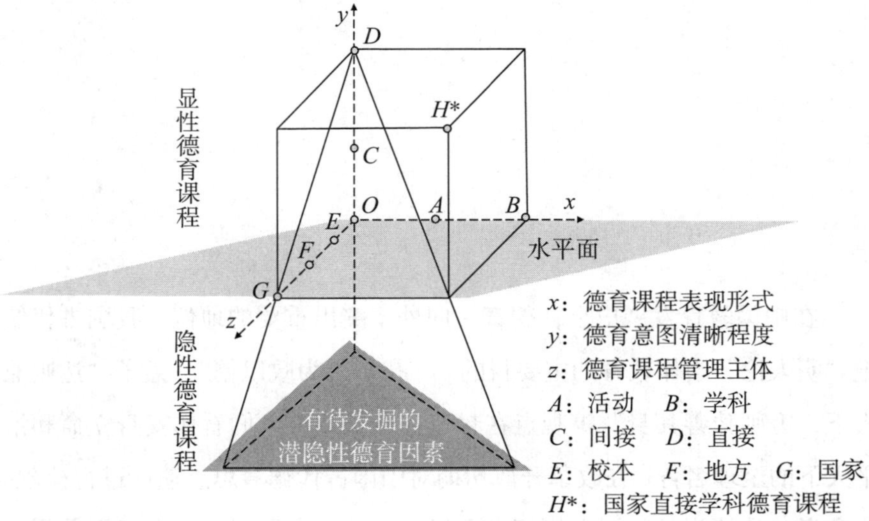

图 1–1　德育课程结构冰山模型示意图

笔者将隐性德育课程看作有待发掘的潜隐性德育因素，置于德育课程体系的底部，相当于冰山模型中水平面以下的部分；将显性德育课程理解为由德育意图清晰程度、德育课程表现形式、德育课程管理主体三条坐标轴有机勾连而成的类正方体结构，除隐性德育课程以外的各类德育课程分别位于正方体的相应位置。在这一模型中，众所周知的德育课——国家直接学科德育课程——处于正方体的制高点，辐射整个学校德育课程体系。笔者认为，这一模型图直观而贴切地揭示了各类德育课程在一体化德育课程体系中的相互关系，希望能够为研究者和实践者提供启示。

第二章
德育课程理念研究

在中国教育发展史上，德育一向处于突出重要的地位。我国古代儒家把“明人伦”当作教育的主要目的[①]，孔子“为政以德”、孟子“达则兼济天下，穷则独善其身”等观点在封建社会长期被人们看作安身立命和治国平天下的至理名言。在改革开放初期对中国古代德育思想遗产进行梳理时，研究者一致认为，我国古代德育思想在整个教育思想中占有特别重要的地位，如有人认为德育占首要位置，有人认为德育几乎占有独一无二的位置。[②]改革开放以来，面对社会转型和教育改革的稳步推进，伴随德育学科的逐渐成熟以及教育改革和社会发展思潮的持续更新，政治领袖和众多研究者围绕德育课程展开论述，对德育课程的目标、功能、地位、内容、形式、评价等发表见仁见智的观点，德育课程理念迅速迭代，对德育课程政策和实践创新发挥了先导作用。需要特别说明的是，德育课程是实施德育的载体，政治领袖和很多研究者在阐发德育理念时并没有采用“德育课程”这个概念，但他们的观点对于德育课程发展确实产生了重要影响；在梳理过程中，笔者循其名而责其实，依据这些作者的主张将其论著中与德育课程相关的部分提炼出来。

---

① 瞿葆奎．教育学文集第 7 卷：德育［M］．北京：人民教育出版社，1989：95.

② 同 ① 113.

第一节　德育课程理念的演进

理念是人们对某人或事物的基本看法和观点，德育课程理念是人们对德育课程的基本看法和观点。物质决定意识，意识指导实践，德育课程理念对德育课程决策、德育教材编写、德育课堂教导与学习均发挥着深层指导和制约作用。在编制课程时，人们通常会思考课程目标、课程内容、课程实施、课程评价等核心问题，或者说课程编制“包括确定课程目标、选择和组织课程内容、实施课程和评价课程等阶段”。[①]改革开放以来，围绕德育课程，我国研究者除了探讨上述问题外，还对德育课程的功能、地位、形式进行了专门论述。根据对40多年相关研究成果的梳理，笔者尝试围绕德育课程的目标、功能、地位、内容、形式、评价六个问题分析德育课程理念的演进。

一、德育课程目标理念的演进

目标为活动指明方向，任何成熟的德育理论都不可能绕开德育目标这一基本问题。我国第一本《德育原理》教材专门探讨了德育的任务，认为“学校德育的任务，反映了一定社会对年轻一代在思想品德面貌方面的要求。依据任务而确定的德育内容及对内容的科学组织和安排，则是实现德育任务的具体保证”[②]。该教材将德育任务理解为培养学生具有共产主义道德品质、社会主义觉悟和奠定辩证唯物主义世界观的基础，培养学生道德评价

① 施良方．课程理论：课程的基础、原理与问题［M］．北京：教育科学出版社，2020：75.
② 《德育原理》编写组．德育原理［M］．北京：北京师范大学出版社，1985：50.

和自我教育的能力。[①] 王道俊、王汉澜主编的《教育学》在分析德育途径时指出，政治课与其他学科教学“是学校有目的、有计划、系统地对学生进行德育的基本途径”“通过这个途径，教育者能够引导学生掌握系统的科学知识、马列主义毛泽东思想的基本理论和社会主义的道德规范”“这对提高学生的思想认识、形成他们的道德观点、奠定他们的人生观与世界观的基础都有极为重要的作用”[②]。这些说法可以看作是改革开放初期人们对德育课程目标的基本定位。

随着思想观念的解放，人们首先开始反思德育课程目标的高度问题，“逐步改变理想化的德育目标”[③]，依据国家利益、集体利益、个人利益相结合的社会主义集体主义精神提出现实性和理想性、广泛性和先进性相结合的德育课程目标。从我国德育、教育乃至文化演进的历史长河来考虑，德育课程目标过高有着多方面的根基，其中，儒家精英道德教育思想为培养圣贤的德育高标准奠定了学理基础；近现代内忧外患的国情、推翻三座大山和建设新中国的艰巨使命促使德育课程目标攀上了“毫不利己专门利人”的道德高地。改革开放初期，学校德育课程目标坚持了道德高标准：道德教育的目标高、大、全、美，注重引导学生形成个人利益服从集体和祖国需要、舍小家顾大家的觉悟，引导学生将有限的生命投入到无限的为人民服务中去。改革开放以来，众多伦理学、教育学研究者对德育课程目标展开反思，马克思发表的“人们奋斗所争取的一切，都同他们的利益有关”[④]的论断经常被引用。当代伦理学者王海明等明确倡导己他两利的道德体系，认为己他两利道德对每个人的个性和自由侵犯最为轻微，并且对于增进全

---

① 《德育原理》编写组. 德育原理［M］. 北京：北京师范大学出版社，1985：51－53.

② 王道俊，王汉澜. 教育学［M］. 北京：人民教育出版社，1989：394.

③ 张晓东. 德育政策论［M］. 北京：人民教育出版社，2011：53.

④ 马克思恩格斯全集：第1卷［M］. 中共中央马克思恩格斯列宁斯大林著作编译局，译. 北京：人民出版社，1956：82.

社会和每个人利益又最为迅速，肯定一切利己不损人的行为，鼓励一切有利社会和他人的个人利益的追求，也就开放了增进社会和每个人利益的最有力的源泉。[①] 以伦理学最新研究成果为依据，我国德育研究者总体上对于德育课程目标的适宜高度达成了如下共识：（1）道德的本质是主体性与规范性的统一；道德的价值不是约束人，而是促进人的发展；德育具有个体精神享用性价值，德育应注重人的理性发展，德育的使命"在于通过塑造伦理精神、培养完满人格、改善人们的道德生活，实现道德对人生的肯定、调节、引导和提升，而不是教导人们无条件地遵从某种固定的外在准则"[②]。（2）德育目标注重个体品德的层次性要求。一方面，根据个体品德发展的规律，确立不同年龄段德育重点，注意引导学生从爱自己、对自己的人生负责开始，逐步扩大到爱身边的人、爱家乡、爱祖国、爱人类。另一方面，根据社会实际条件，打破面向全体成员的过高德性要求，建立先进性要求与普遍性要求相结合的目标体系，使德育目标更具合理性。[③]

思想解放还催生了"以人为本"的思想观念，在德育课程目标领域体现出符合社会发展需要和促进个体人生幸福两种观点的交锋。德育课程目标的传统表述方式偏重社会发展需要，强调个人为集体和社会做贡献，在承担责任的过程中追求道德人格的完美。这种表述方式的理论基础是义务论伦理学，该学说认为"道德和善仅仅是出于义务感""一切德行都是出自内在义务感的行为"[④]。随着"以人为本"思想的普及和承认个体需要、追求共同富裕、人民幸福、美好生活等观念的确立，人们对德育课程目标的理解出现"从义务论向幸福论转变"[⑤] 的趋势。研究者认为，"人的德性

---

① 王海明．新伦理学［M］．北京：商务印书馆，2008：8－9.

② 戚万学．关于建构中国现代道德教育理论的几点设想［J］．教育研究，1997（12）：27－31.

③ 王道俊，王汉澜．教育学［M］．北京：人民教育出版社，1989：343.

④ 马振铎．孔子的尚义思想和义务论伦理学说［J］．哲学研究，1991（6）：54－60.

⑤ 严海．幸福何以成为德育的目的［J］．教育研究与实验，2020（4）：19－27.

的解放、人的发展才是德育的首要目的和根本目的”[①]；人类的道德生活乃是合乎“德福一致”的原则的，道德规范中实际存在着幸福人生的实现之路[②]；幸福是人的生活的目的，是人的物质需要与精神需要得到满足而产生的愉悦感受；基于“德得相通”和“德福一致”，道德有助于实现人的物质幸福，促进人的精神幸福，是实现幸福的方法[③]；“道德教育的根本作为就是引导生活的建构，它所指向的是更有利于人之生成和发展的好生活”[④]。以幸福论伦理学为依据，当前的德育课程改革突出强调对学生生活的指引，注重在生活中揭示道德的价值，发挥道德对人生的服务功能。鲁洁指出，“道德就其本义而言是人们自己创造、自己建立的一种自我肯定、自我发展的手段”，应该“选择独立人格的发展作为当今道德、道德教育的核心目标”。[⑤]《品德与生活》课程标准就将“健康安全的生活、愉快积极的生活、负责任有爱心的生活、动脑筋有创意的生活”作为课程框架。当然，幸福论与义务论之间并不存在对立关系，学者所主张的幸福是以自我与他人的和谐相处为前提，具有对于社会而言的积极肯定意义的生活状态，只是幸福论视角的加入要求德育课程目标更加关注个人的需要，追求个人利益与集体要求的统一。

在《课程与教学的基本原理》这一经典论著中，泰勒提出了课程与教学领域的四个基本问题：“①学校应力求达到何种教育目标？②要为学生提供怎样的教育经验才能达到这些教育目标？③如何有效地组织这些教育经验？④我们如何才能确定这些教育目标正在得以实现？”[⑥]在确定目标阶

① 戚万学，唐汉卫．学校德育原理［M］．北京：北京师范大学出版社，2012：59.
② 檀传宝．德育美学观［M］．太原：山西教育出版社，1996：199－200.
③ 严海．幸福何以成为德育的目的［J］．教育研究与实验，2020（4）：19－27.
④ 鲁洁．道德教育的根本作为：引导生活的建构［J］．教育研究，2010（6）：3－8.
⑤ 鲁洁．当代德育基本理论探讨［M］．南京：江苏教育出版社，2003：171－174.
⑥ 泰勒．课程与教学的基本原理［M］．罗康，张阅，译．北京：中国轻工业出版社，2014：1.

段，泰勒指出教育目标可以来自于对学习者本身的研究、对当代校外生活的研究以及学科专家的建议，强调“每种来源都具有某种可取的价值。在规划任何综合性课程计划时，必须考虑到各种来源”[①]。反观德育课程目标的演进，我们不难发现学科逻辑、社会要求与学生成长需要的互动：高大全美的德育课程目标比较合乎伦理学的学科逻辑，将道德看作“一种体系化的道德知识”[②]，用纯粹的道德理想来衡量个体德性高下；先进性要求与普遍性要求相结合的目标体系符合社会主义初级阶段的国情背景，更有助于调动公民投入社会主义现代化建设的积极性；将追求幸福看作德育课程目标的重要元素，提供了从满足人民群众美好生活需要的角度来理解德育意义的可能，能够很好地将社会要求与学生成长需要有机结合，更进一步地实现学科逻辑、社会要求、学生成长需要三种课程目标来源的和解。

二、德育课程功能理念的演进

尽管很少有研究者专门论及德育课的功能，但他们关于德育功能的讨论显然也适用于德育课，并且影响了德育课的开设和改革，因为德育课一向被看作学校德育的基本途径，“专设思想品德、青少年修养和马列主义政治课”[③]、“社会主义的政治课”[④]在德育全过程中发挥着举足轻重的作用。我国第一本《德育原理》教材专门讨论德育的作用，指出，德育保证我国学校的社会主义性质和方向，主导学生思想品德的形成和发展，激发学生学习的积极性和创造性。[⑤]王道俊主编的《教育学》指出，德育的功能体

---

① 泰勒．课程与教学的基本原理[M]．罗康，张阅，译．北京：中国轻工业出版社，2014：5.

② 鲁洁．德育课程的生活论转向：小学德育课程在观念上的变革[J]．华东师范大学学报（教育科学版），2005 (3)：9－16＋37.

③《德育原理》编写组．德育原理[M]．北京：北京师范大学出版社，1985：46.

④ 王道俊，王汉澜．教育学[M]．北京：人民教育出版社，1989：334.

⑤ 同③44－49.

现在：培养学生的品德，制约他们的发展方向；决定学校教育的性质；影响社会的稳定与发展，促进经济发展与社会进步。[①] 这些观点分别阐发了德育对于学生和社会的功能，不过，总体来看，这些观点突出强调德育的政治功能，体现鲜明的社会本位立场，因为德育对学生品德的培养是为了“有效引导他们逐步发展高尚品德，使他们成长为符合社会需要的人”[②]。

20 世纪 90 年代初期，德育功能问题成为德育理论界研讨的热点问题。鲁洁发表系列论文，多角度地阐述了德育功能。她主张，在一个充满变革的时期里，随着社会历史条件的变化，人们对德育功能的认识和观念也要相应地转变。在德育的社会性功能方面，她指出德育还具有经济功能、文化功能和自然性功能；在其个体性功能方面，除了一般的个体品德发展功能外，还具有享用性功能。鲁洁指出，对个体来说，德育具有享用功能，“可使每个个体实现其某种需要、愿望（主要是精神方面的），从中体验满足、快乐、幸福，获得一种精神上的享受”[③]。她主张，德育的享用功能植根于德育本质之中，因为德育能够“满足受教育者道德发展与完善的精神需要”；德育提高与完善人的致善能力，使“人创造构建了一个更善更美的外部世界”“从这个由他参与创造的外部世界中他获得了幸福”；通过发展与完善人的道德品质，满足了人的精神需要；德育发展与完善人的德性，让人拥有享用美好世界的“器官”；德育形成受教育者的高尚人生意境，让人“可以以一种审美心态去瞰视人生，从中获得审美的愉悦”[④]。

世纪之交，人们对于德育的政治功能、经济功能、文化功能、自然性功能的阐发逐步深入。就政治功能而言，“以国家、社会的政治、经济、文化的变迁，社会文明制度形态的转型为前提和条件”，公民教育成为可能，

---

① 王道俊，王汉澜．教育学［M］．北京：人民教育出版社，1989：332 － 336.

② 同 ① 333.

③ 鲁洁．试论德育之个体享用性功能［J］．教育研究，1994 (6)：46 － 47.

④ 鲁洁．再议德育之享用功能：兼答刘尧同志的“商榷”［J］．教育研究，1995 (6)：27 － 31.

研究者呼吁以公民教育为目标，推动传统德育的历史性转型[①]，注重开展对学生公共精神的培育[②]。就经济功能而言，研究者强调德育既要“培养出适应市场要求的人才”，又要“对他们进行高于现实的理想人格的引导与培养”[③]；基于社会和经济可持续性发展，现代德育经济功能的思想也有显著的发展，在内容上不是片面地强调促进经济增长，而是要以保护生态平衡为前提的增长，也就是在科学理性的支配下的增长；促使人们认识和处理好当前利益与长远利益、局部利益与整体利益的关系，公平与效益的关系；以新的资源观、发展观，代替原有的资源观、发展观；培养经济道德，坚持勤俭建国方针；为迎接知识经济到来，教育包括德育尤其应注重创新性素质的培育[④]。就文化功能而言，在确认德育具有文化传递和文化创新功能的前提下，研究者分析了全球化背景中“同质化”“一体化”，实则是“美国化”“西方化”的特殊价值本质，倡导文化自觉，追求全球化中民族的文化自主，对消费主义文化[⑤]、女性主义、人权思想等进行了积极的回应。就自然性功能而言，研究者倡导“把自然生态作为整体的一个部分、一个方面”“在人、社会、自然广阔的背景上思考德育问题”[⑥]，开展生态文明教育，“从人与自然相互依存、和睦相处的观点出发，从人类发展的长远利益出发，引导受教育者自觉养成爱护自然环境和生态系统的生态保护意识、思想觉悟和相应的道德文明行为习惯”[⑦]。

---

① 李萍，钟明华．公民教育：传统德育的历史性转型［J］．教育研究，2002 (10)：66－69.

② 徐锋华，赵飞．公共精神培育：高校德育的应有向度［J］．江西社会科学，2013 (1)：214－217.

③ 鲁洁．论市场经济条件下的德育价值取向［J］．求是，1994 (4)：37－40.

④ 班华．近十年来德育思想现代化的进展［J］．教育研究，1999 (2)：18－22.

⑤ 鲁洁．应对全球化：提升文化自觉［J］．北京大学教育评论，2003 (1)：27－30.

⑥ 同④.

⑦ 皇甫艳玲．生态文明：学校德育的新视域［J］．学校党建与思想教育，2010 (33)：52－53.

德育具有享用性功能的观点在首次问世时引发了争论，刘尧撰文指出“个体享用的提法容易被人误解为德育在教个人享受，施德于人是为了得到回报，这样就与社会主义道德和德育的本来含意矛盾”“人类个体如何使自己的享用价值与社会价值相符合，求得自身发展的教育应在人生哲学之中，而不在道德教育之列”①。对此，鲁洁、杜时忠、檀传宝等进行了回应和澄清。当前，德育具有个体享用功能的观点已经得到普遍承认，檀传宝系统提出了欣赏型德育模式，努力让德育成为一种“乐教”“诗教”的事业，成为“一幅美丽的画”“一曲动听的歌”，让“诗歌、绘画、音乐、多媒体等一切合适的艺术形式”有机参与德育过程；让德育过程的参与者（教师和学生）能够“诗意地安居”②。

佘双好对直接学科德育课程的功能进行专门分析。③一是整合功能，“整合其他各种思想观念，保持马克思主义意识形态的主导性目的”“把其他类型、性质德育课程内容进行整合”。二是导向功能，“引导或带动各种类型和形态课程的育德活动，为间接德育课程及其他活动提供了一个客观的标尺”“对学生个体有良好的导向功能……帮助学生按照统治阶级所期望的方向发展”。三是动力功能，德育课的功能主要“体现在对学生非智力因素的培养上”“实质就是对学生动力系统的调动，激发学生动力，培养学生高尚的情操”。

总体而言，改革开放以来，研究者对德育功能的分析体现了宽广的学术视野：在社会性功能方面从政治功能扩展到经济功能、文化功能、生态功能，在各种功能的讨论中涉及了传承与创新、全球化与本土化等关键问题；在个体性功能方面融入越来越多的人本视角，指出德育对于个性发展、人格完善的积极贡献。稳定不变的是，研究者普遍承认德育具有社会功能

---

① 刘尧．德育有多少功能：与鲁洁教授商榷［J］．教育研究与实验，1994（4）：35－37.

② 檀传宝．欣赏型德育模式的核心理念［J］．中国德育，2006（5）：47－51.

③ 佘双好．试论直接学科德育课程建设［J］．当代教育论坛，2004（12）：50－55.

和政治立场，德育要坚持正确的政治方向，直面“培养什么人、怎样培养人、为谁培养人”的根本问题，致力于社会主义合格建设者和可靠接班人的培养。这些研究成果有的直接论及德育课程或德育课，有的笼统讨论德育，但总体上都有助于多维度理解德育课程功能，确立德育课程在学校教育教学工作中举足轻重的地位。

三、德育课程地位理念的演进

党和国家领导人一贯重视德育在全面发展教育中的地位。在革命战争时期，毛泽东为抗大提出的教育方针的第一句话就是“坚定正确的政治方向”。新中国成立后，毛泽东明确提出：“我们的教育方针，应该使受教育者在德育、智育、体育几方面都得到发展，成为有社会主义觉悟的有文化的劳动者。”改革开放初期，邓小平在中央工作会议上强调“必须发挥爱国主义精神，提高民族自尊心和民族自信心”“加强各级学校的政治教育、形势教育、思想教育，包括人生观教育、道德教育”“努力使我们的青少年成为有理想、有道德、有知识、有体力的人，使他们立志为人民作贡献，为祖国作贡献，为人类作贡献，从小养成守纪律、讲礼貌、维护公共利益的良好习惯”[①]。1989年，邓小平指出：“我们最近十年的发展是很好的。我们最大的失误是在教育方面，思想政治工作薄弱了，教育发展不够。”[②]同年，江泽民明确提出“德育首位”思想，强调：“各级各类学校不仅要建立完备的文化知识传授体系，而且要把德育放在首位，确立正确的政治方向。”世纪之交，胡锦涛明确提出“育人为本、德育为先”的理念：“要坚持育人为本、德育为先，把立德树人作为教育的根本任务，加强爱国主义教育，

① 中共中央文献研究室．邓小平同志论教育［M］．北京：人民教育出版社，1990：124－125.

② 同①176.

深入开展理想信念教育，加强和改进学生思想政治工作，把社会主义核心价值体系融入国民教育体系，引导学生树立正确的世界观、人生观、价值观、荣辱观，努力培养德智体美全面发展的社会主义建设者和接班人。”① 改革开放以来第一本《德育原理》就指出：“政治课和思想品德教育课，是学校对学生进行思想品德教育的主要学科，它起着其他学科所不能起到的独特作用。”②

一些研究者敏锐地发现“德育首位”与“德育无位”的矛盾，指出与“德育首位”形成鲜明对照的是“在教育实践中，德育却处于‘说起来重要，干起来次要，忙起来不要’的尴尬地位”。其中，“忙起来不要”基本上是就专门德育工作来说的，主要指德育课的专门课时被移作他用、在教学压力大时很少组织开展专门的德育活动等现象。研究者主张进一步解答涉及德育地位的若干理论问题：何为首位？如何理解？为什么是首位？“德育首位”与“教学中心”关系是怎样的？如何处理等。③ 陈桂生撰文对德育在教育中的特殊地位进行了细致分析，指出在世界各国，狭义“德育”一向受到重视，而“像我国这种包括品德形成、社会政治教养和陶冶精神与情操的广义‘德育’在整个教育中的地位也就更加不可低估”。杜威放大了德育概念，主张道德教育不局限于“直接的道德教育”，主要诉诸“间接的道德教育”，即通过学校集体生活和发掘课程中潜在的社会成分，进行道德训练。我国如今事实上是把“德育”作为与“教学”对举的专门工作。相对说来，“德育”是学校中的“软任务”，因为它不可能以量化的方式衡量教师的行为，其成效又不可能在短时期内显示出来。④

当代研究者普遍认为德育发生在学校生活的每时每刻，“把德育设置

---

① 董国强．“德育为先”理念及有效途径探究［J］．思想教育研究，2010 (12)：71 − 75.
②《德育原理》编写组．德育原理［M］．北京：北京师范大学出版社，1985：141.
③ 杜时忠．当前学校德育面临的十大矛盾［J］．当代教育论坛，2004 (12)：47 − 50.
④ 陈桂生．“德育”在教育中的特殊地位［J］．上海教育科研，2003 (4)：23 − 26.

成学校的一项专职工作”[1]是错误的。那么，在宽广的学校德育体系中，专门的德育课是否应该占据一席之地呢？多数学者肯定开设德育课程的必要性和可能性，他们认为，任何社会或文化都在历史的长河中形成了一套道德价值规范体系，作为文化传递工具的教育，其主要职责就是向年轻一代传授这些道德财富。同时，儿童的心灵如同一块“白板”，其发展的方向和速度完全取决于家长、教师和社会对他们施加的影响。所以，通过德育课程能够达到培养学生良好品格的目的。也有学者介绍了西方一些学者反对开设德育课的观点及其理由，而后对其表达了批评与反对。佘双好结合我国实际情况对此问题进行了分析，他认为“开设直接学校德育课程是由我国的社会性质决定的”“从我国社会主义学校直接学科德育课程设置的情况来看，直接学科德育课程在我国学校德育体系中是一种起着主导性作用的课程，由于直接学科德育课程是一种理论化、系统化和科学化程度最高的德育课程形态，在学校各类课程中，它是最集中、系统地体现社会主义意识形态的课程，是稳定程度最高的德育课程。在整体学校德育体系中，发挥着不可替代的核心和主导作用”[2]。2019 年，习近平总书记坚定有力地对德育课的地位进行了明确界定：“青少年教育最重要的是教给他们正确的思想，引导他们走正路。思政课是落实立德树人根本任务的关键课程，思政课作用不可替代，思政课教师队伍责任重大。”[3]

总体而言，“德育首位”“德育为先”“关键课程”等说法确定了德育或德育课在学校教育全过程中的突出重要地位，我国研究者普遍认同政府对德育课地位的定位。不过，由于多数研究者在关于德育地位的讨论中并没有细致区分德育、德育课程、德育课，随之而导致的问题是人们对德育课地位的认识存在模糊，在承认德育重要性的前提下究竟如何理解作为“德

① 黄向阳．德育原理［M］．上海：华东师范大学出版社，2000：37.

② 佘双好．试论直接学科德育课程建设［J］．当代教育论坛，2004（12）：50 － 55.

③ 习近平．思政课是落实立德树人根本任务的关键课程［J］．奋斗，2020（17）：4 － 16.

育课程的一部分”的德育课的地位，如何理解德育课的关键性或主导作用，还有待更为具体而深刻的阐发。

四、德育课程内容理念的演进

德育首位、德育为先确认了德育的地位。接下来，很多研究者致力于探讨如何开好德育课，如何充分发挥德育课的育人功能。“课程内容一般指特定形态课程中学生需要学习的事实、概念、原理、技能、策略、方法、态度及价值观念等。”[①] 课程内容的选择是“根据特定的教育价值观及相应的课程目标，从学科知识、当代社会生活经验或学习者的经验中选择课程要素的过程”[②]。德育课程内容选择较多地集中在教科书编写和教学实施过程中，研究者对这一领域的专题分析相对较少。

王道俊、王汉澜主编的《教育学》指出，我国中小学德育内容，是根据我国教育目的和德育任务确定的，具体包括爱国主义教育，革命理想与革命传统教育，集体主义教育，劳动教育，民主、纪律和法制教育，人道主义和社会公德教育，正确人生观与科学世界观教育几个方面。[③] 伴随着对社会转型期德育课程目标、功能的深入认识，一些研究者提出与时俱进更新、扩展德育课程内容的问题，主张重视社会主义市场经济伦理精神，即“为了在社会主义条件下促进生产力的发展，每一参与社会活动的个体，在市场条件下作为主体充分发挥自己的积极性和潜能，同时参与建设遵循和维护社会主义市场经济条件下各种生活规范，促进有中国特色的社会主

---

① 俞红珍．课程内容、教材内容、教学内容的术语之辨：以英语学科为例［J］．课程·教材·教法，2005 (8)：49 − 53.

② 张华．课程与教学论［M］．上海：上海教育出版社，2000：191.

③ 王道俊，王汉澜．教育学［M］．北京：人民教育出版社，1989：343 − 358.

义建设”[①]。班华指出，“德育内容是为实现德育目标服务的”，要结合经济、社会、科学发展变化的大趋势以及人口增长、经济变化、社会政治变革、文化变革与科学进步、世界性问题等具体问题研究、制定德育内容。基于这样的认识，他指出“现代德育内容正在拓宽，形成一系列崭新的极富时代特色的德育内容”，包括科学价值观和科学道德教育；生态伦理教育或环境道德教育；经济教育，含经济伦理教育，其中主要是适应社会主义市场经济的道德教育；信息道德教育；现代人的（道德）心理素质教育以及国际理解教育、人口问题中的道德教育等。[②]

为了发挥德育课对学生生活的导向功能，很多研究者反思了“德育课程的内容脱离学生的生活实际”[③]的问题。研究者指出，德育内容“存在许多不足，主要表现为重方向性、理想性的多，贴近学生生活、学习实际的少；空洞说教照本宣科的多，切合学生心灵、联系实际的少；文本式、经验型的多，让学生自主在开放的环境中主动去体验的少。这样一来，在引导学生对崇高理想的追寻中，有意无意地忽视了学生置身其中的生活世界”，着眼于“引导人们去选择、建构有道德的生活、生活方式”[④]，21 世纪以来的德育课教材注重以儿童的“生活事件”形式呈现，课程内容与学生日常生活的联系日渐紧密。

在社会转型期，新问题不断涌现，德育内容呈现无限扩展的趋势，一些研究者提出“德育是个筐，什么都能往里装”的批评。程红兵对德育内容边界问题进行了分析，“由于学校教学活动是按学科来进行的，各学科教学都有自己非常清晰的界限，这样一来，势必学科教学以外的教育内容

---

① 班华 . 现代德育论［M］. 合肥 : 安徽人民出版社 , 2001 : 69.

② 班华 . 近十年来德育思想现代化的进展［J］. 教育研究 , 1999 (2) : 18 − 22.

③ 张忠华 . 德育课程理论研究综述［J］. 思想理论教育 , 2005 (19) : 62 − 67.

④ 鲁洁 . 德育课程的生活论转向 : 小学德育课程在观念上的变革［J］. 华东师范大学学报 (教育科学版) , 2005 (3) : 9 − 16 + 37.

都被误认为是德育的内容，于是德育无所不包，诸如安全、消防、网络、手机、禁烟、国际教育以及学农、学军活动等等，举凡与人成长有关的一切工作都囊括进去”“德育的泛化导致德育的弱化……学校德育的核心目标就在于学生道德认知水平的提升、学生道德情感的升华、学生道德意志品质的形成，因此集中围绕这三方面核心目标开展德育工作，能切实提高德育的实效性，避免德育工作陷入尴尬”①。高德胜从义务教育阶段的课程容量角度对这一问题进行了分析，他指出：“坦率地讲，我们有一个不良的思维惯性，即什么重要，就一定想通过课程来加以实现。来自不同领域的力量都有在义务教育课程中占有一席之地的冲动。但义务教育的课程容量就那么大，中小学生的课业负担又那么重，不可能无限制地增开新的课程。”②

总体来看，围绕社会发展需要选择课程内容、联系学生生活实际组织课程内容是当代研究者对于德育课程内容的共识，而对于如何化解德育内容扩展惯性和不断增加专门德育课程内容的路径依赖，学者尚没有给出足够明晰的对策。

五、德育课程形式理念的演进

笔者采用“课程形式”统称德育课程类型选择、教科书编排方式、教学组织形式等主题。

如第一章所述，研究者对德育课程类型进行了多角度探索，当前我国德育课程已经成为一个融显性课程与隐性课程、直接课程与间接课程、学科课程与活动课程、国家课程与地方课程和校本课程于一炉的复合体。研究者强调，各种类型的德育课程要相互支撑，“通过道德课、各学科和各

---

① 程红兵．避免尴尬：紧扣德育的核心目标［J］．中国德育，2011（11）：26－27.

② 高德胜．法律教育与德育课程［J］．课程·教材·教法，2016（2）：68－73.

项活动进行道德教育，把德目主义和全面主义结合起来。在加强道德课教学的同时，把德育目标作为各科教学、全部学校活动和一切教师工作的总目标"①。研究者对德育课的课程类型进行了重点分析。班华等将专门开设的德育课看作认识性德育课程，认为其最主要的功能就在于传授道德知识，发展道德认识能力②，当代应该通过保证教学内容的科学化、注重发展学生的道德判断能力来加以优化。这种把德育课划为相对独立的学科课程的观点，在注重课程生活化、综合化的时代受到了质疑。韩震明确地将德育课看作活动型课程，主张课程内容综合化，"不能仅仅单方面强调一门学科"；普通高中课程标准也将思想政治课定位为"综合性、活动型学科课程"。③

教科书编排方式一向存在直线式和螺旋式两种形式，我国德育课程基本上采用的是螺旋式结构。研究者指出，这一结构有利于学生对一些抽象的伦理、哲学概念的掌握；其缺陷就是德育课程的内容重复严重，既浪费教学时间也削弱学生学习的积极性。④也有研究者指出教材要求过低的问题，认为"如果说以往的德育课程在要求方面存在过高的问题，那么，当前德育课程改革后所编写的德育教材则在一定程度上走向了另外一个极端，即教材的编写在内容的选择和活动的设计上存在诸多幼稚化倾向。这一问题的存在，同样制约了德育课程对学生思想品德的提升作用"⑤。为了建立德育课与学生生活的联系，研究者提出教材编写要遵循的内在逻辑是"儿童生活的逻辑而不是学科知识或道德规范的逻辑"，即"先理清儿童成长历程中可能遇到的各种具有普遍意义的社会生活与品德发展的问题，弄

---

① 班华．现代德育论［M］．合肥：安徽人民出版社，2001：162.

② 同①164－166.

③ 韩震．核心素养与活动型课程：从本轮思想政治课程标准修订看德育课程的发展趋势［J］．思想政治课教学，2016(3)：4－8.

④ 张忠华．德育课程理论研究综述［J］．思想理论教育，2005(19)：62－67.

⑤ 班建武，檀传宝．改革开放30年中小学德育课程的变迁与发展［J］．思想理论教育，2008(24)：14－19.

清每一个阶段儿童的所思所想、所感所惑、所欲所求，在此基础上生成、设定单元和课文教育主题”[①]。

“如何组织实施德育课教学”是备受关注的德育话题。很多研究者对偏重知识掌握的德育课进行了批评，一些研究者积极引入西方教育中行之有效的德育方式，如道德认知发展模式、体谅模式、价值澄清模式、社会行动模式，提出“大胆吸收柯尔伯格的道德两难讨论法及问题教学法来改进课堂教学”“引导学生角色扮演、价值澄清、分析、探究”等建议。[②]一些学者从伦理学、哲学、心理学的规律出发，建构有特色的德育模式，其中很多论述涉及德育课教学。如朱小蔓阐发情感德育模式，提出“必须高度重视情感在个体道德形成及道德教育中的地位和价值”，并据此提出“以情感体验为基础，以情感—态度系统为核心、以情感与认识相互影响、促进而发展为过程，从情感素质层面保证人的德性构成的道德教育理念、取向及其实践操作样式”，即情感性道德教育范式。[③]情感教育研究者积极挖掘了中国传统教育中注重以情感人的传统，探索和构建了注重情感培养的工作方法。冯建军强调主体道德教育关注个体的生命，应该联系生活，保持可能生活与日常生活间的必要张力，以日常生活为根基，不断创造一种可能的生活。[④]檀传宝进行了“欣赏型德育”的理论与实践构建，欣赏型德育模式的基本着眼点在于改变传统德育内容呈现形式的粗糙与刻板，而力图以美的形式呈现德育内容，引发学生的审美愉悦与对道德的积极情感，并以积极情感为契机，推动学生开展道德实践，以增进情感体验，形成健全伦理意识与相应行为习惯，简言之，使学生因爱美而爱上道德。活动道

---

① 高德胜．回归生活的德育课程［J］．课程·教材·教法，2004（11）：39－43＋73.

② 班华．现代德育论［M］．合肥：安徽人民出版社，2001：170.

③ 朱小蔓．道德教育论丛（2000年卷）［M］．南京：南京师范大学出版社，2000：327.

④ 冯建军．道德教育该如何“加强”［J］．教育科学研究，2004（11）：16－18；冯建军．主体道德教育与生活［J］．教育研究，2002（5）：36－40.

德教育是戚万学针对现实德育中存在的权威主义、认知主义倾向而提出的，该观点认为活动课程是德育课程的主体，而理论课程也是必要的，但活动或实践是理论课程、学科课程的道德教育价值实现的不二法门，不仅道德教育的理论课程要通过学生的活动实现其价值，而且其他各学科的“教育性”“思想性”也只有通过学生的活动才能实现。[①] 生活德育主张道德是生活中的道德，生活过程也是个体的道德学习过程，道德教育的目的就是使学生过“有道德的生活”，道德教育的过程应该是通过道德的学校生活促进学生道德学习的过程，真实有效的德育必须从生活出发、在生活中进行并回到生活。[②] 生活德育理念的阐发与新中国第八轮课程改革的推行基本同时，顺理成章地成为新一轮德育教材编写与德育课程教学的主导思想。鲁洁认为小学德育课程就是“儿童学习过有道德的社会生活的课程”[③]，当前各种版本的小学德育教材均体现了教学内容与儿童生活的密切联系。

习近平总书记高度重视德育课（总书记在讲话中使用“思政课”这一概念），强调思政课建设要向改革创新要活力。在肯定案例式教学、探究式教学、体验式教学、互动式教学、专题式教学、分众式教学及运用现代信息技术等手段建设智慧课堂等取得积极成效的同时，习近平总书记提出推动思政课改革创新的八个“统一”：坚持政治性和学理性相统一，以透彻的学理分析回应学生，以彻底的思想理论说服学生，用真理的强大力量引导学生；坚持价值性和知识性相统一，通过满足学生对知识的渴求加强价值观教育；坚持建设性和批判性相统一，在传播马克思主义立场、观点、方法的基础上用好批判的武器，直面各种错误观点和思潮，旗帜鲜明进行剖析和批判；坚持理论性和实践性相统一，把思政小课堂同社会大课堂结

---

① 戚万学．活动道德教育论［M］．天津：南开大学出版社，1994.

② 高德胜．生活德育简论［J］．教育研究与实验，2002 (3)：1 － 5 + 72.

③ 鲁洁．回归生活：“品德与生活”“品德与社会”课程与教材探寻［J］．课程·教材·教法，2003 (9)：2 － 9.

合起来，在理论和实践的结合中，教育引导学生把人生抱负落实到脚踏实地的实际行动中来，把学习奋斗的具体目标同民族复兴的伟大目标结合起来，立鸿鹄志，做奋斗者；坚持统一性和多样性相统一，思政课的教学目标、课程设置、教材使用、教学管理等方面有统一要求，但具体落实要因地制宜、因时制宜、因材施教，结合实际把统一性要求落实好，鼓励探索不同方法和路径；坚持主导性和主体性相统一，思政课教学离不开教师的主导，同时要坚持以学生为中心，加大对学生的认知规律和接受特点的研究，发挥学生主体性作用；坚持灌输性和启发性相统一，让学生接受马克思主义，离不开必要的灌输，但要注重启发式教育，引导学生发现问题、分析问题、思考问题，在不断启发中让学生水到渠成得出结论；坚持显性教育和隐性教育相统一，要理直气壮开好思政课，同时挖掘其他课程和教学方式中蕴含的思想政治教育资源，实现全员全程全方位育人。①

从以上论述可以看出，当代研究者普遍认为德育课是以指导学生行动为目的的活动型课程，推动学生知行合一、以德育课上所传递的思想政治道德观念为个体生活指引是德育课应该追求的理想育人效果。习近平总书记关于思政课的重要论述表明，党和国家希望以德育课所传递的主流价值观念为核心统率学校各类课程和活动、指导学生在校园内外的行为选择，而对于如何达成这样的期望，或者这样的期望对于学校生活组织形式到底意味着什么，目前的研究和阐述还不够系统深入。

六、德育课程评价理念的演进

“德育评价是德育过程的一个十分重要的环节”②，对于德育课来说，评价德育课的教育教学目标达成度，是判断德育课在立德树人中的价值与贡

① 习近平．思政课是落实立德树人根本任务的关键课程［J］．奋斗，2020 (17)：4 − 16.

② 班华．现代德育论［M］．合肥：安徽人民出版社，2001：282.

献的重要标尺。然而，就现实情况来看，不论是着眼于学生品德发展状况的德育评价，还是着眼于德育课育人效能的德育课评价，研究都不够充分，“德育评价一直是学校德育工作的薄弱环节，也是困扰学校德育工作的一个难点”[①]，“德育评价是德育理论研究的薄弱点，同时也是学校德育实践的难点”[②]。

德育评价可以指“对整个德育活动过程及其效果做出事实分析与价值判断”，既包括对学校德育工作的过程进行评价，也包括对学校德育工作的结果进行评价，后者是通过学生思想品德评价来实现的。[③]在本部分，笔者仅从学校德育工作结果评价或学生品德发展状况评价角度来分析德育评价。王文源指出，现代学校德育评价包括如下特点：在德育评价实践中，强调运用形成性评价；在德育评价的方法技术上，突破了单纯的定性评价的传统模式，趋向于定性与定量相结合的评价模式；自我评价普遍受到重视；在德育评价的范围上具有综合性。赵志毅对改革开放以来我国学校德育评价进行了简明回顾，认为这段时间里我国学校德育评价走过了一条螺旋式上升、波浪式前进的曲折道路：第一阶段是以质化描述性评价为主体的时期（20 世纪 70 年代末—90 年代初期），第二阶段是以分数量化评价为主体的时期（20 世纪 90 年代—21 世纪初期），第三阶段是以成长档案册综合评价为主体的时期（21 世纪初期至今）。在第一阶段，教师依据政治挂帅的标准为学生书写“该生拥护党的领导，拥护社会主义制度”等“忽视学生发展的个别差异”的评语，然而，“百人一面、千人一腔的评价语言不但不能反映学生的道德品质和精神面貌，反而干扰和影响了德育评价的严肃性和公正性”。在第二阶段，“做好事加分，做错事扣分”的分数量化评价在德育科学化的旗帜下应运而生，为步入歧途的德育评价开

---

① 叶飞，李会松．德育评价：由封闭性走向开放性［J］．中国德育，2006 (6)：20 － 22.

② 叶飞．论德育评价中的人文关怀［J］．教育测量与评价（理论版），2008 (1)：33 － 35.

③ 王文源．关于德育评价科学化问题的几点思考［J］．教育科学研究，1994 (2)：33 － 36.

出了一条新路，然而其消极作用却是“德育效果被简单枯燥的数字所左右，难以全面而科学地衡量学生的道德品质”。在第三阶段，德育评价的改革“由质化评价与量化评价非此即彼的二元对立向融合趋中转化”“以注重继承中国传统家国文化，汲取外国先进的评价方法而形成的成长档案册综合评价方法在学校德育实践中迅速走红”。这种评价方法“融质化评价与量化评价于一体、个人评价与团体评价于一体、小组评价与班级评价于一体、家长评价与教师评价于一体、学校评价与社会评价于一体。较之以往的评价方法彰显人文性与科学性的统一、公平性与差异性的统一、过程性与结果性的统一，强化了评价的激励和诊断功能，淡化了甄别与选拔功能，极大地推动了学校德育改革向纵深发展”。作者对学校德育评价的展望是“今天的学校德育评价应该是在生活的基础上探讨一条政治化、科学化和生活化高度结合的道路，而非顾此失彼的极端跳跃”①。根据学校的实际情况来看，作者所提及的三种评价方式在当前的学校中都是存在的，而三种评价方式能否做到相辅相成、有机融合还有待细致考量。

针对德育评价中存在的不尽如人意的地方，一些研究者从人文关怀、科学化、开放性等角度展开分析。叶飞指出，“通过量化的方式给学生贴一个道德等级标签，这在道德上本身就是不允许的，是一种不道德的行为”“量化的德育评价由于给儿童划定了一个道德等级，这就容易造成对低品德等级的儿童的心理伤害，非常不利于儿童的品德发展。而道德教育在本质上是一种充满人文关怀的教育，它是不允许这种对儿童的伤害的”。据此，他主张德育评价应改变过度量化的评价取向，以儿童的人文精神发展为目标，在对话、平等的关系中重构德育评价，努力让否定性评价充满人文关怀。②针对传统德育评价由教师通过闭卷考试方式对学生做出终结

① 赵志毅，金旭球，邢耀东．改革开放以来我国学校德育评价回眸［J］．中国德育，2021(14)：22 − 25.

② 叶飞．论德育评价中的人文关怀［J］．教育测量与评价（理论版），2008(1)：33 − 35.

性评价的封闭性，研究者主张开放性的德育评价，通过开放式测试、成长档案袋、活动性测试等实现评价形式的多样化，通过教师评价、家长评价、儿童自主和同伴互评保证评价主体的多元化，着眼于儿童品德的纵向发展发挥评价的发展性功能。

德育课评价应该反映德育课在达成教育教学目标方面的效果，反映德育课对学生思想观念和行为方式的影响。然而，这一方面的实践和研究都非常薄弱，简直可以看作是德育研究中的一片处女地。从实践情况来看，德育课评价要么不被重视，要么仅当作一门普通学科的考试成绩而受到重视，在整体上游离于学生品德发展评价之外：小学德育课一向没有进行正规考试，很少听说教师会依据德育课情况对学生做出有分量的评价；在很多地方，初中德育课只进行开卷考试，很少学校会根据学生的考试得分做出关于学生品德的评价；所有高中生都要参加高中德育课毕业会考，成绩必须过关；部分高中生在高考中要考政治一科，考试成绩直接影响进入大学的机会。从研究情况来看，研究者在德育评价研究中涉及德育课评价，如以德育课中存在的“闭卷考试”为例来批评德育评价的封闭性、量化，指出闭卷考试“用量化的考试成绩决定儿童的道德等级，从而将复杂的、动态的儿童道德发展过程简单化为一串抽象的、概括化的数字”“所测量的往往只是儿童的道德知识水平，而不是儿童的真实道德涵养”[①]；研究者提出的德育评价优化建议也适用于德育课评价，不过，这些建议似乎没有有力地引导校长、教师、学生、家长树立“德育课的本职在于育人而不是知识记诵”的观念。总之，德育评价研究总体比较薄弱，德育评价与德育课评价在已有研究中存在一定程度的混淆，这些都导致德育课程评价研究比较乏力的现实格局。

---

① 叶飞，李会松．德育评价：由封闭性走向开放性［J］．中国德育，2006（6）：20－22.

第二节　德育课程理念演进的推动力量

改革开放以来，政治领袖和研究者对德育课程目标、功能、地位、内容、形式、评价的认识逐步深化，在各领域提出了一些新观点，对德育课程决策和学校中的课程实施发挥了有力的指引作用。在这40多年的时间里，哪些因素推动了德育课程理念的演进？这些因素分别发挥了什么作用呢？对这些问题进行探讨，有助于理解德育课程理念演进的规律，为未来研究提供参考和借鉴。

一、社会转型提出有待解答的德育课程问题

“德育思想都是在特定的社会生活中发生、发展和形成起来的”[①]。改革开放以来，中国政府自觉启动了经济、政治、文化各领域的体制改革，中国社会由此进入全面的社会转型期。社会转型是社会结构变动的一种特殊过程，在这一过程中，社会将“在持续的结构性变动中从一种状态过渡到另一种状态”[②]。随着社会转型的深入，中国社会发生着全面而深刻的变化，各种社会现象、社会问题迅速涌现，要求学校教育、德育进行认真回应。

关于中国社会转型的走向，很多学者从不同角度进行了分析。万俊人以“市场、民主、多样”来概括，指出：社会转型将实现经济上由自然经济向现代（科技）经济、由封闭性向开放性、由权威垄断（国家集中）型向市场多元化规范化型的根本转变，政治上由过于集中的权威型向现代民

① 赵志毅．德育原理与方法［M］．北京：人民教育出版社，2013：32.

② 李培林．另一只看不见的手：社会结构转型［J］．中国社会科学，1992（5）：3－17.

主法制型的转变，文化上由单一统管到多样发展的转变。[①] 李培林强调“商品经济、工业社会、城镇社会、开放社会”，认为“中国社会正在从自给半自给的产品经济社会向有计划的商品经济社会转型；从农业社会向工业社会转型；从乡村社会向城镇社会转型，从封闭半封闭社会向开放社会转型”[②]。韩庆祥将中国社会转型归纳为十个方面：“由权力社会走向能力社会；由人治社会走向法治社会；由人情社会走向理性社会；由依附社会走向自立社会；由身份社会走向实力社会；由注重先天给定社会走向注重后天努力社会；由一元化社会走向多样化社会；由人的依赖社会走向物的依赖社会；由静态社会走向流动社会；由‘国家’社会走向‘市民’社会。”[③] 总之，社会转型极大地改变了中国社会生产、生活的面貌，改变了人们的生活方式、交往方式和价值观念，不断引发人们思想观念领域的波动乃至震荡，要求德育对年轻一代的价值观念和生活方式进行清晰有力的引导。在今日中国，社会转型的巨大影响已经初见端倪：科学技术在生产力发展中所占的份额越来越大，高科技人才成为社会中的财富“标兵”，“科技是第一生产力、人才是第一资源、创新是第一动力”的理念越来越深入人心；社会流动日渐自由，更多的人们可以通过持续探寻找到最佳的人生舞台；人们的生活选择越来越有自己的个性，主张自由创造、平等沟通、依法办事，平等、公正、合法成为人们自觉的价值追求。

社会转型和现代化发展接二连三地把大量新异的社会现象呈现在当代中国人面前，冲击着国人的心理世界，提出一个个具体的社会道德及德育问题。在微观领域，青少年学生身处其中的家庭环境、社区环境发生了巨大的变化：核心家庭成为主导的家庭形态，单亲家庭、丁克家庭、“不婚族”越来越多地进入人们的视野；熟人社会逐渐解体，社区里出现大量“老死

① 万俊人．整体把握社会转型期的价值取向［N］．光明日报，1993－07－26.

② 李培林．另一只看不见的手：社会结构转型［J］．中国社会科学，1992(5)：3－17.

③ 韩庆祥．当代中国的社会转型［J］．现代哲学，2002(3)：27－35.

不相往来”的陌生人；城镇化迅速推进，男耕女织、自给自足的传统生产方式慢慢让位于流水线上的精细分工，每个行业的工作人员处于社会分工网络的一个网眼处，对工作和人生的意义产生越来越浓重的迷惘……在宏观领域，青少年学生面对着家乡、国家、人类、地球的复杂变迁：城镇化迅速推进，大型工厂、摩天大楼、立交桥成为经济发展的显著标志；交通便捷，人口大规模流动；数字化时代到来，网络购物、网络聊天、互联网创业成为青年乃至全民的生活主题；“地球村”已然形成，世界各国日益成为命运共同体；生态系统不断发出警告，人与自然和谐相处乃至保护地球成为人类面临的重要课题……

与此同时，社会转型催生了多元价值观念，对外开放也将世界各国的价值观念、哲学主张呈现到国人面前，为德育理念创新提供了肥沃的土壤。在思考和处理自我与社会、自我与他人关系的过程中，中国传统社会的精英阶层逐步形成强调社会责任、注重人的社会角色与使命的道德体系。面对君子、圣贤所代表的精英道德，普通民众注重个人功利的价值观长期被压抑、蔑视。社会转型尤其是市场经济对人的需要、价值的肯定唤醒、扶持了普通民众注重个人权利、追求个人幸福的思想观念。加之国门打开，国际交流深入，存在主义、人本主义等思潮纷纷涌入，给国人提供了理解世界的多种视角。随着“社会政治领域以及其他领域对道德领域的干预的弱化，社会约束力的下降，道德自由半径的扩大”“社会道德日益从他律性向自主自律性转化”[①]，各种内生和外来的价值观念为理解德育提供了新思路，如在德育目标领域出现将人生幸福作为德育目标的大量论述，在德育方法领域偏重强调学生主体性和独立选择，有学者将教会选择看作面向21世纪我国学校道德教育的必由之路[②]等。

① 龚群．当代中国社会伦理生活［M］．成都：四川人民出版社，1998：38－39.

② 朱小蔓．道德教育论丛(2000年卷)［M］．南京：南京师范大学出版社，2000：103.

二、德育研究力量壮大为解答德育课程问题提供人才条件

改革开放以前，我国没有独立的德育学科，德育思想和理念散见于教育学教材和论著之中。改革开放之后，随着我国教育实践和教育研究的大发展，德育逐步成为一门专门的学科并发展壮大，成为“按不同的理论等级、由不同的理论样式构成的理论统一体”，“以德育原理为核心的学科群”已经形成。[①]很多大学、科研机构出现专门的德育研究基地，形成各具特色的德育研究团队，国家级、省级、地市级德育学术组织也如雨后春笋般建立。

从德育研究人才数量来看，拥有博士、硕士学位，以德育研究为主要研究领域的学者呈几何级数增加。从笔者亲身经历来看，2001 年笔者作为硕士研究生首次参加全国德育学术委员会年会，当时与会的大学教师、研究生共计 30 余名；至 2021 年笔者作为教授参加全国德育学术委员会年会时，与会的大学教师、研究生共计两三百人，20 年前的若干名硕士生、博士生已经成为德育研究方面的硕导、博导。

从德育研究团队的发展状况来看，专业的德育研究机构相继成立，有影响的德育研究团队逐渐形成。2000 年，南京师范大学道德教育研究所成为教育部人文社会科学重点研究基地；2003 年，北京师范大学成立公民与道德教育研究中心；2013 年，华中师范大学成立道德教育研究所等。如前所述，一些学者发表了关于德育的独到见解，逐步组建规模不一的研究团队，其中，生活德育、情感德育、主体性德育、制度德育等得到众多研究者的关注。

从德育研究成果的发表平台来看，大批德育论著问世，一些以德育为

---

① 朱小蔓．道德教育论丛 (2000 年卷)［M］．南京：南京师范大学出版社，2000：125.

主的学术期刊成立。仅以《德育原理》教材为例，1985 年新中国编写出版的第一本《德育原理》由北京师范大学出版社正式出版，当前市面上不同版本的《德育原理》教材不下 50 种。《中国德育》《中小学德育》等专门杂志出现并得到理论工作者和实践工作者的欢迎。《教育研究》等杂志开辟了专门栏目或者版面，支持德育研究成果发表。

三、教育理论研究繁荣为德育课程研究深入提供学术支撑

德育研究发展是教育学研究繁荣的重要组成部分，德育研究的开展离不开教育学一级学科发展的稳定支持。从机构和硬件条件来看，在全国范围内，教育学院遍地开花，除师范大学外，以北京大学为标杆的若干所综合性大学纷纷组建教育学院或教育科学研究所，差不多每所大学都有高等教育研究所或者研究室，这些机构为教育学专业人才提供了稳定的专业发展平台。从人员情况来看，师资总数达到百人以上的教育学院比比皆是，教师学历水平高，很多拥有国际化背景或者一线工作经历。从研究领域来看，以《教育学文集》《教育科学分支学科丛书》出版为标志，我们不难发现，我国教育学科门类齐全，各领域都不断涌现出新思想、新成果，其中，教育哲学、教育伦理学、教育心理学等领域的研究与德育研究关系较为密切，这些领域的一些新思想（如主体教育思想、制度教育学思想）给德育研究者提供了较直接的启发。当然，德育研究发展也直接受益于哲学、伦理学、心理学等各个学科的发展。

课程论、教学论方面的研究成果对于德育课程研究做出了直接的贡献。各学科教学占据了学校生活的绝大多数时间，围绕课程与教学的研究因而在教育学研究中占据了主要份额。在课程论方面，课程观念不断更新，以“课程即教学科目”为起点，涌现出“课程即有计划的教学活动”“课程即预期的学习结果”“课程即学习经验”“课程即社会文化的再生产”“课程即社会改造”等多种课程观；以不同课程观为依据，发展形成了强调以学

术为中心的学科结构课程理论，强调以社会问题为中心的社会改造课程理论，强调以学生发展为中心的学生中心课程理论；课程编制模式领域也出现了目标模式、过程模式、实践模式等交相辉映的良好格局。[①] 在教学论方面，皮亚杰、布鲁纳、维果斯基等人阐发的认知发展理论、建构主义教学理论、社会文化发展理论等被引入国内，情境教学、分层教学、小组合作学习、项目化学习等新型教学组织形式涌入视野，很多学者和学校提炼出具有独特性、创新性、操作性的教学模式或者教学方法。这些研究成果对于德育课程与教学研究提供了很好的参考，有助于德育课程与教学理念和实践的丰富。

四、党和政府重视德育为德育课程研究深入提供制度保障

党和政府高度重视社会主义精神文明建设工作、未成年人思想道德建设工作、学校德育或思想政治教育工作。国家和地方每年都会组织思想政治方面的工作会议，为德育研究成果交流提供了平台。

若干德育政策专门提出加强德育研究。以 2019 年中共中央办公厅、国务院办公厅发布的《关于深化新时代学校思想政治理论课改革创新的若干意见》为例，文件明确指出："切实加强思政课课题研究和成果交流。国家社科基金规划项目、教育部人文社科研究项目等设立思政课教师研究专项，开展思政课教学重点难点问题和教学方法改革创新等研究，逐步加大对相关课题研究的支持力度。各地要参照设立相关项目并给予经费投入。加强马克思主义理论教学科研成果学术阵地建设，首批重点建设 10 家学术期刊和若干学术网站，支持新创办一定数量的思政课研究学术期刊。制定思政课教师发表文章的重点报刊目录，将《人民日报》《求是》《解放军

---

① 施良方．课程理论：课程的基础、原理与问题［M］．北京：教育科学出版社，2020：1－20.

报》《光明日报》《经济日报》等中央媒体及地方党报党刊列入其中。委托高校马克思主义学院分片建立高校思政课教学创新中心，设立一批思政课教学质量监测基地。在国家级教学成果奖中单列思政课专项，每 2 年开展 1 次全国思政课教学展示活动，定期开展优秀思政课示范课巡讲活动。打造一批思政课国家精品在线开放课程，探索建设融媒体思政公开课，推动优质教学资源共享。”由此可见，党和政府对德育的重视能够为德育研究、德育课程研究提供最为坚实的制度保障。

第三节　德育课程理念演进的问题审视与未来展望

德育、德育课程、德育课紧密相联但又有各自不同的内涵和外延，然而，在已有研究中，我国研究者经常将这三个概念混成一团进行讨论，所以，就德育课程、德育课而言，现有研究成果还不够系统、不够细致、不够深入，在盘点过去的基础上展望未来、明确未来研究的着力点和生长点，是每位德育研究者义不容辞的责任。

一、德育课程理念演进的问题审视

批评与自我批评在学术研究中往往是很难做到的。在回顾新中国成立七十年的德育课程研究之后，《德育研究》一书指出德育课程理论研究还存在一些尚待解决的问题，主要包括三个方面。一是研究主题存在缺失，缺少德育课程设计、德育课程评价的研究。二是关注视角略显偏狭。关注了隐性德育课程，却未将显性和隐性德育课程结合起来研究；关注了学科德育课程，却未将学科和活动德育课程结合起来研究。三是研究方法尚存欠缺，多为思辨研究，较少实证研究；多为静态研究，缺少动态研究。[①] 此外，笔者很少看到对德育课程研究的成就与不足进行系统评价的论述。

笔者总体上认可《德育研究》对德育课程理论研究现存问题的判断。基于第一节的梳理，笔者认为，当前德育课程理念方面的研究还存在如下不足。

其一，对德育、德育课程、德育课三者关系缺少系统分析。

德育是以促进个体生成特定类型思想品德为目的的活动[②]，德育课程是具有育德性质和功能，因而对受教育者思想品德发展有影响作用的教育因素[③]，德育课是依据相关法律在学校开设的以有系统、有计划地培养学生特定类型思想品德为目的的一门或一组课程。从逻辑关系来看，德育课是德育课程的一部分，是德育课程体系中的国家直接学科德育课程。就二者对学生品德发生影响来说，德育课程可以看作与德育大致同义，教育者实施的德育活动，甚至在学校里发生的一切教育活动，均可以理解为某种类型的德育课程；不过，相比德育课程，德育是更加上位、更加宏观的概念。除直接的德育课程研究之外，德育研究还包括对与德育相关的人事、财政、资源、规范等问题的研究。

已有研究很少细致区分这三个概念，其中，关于德育的宏观研究较多，对于德育课程的系统研究较少，紧密围绕德育课进行研究的成果少之又少。一些研究者在讨论中将德育课程与德育课相等同，将德育课实施过程中的一些问题（如“说起来重要，做起来次要，忙起来不要”）简单地看作是德育的问题，这样的做法不利于讨论的深入。对于深入研究来说，较为突出的障碍是德育课与德育课程的逻辑关系问题没有得到足够的重视。尽管习近平总书记指出“思政课是落实立德树人根本任务的关键课程”，有研

---

① 杜时忠．德育研究［M］．福州：福建教育出版社，2019：165－169.

② 刘长海．经验德育论纲［M］．北京：人民出版社，2019：6.

③ 班华．现代德育论［M］．合肥：安徽人民出版社，2001：157.

究者指出“直接学科德育课程在我国学校德育体系中是一种起着主导性作用的课程”，但如何理解这种课的关键性、主导性，如何理解德育课与德育课程的其他组成部分的关系，如何发挥德育课的关键和主导作用，这些都需要得到更深入的阐述。

其二，对德育课和德育课程的研究不够细致规范。

关于如何开展德育，我国研究者提出了重视认知发展、情感体验、实践活动、生活经验、制度环境等主张，但这些主张偏于宏大叙事，如何落实到具体学段的教育过程中，还需要开展更为具体科学规范的研究。研究者普遍认可因材施教、遵循个体发展的阶段性等原则，但基本上没有围绕特定学段的学生特点构思、设计相应的德育课程体系、德育课教学框架以及思想发展评价体系和德育课教学效果评价体系，以此为依据的实验和实践更加缺位，体现年段特点、具备操作性的德育课程和德育课没有得到清晰构建。

由于应试压力、科层制分工等因素，学校普遍存在“重智育轻德育”、德育活动形式化、师生关系紧张等问题。很多研究者讨论了这些问题，但在对策建议部分只是给出了方向性的建议，而没有提出具体的、切合学段和学校需要的“药方”，以致这些方向性建议很难在行动中落实，大量一线工作者只能沿着老路继续走下去。

其三，对德育课教学效果评价与学生思想品德评价的内在关系缺少深入分析。

对于德育活动和德育课的实施来说，评价是重要的指挥棒。在德育领域，学校面对学生进行两方面的评价：一是对学生思想品德发展状况的评价；二是对学生的德育课学习情况的评价。当前，两种评价的研究都不够发达，一些研究将两种评价混为一谈，探讨亟待深入。

就学生思想品德评价来说，虽然当前出现了档案袋评价等发展性、过程性评价做法，但多数学校通行的思想品德评价方式不够科学。为了不影响学生升学、就业，多数教师会笼统地给学生提供一份较好的评价，主观性、随意性较强，可靠性、公信力较弱。就德育课学习情况评价来说，小学阶段的德育课学习情况评价基本上处于空白状态，中学阶段的德育课学习情况评价偏于知识掌握而忽视知识掌握与实际行为的联系。德育课学习情况评价与思想品德评价两者处于彼此隔膜乃至隔绝状态，德育课教师基本没有机会参与对学生思想道德的评价，德育课学习情况评价与学生从班级和学校所获得的各种表彰基本上没有关联。

总体来说，以上问题的形成源起于德育研究者对德育实践的疏远和游离。由于传统分工格局，供职于大学的研究者习惯于在书斋里做学问，针对德育实践问题提出若干建议，发表学术成果。研究者与德育实践的距离过大，导致研究者所关注的德育问题偏于宏大，不够具体。另一方面，由于研究者不是学校实践中的“当事人”，很多研究者并不能对特定问题进行持续追踪，也没有通过教育实验在学校验证自己的学术主张，缺少认真彻底地解决某个或者某些实践问题的责任担当与使命自觉。由此导致的结果是对理论研究和实践工作的双向伤害，“理论研究由于得不到现实的滋养而走向空洞，实践工作由于得不到理论的指导而变得困惑”①。

二、德育课程理念研究的未来展望

总体来看，德育课程研究、德育课研究仍然是德育研究中不够发达的研究领域，这两个领域的一些关键问题——德育课与德育课程的关系如何，符合年段和学段特点的德育课程和德育课分别是怎样的，如何评价德育课和德育课程的育人效果等——没有得到足够关注。未来，要将各种德育理念落实于学校育人过程中，有必要重视和加强德育课程研究，补齐德育课程、德育课领域存在的若干短板。

---

① 檀传宝. 学校德育诊断案例研究［M］. 北京：教育科学出版社，2012：5.

一是要深入分析德育、德育课程、德育课的关系，理顺三个概念之间的逻辑，避免三者混淆。尤其要明确而非含糊地指出德育课程与德育课的关系，确立德育课在德育课程体系中的指针、核心地位，以德育课为中心构建一体化的德育课程体系。

二是要具体探讨符合年段、学段特征的德育课程体系，明确各年段、学段德育课程体系的育人重点和育人方式。在德育课程体系内部，要细致探讨不同类型的德育课程，探讨其实施要点；尤其要对处于关键地位的德育课进行深入研究，在全面考虑教育目的、学生成长需求和不同课程内在结构关系的基础上细致探讨、厘定不同年段德育课的教学目标、重点、难点，提出改进德育课的可操作性建议。

三是要加强评价研究，改善德育课程评价和德育课评价。对各类德育课程育人效果的评价最终归结于对学生思想品德发展状况的评价，对此，应该提出完善的评价体系，基于学生思想观念和日常言行对难以测量的思想品德素养做出科学、可靠的评价。对德育课育人效果的评价应该合理地归属于、服务于学生思想品德评价，而不应仅仅成为成绩单上一个孤零零的数字。评价研究应该促使德育课与其他各类德育课程融为有机整体，在德育过程中发挥相辅相成的作用。

德育课程研究的深入，迫切要求德育研究者转变研究方法。德育研究者要坚实地面对德育实践一线，持续研究真实的德育课程问题，努力与德育实践者共同提出解决问题的方案，并立足于一线实验和实践加以检验，以期在真正意义上解决问题。

第三章
德育课程政策研究

德育政策是学校德育中的政策因素，是德育理论与实践的中介环节，是保证德育改革与发展的重要力量[①]，是联结德育理论与德育实践的桥梁和中介[②]。德育课程是以培养受教育者的思想政治道德观念为目标的课程，标志着各级各类学校开展人才培养的方向，在学校课程体系中处于特殊重要的地位，一向受到国家的重视。有研究者将德育政策理解为国家机关、政党及其他政治团体在特定时期为实现或服务于一定的德育目标所采取的政策行为或规定的行为准则，包括各种德育法律与法规、政策文件、重要的领导报告讲话、专业性的课程标准与教学大纲、德育条例、规章制度等。[③] 笔者对这一界定进行小幅调整，认为德育课程政策是国家机关、政党及其他政治团体在特定时期为实现或服务于一定的德育目标所采取的课程政策行为或规定的行为准则，包括各种与德育课程有关的法律与法规、政策文件、专业性的课程标准与教学大纲、德育条例、规章制度等，一方面将法律法规的范围扩展到与德育相关的法律法规，另一方面不将领导人的报告和讲话作为德育政策加以研究。

---

① 齐欣．游走于实践和理论间的德育政策［J］．中国德育，2015 (13)：19 – 20.

② 张晓东．德育政策论［M］．北京：人民教育出版社，2011：2.

③ 同②28.

第一节　国家法律中的德育和德育课程

中华人民共和国实行依法治国，建设社会主义法治国家。由国家权力机关和国家行政机关按法定程序制定的法律和教育法规以国家强制力为后盾，任何组织和个人都必须遵守。以《宪法》为统率的若干法律法规对于德育本质、德育内容、德育目的、德育内容与方法进行了深层规定，为各种具体的教育政策、德育政策指明了必须遵循的方向。已有研究很少分析法律与德育、德育课程的关系，关键词同时出现“法律”与“德育”的论著基本上着眼于“将法律教育作为德育课程的一个有机构成”，探讨“法律教育的课程形式”或者法律教育的德育功能。[①]本着从宏观法律规定到具体德育课程要求的层层递进思路，本节尝试对国家法律法规中与德育及德育课程直接相关的规定进行梳理。

一、《宪法》对德育和德育课程的规定

《宪法》是中华人民共和国的根本大法，在我国拥有最高法律效力。中华人民共和国成立后，曾于 1954 年 9 月 20 日、1975 年 1 月 17 日、1978 年 3 月 5 日和 1982 年 12 月 4 日通过四个《宪法》，现行《宪法》为 1982 年《宪法》，并历经 1988 年、1993 年、1999 年、2004 年、2018 年五次修订。

关于德育，1978 年《宪法》明确提出：“国家大力发展教育事业，提高全国人民的文化科学水平。教育必须为无产阶级政治服务，同生产劳动

① 高德胜 . 法律教育与德育课程［J］. 课程 · 教材 · 教法 , 2016 (2) : 68 − 73.

相结合，使受教育者在德育、智育、体育几方面都得到发展，成为有社会主义觉悟的有文化的劳动者。”这一规定指明了教育的政治方向，将培养劳动者的社会主义觉悟放在突出重要的位置，是对“为谁培养人”的鲜明有力的回答。1982 年《宪法》在肯定我国“教育、科学、文化等事业有了很大的发展，社会主义思想教育取得了明显的成效”基础上，提出 :“国家发展社会主义的教育事业，提高全国人民的科学文化水平。……国家通过普及理想教育、道德教育、文化教育、纪律和法制教育，通过在城乡不同范围的群众中制定和执行各种守则、公约，加强社会主义精神文明的建设。……国家提倡爱祖国、爱人民、爱劳动、爱科学、爱社会主义的公德，在人民中进行爱国主义、集体主义和国际主义、共产主义的教育，进行辩证唯物主义和历史唯物主义的教育，反对资本主义的、封建主义的和其他的腐朽思想。……国家培养青年、少年、儿童在品德、智力、体质等方面全面发展。”这些规定简明扼要地列出德育的若干着力点，表达了对教育之德育责任的殷切期望。

2018 年《宪法》修正案在与德育直接相关的部分增加了一条 :“国家倡导社会主义核心价值观，提倡爱祖国、爱人民、爱劳动、爱科学、爱社会主义的公德，在人民中进行爱国主义、集体主义和国际主义、共产主义的教育，进行辩证唯物主义和历史唯物主义的教育，反对资本主义的、封建主义的和其他的腐朽思想。”这一条文与时俱进地将社会主义核心价值观写入《宪法》，将其作为对公民思想道德素质的首位要求。

以上《宪法》条文表明，党和国家一向高度重视德育，重视引导和培育符合社会发展需要的思想政治道德观念，期望学校德育在社会主义现代化建设中发挥应有作用。另一方面，虽然《宪法》对德育和德育课程的直接阐述极其有限，不过，细致分析《宪法》条文与学校德育内容、德育课程标准或教学大纲的具体规定，我们不难发现，《宪法》规定全面体现在学校德育内容和德育课程标准之中，《宪法》为确定德育课程目标和内容提供了根本遵循。如《宪法》规定“中华人民共和国公民有劳动的权利和义务”，对劳动态度、劳动精神的培养因而是各学段德育的重要内容，《道德与法治》《思想政治》等课程据此对劳动的起源、劳动者权益等进行了细致阐述。从某种意义上来说，各级学校开设的德育课是循序渐进、细致入微开展《宪法》教育的专门课程。

二、教育法规中的德育课程

以《宪法》为依据，我国《教育法》《义务教育法》《未成年人保护法》《教师法》对德育和德育课程做出了更加具体的规定。

（一）《教育法》对德育和德育课程的规定

《教育法》向来把德育放在教育的首要位置。关于我国的教育方针，1995 年《教育法》规定 ：“教育必须为社会主义现代化建设服务，必须与生产劳动相结合，培养德、智、体等方面全面发展的社会主义事业的建设者和接班人。”2021 年，这一规定修改为 ：“教育必须为社会主义现代化建设服务、为人民服务，必须与生产劳动和社会实践相结合，培养德智体美劳全面发展的社会主义建设者和接班人。”除了直接要求教育培养学生的思想品德素质外，“建设者和接班人”以及“劳动者”等提法都具有浓厚的道德意蕴，揭示了学校教育的道德目的和社会功能。

关于德育的内容和组织，《教育法》有如下具体规定 ：“国家在受教育者中进行爱国主义、集体主义、社会主义的教育，进行理想、道德、纪律、法制、国防和民族团结的教育。……教育应当继承和弘扬中华民族优秀的历史文化传统，吸收人类文明发展的一切优秀成果。……国家实行教育与宗教相分离。任何组织和个人不得利用宗教进行妨碍国家教育制度的活动。”这些规定延续了《宪法》的相关规定，进一步阐明德育应该重视什么、反对什么，尤其是明确规定了“教育与宗教相分离”的立场，能够对教育教学行为确立必要规范，制止各种宗教力量对学校教育的渗透。

在受教育者的权利与义务部分，《教育法》规定，受教育者有权“在学业成绩和品行上获得公正评价”“对学校给予的处分不服向有关部门提出申诉，对学校、教师侵犯其人身权、财产权等合法权益，提出申诉或者依法提起诉讼”；有义务“遵守法律、法规，遵守学生行为规范，尊敬师长，养成良好的思想品德和行为习惯”。这些规定说明，德育的实施途径是多样的，既包括德育课和其他学科课程对于思想政治道德等价值观的直接传授，也包括日常学校生活对学生行为的约束和指导；德育追求知行合一的育人效果，不仅要引导学生形成正确观念，更要促使学生掌握符合社会期望的良好行为方式，因为学生所形成的正确观念，最终必须要体现在、落实于积极的日常行动之中。

（二）《义务教育法》对德育和德育课程的规定

《义务教育法》规定：“义务教育必须贯彻国家的教育方针，实施素质教育，提高教育质量，使适龄儿童、少年在品德、智力、体质等方面全面发展，为培养有理想、有道德、有文化、有纪律的社会主义建设者和接班人奠定基础。……学校应当把德育放在首位，寓德育于教育教学之中，开展与学生年龄相适应的社会实践活动，形成学校、家庭、社会相互配合的思想道德教育体系，促进学生养成良好的思想品德和行为习惯。”相比《教育法》，这里对学校德育实施途径的规定更进了一步，德育贯穿教育全过程、重视实践活动、构建学校家庭社会协同德育体系等主张呼之欲出。

义务教育的有效实施依靠教师的踏实工作。《义务教育法》规定：“教师享有法律规定的权利，履行法律规定的义务，应当为人师表，忠诚于人民的教育事业。全社会应当尊重教师。……教师在教育教学中应当平等对待学生，关注学生的个体差异，因材施教，促进学生的充分发展。教师应当尊重学生的人格，不得歧视学生，不得对学生实施体罚、变相体罚或者其他侮辱人格尊严的行为，不得侵犯学生合法权益。”“为人师表”“促进学生的充分发展”“尊重学生的人格”指出了全体教师在德育方面的责任，可以看作是对全员育人的底线要求。

（三）《未成年人保护法》对德育和德育课程的规定

《未成年人保护法》旨在“保护未成年人身心健康，保障未成年人合法权益，促进未成年人德智体美劳全面发展，培养有理想、有道德、有文化、有纪律的社会主义建设者和接班人，培养担当民族复兴大任的时代新人”。保护与教育相结合是做好未成年人保护的基本要求，学校教育能够通过引导未成年人养成健康进取的生活方式、在未成年人的成长环境中剔除不利于他们健康成长的因素、对出现轻微违规行为的未成年人进行纠正和辅导，为未成年人保护做出重大贡献。

在引导未成年人养成健康进取的生活方式方面，该法规定：“国家、社会、学校和家庭应当对未成年人进行理想教育、道德教育、科学教育、文化教育、法治教育、国家安全教育、健康教育、劳动教育，加强爱国主义、集体主义和中国特色社会主义的教育，培养爱祖国、爱人民、爱劳动、爱科学、爱社会主义的公德，抵制资本主义、封建主义和其他腐朽思想的侵蚀，引导未成年人树立和践行社会主义核心价值观。……学校应当全面贯彻国家教育方针，坚持立德树人，实施素质教育，提高教育质量，注重培养未成年学生认知能力、合作能力、创新能力和实践能力，促进未成年学生全面发展。……学校应当建立未成年学生保护工作制度，健全学生行为规范，培养未成年学生遵纪守法的良好行为习惯。……学校应当根据未成年学生身心发展特点，进行社会生活指导、心理健康辅导、青春期教育和生命教育。……学校应当组织未成年学生参加与其年龄相适应的日常生活劳动、生产劳动和服务性劳动，帮助未成年学生掌握必要的劳动知识和技能，养成良好的劳动习惯。……学校、幼儿园应当开展勤俭节约、反对浪费、珍惜粮食、文明饮食等宣传教育活动，帮助未成年人树立浪费可耻、节约为荣的意识，养成文明健康、绿色环保的生活习惯。……学校应当与未成年学生的父母或者其他监护人互相配合，合理安排未成年学生的学习时间，保障其休息、娱乐和体育锻炼的时间。……国家、社会、学校和家庭应当加强未成年人网络素养宣传教育，培养和提高未成年人的网络素养，增强未成年人科学、文明、安全、合理使用网络的意识和能力，保障未成年人在网络空间的合法权益。”

在为未成年人营造积极健康的成长环境方面，该法规定：“学校、幼儿园的教职员工应当尊重未成年人人格尊严，不得对未成年人实施体罚、变相体罚或者其他侮辱人格尊严的行为。……学校应当关心、爱护未成年学生，不得因家庭、身体、心理、学习能力等情况歧视学生。对家庭困难、身心有障碍的学生，应当提供关爱；对行为异常、学习有困难的学生，应当耐心帮助。……学校应当建立学生欺凌防控工作制度，对教职员工、学生等开展防治学生欺凌的教育和培训。……学校对学生欺凌行为应当立即制止，通知实施欺凌和被欺凌未成年学生的父母或者其他监护人参与欺凌行为的认定和处理；对相关未成年学生及时给予心理辅导、教育和引导；对相关未成年学生的父母或者其他监护人给予必要的家庭教育指导。对实施欺凌的未成年学生，学校应当根据欺凌行为的性质和程度，依法加强管教。对严重的欺凌行为，学校不得隐瞒，应当及时向公安机关、教育行政部门报告，并配合相关部门依法处理。……学校、幼儿园应当对未成年人开展适合其年龄的性教育，提高未成年人防范性侵害、性骚扰的自我保护意识和能力。对遭受性侵害、性骚扰的未成年人，学校、幼儿园应当及时采取相关的保护措施。”

在对出现轻微违规行为的未成年人进行纠正和辅导方面，该法规定：“保护未成年人，应当坚持最有利于未成年人的原则。处理涉及未成年人事项，应当符合下列要求：（一）给予未成年人特殊、优先保护；（二）尊重未成年人人格尊严；（三）保护未成年人隐私权和个人信息；（四）适应未成年人身心健康发展的规律和特点；（五）听取未成年人的意见；（六）保护与教育相结合。”这些规定以及上文提及的健全欺凌防控工作制度等要求为学校的学生管理工作画出了红线，不断提醒教育工作者增强未成年人隐私保护、师生平等对话、宽容学生等意识。

不难看出，以上规定不仅涉及德育目标、德育课程内容，而且对德育和德育课程的具体组织形式提出了要求。

（四）《教师法》对德育和德育课程的规定

《教师法》规定："教师是履行教育教学职责的专业人员，承担教书育人，培养社会主义事业建设者和接班人、提高民族素质的使命。教师应当忠诚于人民的教育事业。"教师权利包括"指导学生的学习和发展，评定学生的品行和学业成绩"，教师义务包括"遵守宪法、法律和职业道德，为人师表""对学生进行宪法所确定的基本原则的教育和爱国主义、民族团结的教育，法制教育以及思想品德、文化、科学技术教育，组织、带领学生开展有益的社会活动""关心、爱护全体学生，尊重学生人格，促进学生在品德、智力、体质等方面全面发展""制止有害于学生的行为或者其他侵犯学生合法权益的行为，批评和抵制有害于学生健康成长的现象""不断提高思想政治觉悟和教育教学业务水平"。这些规定均与德育直接相关。

教师考核的若干条款也与德育密切相联。《教师法》规定："学校或者其他教育机构应当对教师的政治思想、业务水平、工作态度和工作成绩进行考核。"教师如果出现"体罚学生，经教育不改的""品行不良、侮辱学生，影响恶劣的"等情形，应"由所在学校、其他教育机构或者教育行政部门给予行政处分或者解聘""情节严重，构成犯罪的，依法追究刑事责任"。

第二节　教育政策中的德育课程

根据政策文件的主题，笔者在这一部分分析的教育政策大致可以分为三类：第一类是与德育相关的基础教育政策；第二类是以德育为主题的教育政策；第三类是以德育课程为主题的教育政策。相比后两类，第一类较为宏观，可以看作是教育法规到德育政策之间的过渡环节。教育政策处于动态发展过程之中，“是政党、政府等政治实体在一定历史时期，为了实现一定的教育目标和任务而平衡各方的教育利益、协调教育的内外关系所规定的行动依据和准则”①。对改革开放以来与德育关联度较大的教育政策进行历时梳理，有助于清晰呈现党和政府对德育地位、功能、目标、内容、方法、评价的主张，为开展相应研究和实践工作提供帮助。

一、基础教育政策中的德育课程

依据时间顺序，笔者分析梳理《国务院关于基础教育改革与发展的决定》等几个基础教育政策对德育和德育课程的规定。

（一）《国务院关于基础教育改革与发展的决定》

该文件发布于 2001 年。文件着重强调深化教育教学改革，扎实推进素质教育，对学校德育工作进行了专门部署。文件指出：“实施素质教育，必须全面贯彻党的教育方针，认真落实《中共中央国务院关于深化教育改革全面推进素质教育的决定》（中发〔1999〕9 号），端正教育思想，转变教育观念，面向全体学生，加强学生思想品德教育，重视培养学生的创新精神和实践能力，为学生全面发展和终身发展奠定基础。……实施素质教育，促进学生德智体美等全面发展，应当体现时代要求。要使学生具有爱国主义、集体主义精神，热爱社会主义，继承和发扬中华民族的优秀传统和革命传统；具有社会主义民主法制意识，遵守国家法律和社会公德；逐步形成正确的世界观、人生观和价值观；具有社会责任感，努力为人民服

① 李世奇.21世纪以来我国中小学德育政策及其趋势研究[J].北京教育学院学报，2013，27(2)：6－10.

务；具有初步的创新精神、实践能力、科学和人文素养以及环境意识；具有适应终身学习的基础知识、基本技能和方法；具有健壮的体魄和良好的心理素质，养成健康的审美情趣和生活方式，成为有理想、有道德、有文化、有纪律的一代新人。……切实增强德育工作的针对性、实效性和主动性。加强爱国主义、集体主义和社会主义教育，加强中华民族优良传统、革命传统教育和国防教育，加强思想品质和道德教育并贯穿于教育的全过程。主动适应新形势的要求，针对不同年龄学生的特点，调整和充实德育内容，改进德育工作的方式方法。……小学从行为习惯养成入手，重点进行社会公德教育，进行爱祖国、爱人民、爱劳动、爱科学、爱社会主义教育，联系实际对学生进行热爱家乡、热爱集体以及社会、生活常识教育。初中加强国情教育、法制教育、纪律教育和品格修养。高中阶段注重进行马列主义、毛泽东思想和邓小平理论基本观点教育。对中学生进行正确的世界观、人生观、价值观教育。要对中小学生进行民族团结教育。加强中小学生的心理健康教育。丰富多彩的教育活动和社会实践活动是中小学德育的重要载体。小学以生动活泼的课内外教育教学活动为主，中学要加强社会实践环节。中小学校要设置多种服务岗位，让更多学生得到实践锻炼的机会。要将青少年校外活动场所建设纳入社区建设规划。各地要多渠道筹集资金，建设一批青少年学生活动场所和社会实践基地。建立健全各级青少年学生校外教育联席会议或相应机构，加强对青少年学生校外教育工作的统筹和协调。大力加强校园文化建设，优化校园育人环境，使中小学成为弘扬正气，团结友爱，生动活泼，秩序井然的精神文明建设基地。”

从以上规定可以看到，《国务院关于基础教育改革与发展的决定》突出强调德育的重要性，对德育内容、方法进行了较为具体的分析，对不同学段学生的教育方式提出了合乎规律的要求。这些规定和要求，与江泽民《关于教育问题的谈话》阐发的“要不断提高教育质量和教育水平，不仅要加强对学生的文化知识教育，而且要切实加强对学生的思想政治教育、品德教育、纪律教育、法制教育”等思想一脉相承。

（二）《国家中长期教育改革和发展规划纲要（2010—2020年）》

该文件对德育进行了细致规定。文件提出：“坚持以人为本、全面实施素质教育是教育改革发展的战略主题，是贯彻党的教育方针的时代要求，其核心是解决好培养什么人、怎样培养人的重大问题，重点是面向全体学生、促进学生全面发展，着力提高学生服务国家服务人民的社会责任感、勇于探索的创新精神和善于解决问题的实践能力。……坚持德育为先。立德树人，把社会主义核心价值体系融入国民教育全过程。加强马克思主义中国化最新成果教育，引导学生形成正确的世界观、人生观、价值观；加强理想信念教育和道德教育，坚定学生对中国共产党领导、社会主义制度的信念和信心；加强以爱国主义为核心的民族精神和以改革创新为核心的时代精神教育；加强社会主义荣辱观教育，培养学生团结互助、诚实守信、遵纪守法、艰苦奋斗的良好品质。加强公民意识教育，树立社会主义民主法治、自由平等、公平正义理念，培养社会主义合格公民。加强中华民族优秀文化传统教育和革命传统教育。把德育渗透于教育教学的各个环节，贯穿于学校教育、家庭教育和社会教育的各个方面。切实加强和改进未成年人思想道德建设和大学生思想政治教育工作。构建大中小学有效衔接的德育体系，创新德育形式，丰富德育内容，不断提高德育工作的吸引力和感染力，增强德育工作的针对性和实效性。加强辅导员、班主任队伍建设。”

该文件明确提出“培养社会主义合格公民”的培养目标，对合格公民所应具备的思想道德品质进行细致解析。该文件正视德育实践针对性和实效性有待增强的问题，初步勾勒出体现横向贯通、纵向衔接要求的有效德育体系。

（三）《关于深化教育教学改革全面提高义务教育质量的意见》

2019年，中共中央、国务院发布《关于深化教育教学改革全面提高义务教育质量的意见》。该文件全面回应全国教育大会部署，着力培养担当民族复兴大任的时代新人，立足新时代提出了关于学校德育工作的新要求。

其一，文件围绕立德树人根本任务清晰阐述了新时代义务教育发展的指导思想。文件指出："坚持以习近平新时代中国特色社会主义思想为指导，全面贯彻党的教育方针，落实立德树人根本任务，遵循教育规律，强化教师队伍基础作用，围绕凝聚人心、完善人格、开发人力、培育人才、造福人民的工作目标，发展素质教育，培养德智体美劳全面发展的社会主义建设者和接班人。"

其二，文件倡导树立科学的教育质量观，重视学生全面发展。文件指出："树立科学的教育质量观，深化改革，构建德智体美劳全面培养的教育体系，健全立德树人落实机制，着力在坚定理想信念、厚植爱国主义情怀、加强品德修养、增长知识见识、培养奋斗精神、增强综合素质上下功夫。坚持德育为先，教育引导学生爱党爱国爱人民爱社会主义；坚持全面发展，为学生终身发展奠基；坚持面向全体，办好每所学校、教好每名学生；坚持知行合一，让学生成为生活和学习的主人。"

其三，文件概括提出突出德育实效的工作办法。文件指出："完善德育工作体系，认真制定德育工作实施方案，深化课程育人、文化育人、活动育人、实践育人、管理育人、协同育人。大力开展理想信念、社会主义核心价值观、中华优秀传统文化、生态文明和心理健康教育。加强爱国主义、集体主义、社会主义教育，引导少年儿童听党话、跟党走。加强品德修养教育，强化学生良好行为习惯和法治意识养成。打造中小学生社会实践大课堂，充分发挥爱国主义、优秀传统文化等教育基地和各类公共文化设施与自然资源的重要育人作用，向学生免费或优惠开放。广泛开展先进典型、英雄模范学习宣传活动，积极创建文明校园。健全创作激励与宣传推介机制，提供寓教于乐的优秀儿童文化精品；强化对网络游戏、微视频等的价值引领与管控，创造绿色健康网上空间。突出政治启蒙和价值观塑造，充分发挥共青团、少先队组织育人作用。"

总体来看，以上教育政策忠实于党和国家的教育方针，突出强调德育的重要性，对各级各类学校德育的有效开展具有重要的指导和规范作用。这些政策对德育目标、德育内容、德育实施方式的规定具有普遍适用性，为理解、构建、实施德育课程提供了方向。

二、德育政策中的德育课程

上述法规和基础教育政策只是提纲挈领地谈到学校德育，不可能对德育课程（尤其是德育课程中的德育课）进行具体规定。对德育课程建设和改革做出具体规定的是历年来出台的专门的德育政策。本部分以时间为序对这些文件进行罗列，并择取其中具有里程碑意义的文件的要点进行呈现（表 3–1）。

表 3–1　改革开放以来重要德育政策一览表

时间	文件名称
1980	教育部关于改进和加强中学政治课的意见的通知
1981	教育部关于小学开设思想品德课的通知
1985	中共中央关于改革学校思想品德和政治理论课程教学的通知
1988	小学德育纲要（试行草案）
1988	中学德育大纲（试行草案）
1988	中共中央关于改革和加强中小学德育工作的通知
1993	小学德育纲要
1994	中共中央关于进一步加强和改进学校德育工作的若干意见
1995	国家教委关于正式颁发中学德育大纲的通知
1995	国家教委关于进一步加强和改进中学思想政治课教学工作的意见
1998	中小学德育工作规程

续表

时间	文件名称
2000	中共中央办公厅国务院办公厅关于适应新形势进一步加强和改进中小学德育工作的意见
2004	中共中央国务院关于进一步加强和改进未成年人思想道德建设的若干意见
2005	教育部关于整体规划大中小学德育体系的意见
2014	教育部关于全面深化课程改革落实立德树人根本任务的意见
2014	教育部关于培育和践行社会主义核心价值观进一步加强中小学德育工作的意见
2017	中小学德育工作指南
2019	关于深化新时代学校思想政治理论课改革创新的若干意见

（一）《中共中央关于改革和加强中小学德育工作的通知》

该文件发布于 1988 年。文件首次在政策层面将德育界定为“思想品德和政治教育”，指出德育“对坚持学校的社会主义性质，促进学生德智体美全面发展，具有重要的作用”，加强中小学德育工作对学生的一生将有重要的积极的影响。

文件指出改革开放深入发展给德育带来新挑战，而“现在的德育工作还很不适应新形势的要求”，存在的主要问题包括：一些党政部门和学校受片面追求升学率的影响，对德育的地位和作用缺乏足够的认识；中小学德育工作的指导方针还需要进一步明确，工作制度需要健全；德育内容和方法存在着一些脱离实际和呆板生硬、成人化等倾向，缺乏实效和吸引力；德育工作队伍的素质还需要进一步提高；社会和家庭教育同学校教育配合不够，对为青少年儿童健康成长创造良好的社会环境还缺乏统一认识和有力措施。

针对以上问题，文件对德育工作的指导思想、任务和内容进行了部署。

文件要求，中小学德育工作必须坚持以马克思主义为指导；认真贯彻党在社会主义初级阶段的基本路线，遵循党关于社会主义精神文明建设的指导方针；“坚持实事求是的思想路线”“用共同理想教育全体学生”“培养学生适应改革开放和发展社会主义商品经济的社会环境”。这些思想体现出坚持基本方向和坚持与时俱进的统一，要求德育向迅速发展的社会生活开放，帮助学生适应社会变化。

文件明确，中小学德育工作的基本任务是把全体学生培养成为爱国的具有社会公德、文明行为习惯的遵纪守法的好公民。在这个基础上，引导他们逐步确立科学的人生观、世界观，并不断提高社会主义思想觉悟，使他们中的优秀分子将来能够成长为坚定的共产主义者。对全体学生和优秀分子的分析表达了德育目标的阶梯性。就具体内容而言，文件要求着重抓好爱国主义教育、集体主义教育、社会主义民主和遵纪守法教育、劳动教育、道德教育和良好心理品质的培养，体现出对心理健康教育的重视。

文件强调改革中小学德育工作的方式方法，注重实效，要求：（1）德育要与传授科学文化知识相结合，渗透、贯穿在各科教材和教学过程及学校各项活动中，并力求生动和形象化，对低年级学生还要有故事性。要寓德育于丰富多彩的活动和社会实践之中。校园生活要活跃，富有吸引力。要努力为学生特别是高年级学生创造参加社会实践的机会，使他们在接触社会、接触工农中受到教育。（2）从事德育工作的人员，要热爱和关心学生，与学生平等相处，理解他们的心理，尊重他们的人格。要在民主、平等、和谐的气氛中增强教育效果，做到以理服人，以情感人，入耳入脑。要倡导学生自己管理自己，培养他们的自主精神和独立思考、自我教育的能力。（3）研究改进学生操行评定办法，健全优秀学生评选和奖励制度。这些要求涵盖德育课教学、学科教学和校园生活中的德育渗透、师德示范与师生交往中的日常德育引导、德育评价创新等主题。

文件要求建立校长负责德育工作的体制，加强德育工作队伍的建设，强调“全体教师和职工都是德育工作者，都要在不同的岗位上担负起育人的职责。班主任、思想品德课和政治课教师、共青团专职干部和少先队辅导员要在德育工作中积极发挥骨干作用。学校党支部要支持校长的工作，发挥保证监督作用，并通过党员的先锋模范作用，影响和带动广大教职工做好德育工作”。学校还要聘请工人、农民、干部、知识分子、解放军战士中的优秀分子担任校外辅导员，努力建设一支稳定的校外德育工作队伍，全社会都要关心中小学生的健康成长。

（二）《小学德育纲要》

1988 年，国家教委发布《小学德育纲要》（试行草案），1993 年正式颁布《小学德育纲要》。该文件是小学德育工作的指导性文件，是小学实施德育的基本依据。

文件首先界定小学德育的内涵与地位，指出：“小学德育即学校对小学生进行的思想品德教育，它属于共产主义思想道德教育体系，是社会主义精神文明建设的奠基工程，是我国学校社会主义性质的一个标志。它贯穿于学校教育教学工作的全过程和学生日常生活的各个方面，渗透在智育、体育、美育和劳动教育之中，与其他各育互相促进、相辅相成，对促进学生的全面发展，保证人才培养的正确方向，起着主导作用。”

文件明确了小学德育的培养目标，指明了小学德育在学校德育体系中的基础性地位：“培养学生初步具有爱祖国、爱人民、爱劳动、爱科学、爱社会主义的思想感情和良好品德；遵守社会公德的意识和文明行为习惯；良好的意志、品格和活泼开朗的性格；自己管理自己、帮助别人、为集体服务和辨别是非的能力，为使他们成为德、智、体全面发展的社会主义事业的建设者和接班人，打下初步的良好的思想品德基础。”

文件规定了小学德育的基本内容：“小学德育主要是向学生进行以‘爱祖国、爱人民、爱劳动、爱科学、爱社会主义’为基本内容的社会公德教育和有关的社会常识教育（包括必要的生活常识、浅显的政治常识以及同小学生有关的法律常识)，着重培养和训练学生良好的道德品质和文明行为习惯，教育学生心中有他人，心中有集体，心中有人民，心中有祖国。”在这个总体要求之下，着重开展热爱祖国、热爱中国共产党、热爱人民、热爱集体、热爱劳动、艰苦奋斗、努力学习、热爱科学、文明礼貌、遵守纪律的教育，民主与法律观念的启蒙教育，良好的意志、品格教育，辩证唯物主义观点的启蒙教育。

文件强调构建各种教育途径互相配合的德育体系。文件指出，“学校实施德育必须充分发挥校内、校外各教育途径的作用，互相配合，形成合力，创造良好的教育环境，共同完成德育任务”。具体来说，各科教学是向学生进行思想品德教育最经常的途径，思想品德课是向学生比较系统地进行思想品德教育的一门重要课程，其他各科教学对培养学生良好的思想品德素质具有重要作用；校级教育是由学校组织的，结合学校实际，面向全校学生进行的教育工作，班级教育是向全班学生进行经常性的思想品德教育和组织管理工作，学校和班级要积极组织丰富多彩的适合小学生年龄特点的教育活动和劳动、社会实践活动，寓思想品德教育于活动之中；少先队教育要按照队章的要求，加强队的组织教育，充分发挥其组织作用；实施德育，学校教育与家庭教育、社会教育要相互配合，学校应起主导作用。

文件提出小学德育要坚持的教育原则，分别是：坚持正确的政治方向；热爱学生、了解学生；加强针对性；坚持正面教育；提高道德认识和行为训练相结合；集体教育与个别教育相结合；言传身教，为人师表；保持教育的连续性和一致性。

关于学生品德评定，文件规定，品德评定是德育过程的一个重要环节，它包括操行评定和思想品德课考核两个方面；操行评定每学期评一次，应根据本纲要及《小学生守则》《小学生日常行为规范》的要求，经过学生个人、集体和教师（包括班主任和各科教师）评定（含校外表现)，最后由班主任写出评语，记入学生成绩册，通知本人和家长，并作为评选“三好”学生、升级、升学的依据之一；思想品德课考核，应依据教学大纲和教材，着重考查学生的道德认识，考核成绩列入成绩册。

（三）《中共中央关于进一步加强和改进学校德育工作的若干意见》

该文件发布于 1994 年。文件强调“必须站在历史的高度，以战略的眼光来认识新时期学校德育工作的重要性”。文件在肯定德育工作成绩的同时，指出新形势对学校德育工作提出了更高的要求，而“面对新的形势和要求，学校德育工作还很不适应”，必须加大改进工作的力度，完善德育体系，积极推进教育教学改革，克服“一手硬，一手软”和忽视德育工作的倾向，努力培养有理想、有道德、有文化、有纪律的献身有中国特色社会主义事业的建设者和接班人。

文件要求整体规划学校德育体系，遵循青少年学生思想品德形成的规律和社会发展的要求，根据德育工作的总目标，科学地规划各教育阶段的具体内容、实施途径和方法，各教育阶段的德育课程、教学大纲、教材、读物，教育和管理方法，学生思想品德表现的评定标准及方式等要据此加强整体衔接，防止简单重复或脱节。

文件重点分析了德育要重视的内容，要求以邓小平同志建设有中国特色社会主义理论作为学校马克思主义理论教育的中心内容，深入持久地进行爱国主义、集体主义和社会主义思想教育，开展中华民族优良道德传统的教育，增强适应时代发展、社会进步，以及建立社会主义市场经济体制的新要求和迫切需要的素质教育。这些德育内容贯穿每个学段，不同学段要由浅入深，有所偏重。

在德育途径方面，文件强调，德育工作要与关心指导学生的学习、生活相结合，与加强管理相结合，进一步发挥全体教职工的育人作用，按照不同学科特点，促进各类学科与课程同德育的有机结合，重视校园文化建设，加强实践环节，学校教育、家庭教育、社会教育紧密配合。

（四）《中学德育大纲》

《中学德育大纲》于1988年下发试行，1995年正式发布。该大纲规定了国家对中学德育工作和学生品德的基本要求，是学校、家庭、社会对中学生进行品德教育的基本依据，也是各级教育部门、督导部门对中学德育工作进行督导评估的基本标准。

文件首先对中学德育的内涵与地位进行规定："德育即对学生进行政治、思想、道德和心理品质教育。它对坚持学校的社会主义性质，保证人才培养的正确政治方向，促进学生全面发展，起着主导的决定性作用。"文件要求学校必须"切实保证德育的地位，努力做好德育工作，培养有理想、有道德、有文化、有纪律的献身有中国特色社会主义事业的建设者和接班人"。

文件明确中学德育目标和任务："中学德育工作的基本任务是把全体学生培养成为热爱社会主义祖国的具有社会公德、文明行为习惯的遵纪守法的公民。在这个基础上，引导他们逐步树立科学的人生观、世界观，并不断提高社会主义思想觉悟，使他们中的优秀分子将来能够成长为共产主义者。"在此基础上，文件进一步界定了初中和高中的德育目标。

文件将初中阶段德育内容要点定位于爱国主义教育、集体主义教育、社会主义教育、理想教育、道德教育、劳动教育、社会主义民主和遵纪守法教育、良好的个性心理品质教育，将高中阶段德育内容要点定位于爱国主义教育、集体主义教育、马克思主义常识和社会主义教育、理想教育、道德教育、劳动和社会实践教育、社会主义民主观念和遵纪守法的教育、良好个性心理品质的教育。此外，学校还要随着经济、政治形势发展进行形势任务和时事政策的教育。这种安排，能够较好地保障德育内容稳定性与灵活性的统一。

和《小学德育纲要》相似，文件强调构建各种教育途径互相配合的德育体系，对各种德育途径的具体实施提出指导性意见。文件指出："学校必须充分发挥主导作用，并与家庭、社会密切配合。课内外、校内外各实施途径均应以本大纲为指导，发挥各自的功能，互相配合，形成合力，共同完成德育任务。”具体来说，思想政治课是向学生较系统地进行思想品德教育、马克思列宁主义毛泽东思想基本常识及有中国特色社会主义理论观点教育的一门课程，在诸途径中居特殊重要地位，对帮助学生树立正确的政治方向、正确的人生观和思想方法，培养良好品德起着导向作用；时事课是国情教育的一条重要途径，时间要保证，内容要落实；其他各学科教学是教师在向学生传授知识的同时进行德育的最经常的途径，对提高学生的政治思想道德素质具有重要的作用，要寓德育于各科教学内容和教学过程之中；班级是学校进行德育、实施本大纲的基层单位，班主任是本大纲的直接实施者，班主任工作是培养良好思想品德和指导学生健康成长的重要途径；共青团、少先队、学生会工作是学生自我教育的重要组织形式，应根据各自任务和工作特点，充分发挥组织作用，通过健康有益、生动活泼的活动，把广大青少年吸引到自己周围，落实本大纲的各项任务；学校要把生产劳动和社会实践活动作为必修课列入教学计划；学校和班级应指导学生开展丰富多彩的科技、文娱、体育活动（包括课外兴趣小组和各种社团活动），发展学生的个性特长，培养学生的良好道德情操、意志品质和生活情趣，提高他们的审美能力；校外教育是对学生进行政治思想道德教育，培养健康文明生活方式的一个重要阵地；心理咨询是培养学生健康心理品质的有效途径，职业指导是发展学生个性，进行理想教育的有效途径；学校要积极进行校园环境建设，加强校园环境管理，使学生受到良好熏陶和影响；家庭对学生行为习惯的培养、品德的形成、个性的发展有着重要的影响；各级政府和社会各部门均应履行关心、促进和保护青少年健康成长的义务。

关于学生品德评定，文件规定，品德评定的基本方法是写操行评语和评定操行等级；学生品德评定内容与标准以本大纲规定的教育目标、要求、内容和《中学生守则》《中学生日常行为规范》为依据；评定要坚持实事求是的原则，实行民主评定的方法；评定结果（包括操行评语和操行等级）应通知家长，并记入学生学籍档案。值得一提的是，在这一文件中，德育课学习状况与操行评定没有关联，德育课学习状况在品德评定过程中似乎是没有地位的。

（五）《中小学德育工作规程》

该文件于 1998 年由国家教委发布。文件首先分析德育的内涵和地位："德育即对学生进行政治、思想、道德和心理品质教育，是中小学素质教育的重要组成部分，对青少年学生健康成长和学校工作起着导向、动力、保证作用。"

文件明确中小学德育工作的基本任务是：培养学生成为热爱社会主义祖国、具有社会公德、文明行为习惯、遵纪守法的公民。在这个基础上，引导他们逐步确立正确的世界观、人生观、价值观，不断提高社会主义思想觉悟，并为使他们中的优秀分子将来能够成为坚定的共产主义者奠定基础。

在各学段德育目标、德育内容、德育实施方面，文件要求"均遵照国家教育委员会颁布的《小学德育纲要》《中学德育大纲》施行"。

文件对思想品德课和思想政治课进行了专章规范，指出"思想品德课、思想政治课是小学生和中学生的必修课程"，中小学校必须按照课程计划开设思想品德课和思想政治课，不得减少课时或挪作他用。中小学校要通过思想品德课和思想政治课考核，了解学生对所学基本知识和基本理论常识的理解程度及其运用的基本能力。

文件专章分析常规教育，对升国旗、节日教育、社会实践、纪律等提出具体要求。在常规教育部分，文件提出评定学生品德行为的要求，指出"学生的品德行为评定结果应当通知本人及其家长，记入学生手册，并作为学生升学、就业、参军的品德考查依据之一"。

（六）《中共中央办公厅国务院办公厅关于适应新形势进一步加强和改进中小学德育工作的意见》

该文件发布于 2000 年。文件指出："加强和改进中小学德育工作是教育工作的一项紧迫任务。”文件指出：“面对国内外形势的新变化、教育改革与发展的新任务和青少年思想教育工作的新情况，中小学德育工作还很不适应。突出表现在：重智育轻德育、一手硬一手软的现象依然在一些地方和学校严重存在；德育工作不适应青少年学生身心发展的特点，不适应社会生活的新变化，不适应全面推进素质教育的要求，方法与手段滞后，针对性和实效性不强；重课堂教学轻社会实践，重校内教育轻校外教育的倾向比较严重；全社会关心和支持教育的风气尚未全面形成，一些地区的社会环境不利于青少年学生健康成长；一些教师的思想道德素质与教书育人、为人师表的要求存在较大差距，教师职业道德建设亟待加强；德育工作的保障措施不够有力，体制、机制、队伍建设和经费投入等政策措施不到位。”

文件首先强调德育的地位，要求必须坚持把学校德育工作摆在素质教育的首要位置，树立育人为本的思想，将“思想政治素质是最重要的素质”的要求落实到教育工作的各个环节。

文件概括提出中小学德育要坚持的教育原则：（1）必须坚持解放思想、实事求是的思想路线，遵循中小学生的身心发展规律，从中小学生的实际情况出发，提高德育工作的针对性和实效性，切忌形式主义、教条主义。（2）必须坚持教育与社会实践相结合，理论与实际相结合，促进学生认知和行为的统一。（3）必须坚持教育与管理相结合，依法加强对学校工作的管理，严格校风校纪，使自律与他律、内在约束与外在约束有机地结合起来。（4）必须正确处理继承和创新的关系，在继承和发扬优良传统的基础上，认真研究、积极探索新形势下中小学德育工作的特点和规律，探求新办法，总结新经验。（5）必须坚持在党的领导下，充分调动社会各方面的积极性，形成职责明确、齐抓共管、覆盖全社会的工作机制，共同做好青少年学生思想教育工作。

文件联系学段特点提出提高中小学德育工作针对性和实效性的具体要求，强调要把思想政治教育、品德教育、纪律教育、法制教育作为中小学德育工作长期坚持的重点，遵循由浅入深、循序渐进的原则，确定不同教育阶段的内容和要求。

文件将德育课程理解为德育课，在课程内容和教学方式上提出如下具体要求：(1）加强中小学德育课程建设。中小学思想品德、思想政治课和职业学校德育课的教育教学活动是学校德育工作的主导渠道。要从实际出发，深入研究当前学生思想品德特点，修订小学思想品德课和中学思想政治课课程标准，调整职业学校德育课程设置，进一步改革和完善教育教学内容，努力构建适应 21 世纪发展需要的中小学德育课程体系。要加强中学生时事政策教育，保证每周安排一课时对学生进行时事政策和相关的专题教育。(2）中小学思想品德课、思想政治课和职业学校德育课要紧密联系学生生活和社会实际，增加实践教学和学生参加社会实践的课时。积极改进教学方法和形式，采用启发式、讨论式和研究性学习等生动活泼的方式进行教学。作为高中阶段学校招生必考科目的思想政治课，要积极进行考试内容和形式的改革。同时要建立健全学生思想道德行为的综合考核制度。

文件重视德育课以外的其他各种德育途径，主张德育要寓于各学科教学之中，贯穿于教育教学的各个环节。把丰富多彩的教育活动作为德育工作的重要载体，努力培养学生的社会责任感和奉献精神。校内教育与校外教育相结合，切实加强社会实践活动。文件也重视学校、家庭和社会的协同，要求切实加强青少年学生校外教育工作，切实加强和改善对家庭教育的指导和管理。

（七）《中共中央国务院关于进一步加强和改进未成年人思想道德建设的若干意见》

未成年人思想道德建设与中小学德育有较大重合，所以，笔者将这个文件作为重要的德育文件进行分析。

文件结合时代背景指出加强和改进未成年人思想道德建设的必要性：面对新的形势和任务，未成年人思想道德建设工作还存在许多不适应的地方和亟待加强的薄弱环节。一些地方和部门的领导对这项工作认识不足，重视不够，没有真正担负起领导责任；全社会关心和支持未成年人思想道德建设的风气尚未全面形成，还存在种种不利于未成年人健康成长的社会环境和消极因素；学校教育中重智育轻德育、重课堂教学轻社会实践的现象依然存在，推进素质教育的任务艰巨，教师职业道德建设有待进一步加强；随着人员流动性加大，一些家庭放松了对子女的教育，一些家长在教育子女尤其是独生子女的观念和方法上存在误区，给未成年人教育带来新的问题；未成年人思想道德建设在体制机制、思想观念、内容形式、方法手段、队伍建设、经费投入、政策措施等方面还有许多与时代要求不相适应的地方。这些问题应当引起足够重视，并采取有效措施加以解决。

文件明确未成年人思想道德建设的目标：教育和引导未成年人树立中国特色社会主义的理想信念和正确的世界观、人生观、价值观，养成高尚的思想品质和良好的道德情操，努力培育有理想、有道德、有文化、有纪律的，德、智、体、美全面发展的中国特色社会主义事业建设者和接班人。

文件提出加强和改进未成年人思想道德建设要遵循的原则：(1) 坚持与培育“四有”新人的目标相一致、与社会主义市场经济相适应、与社会主义法律规范相协调、与中华民族传统美德相承接的原则。(2) 坚持贴近实际、贴近生活、贴近未成年人的原则。(3) 坚持知与行相统一的原则。(4) 坚持教育与管理相结合的原则。

文件明确未成年人思想道德建设的主要任务：(1) 从增强爱国情感做起，弘扬和培育以爱国主义为核心的伟大民族精神。(2) 从确立远大志向做起，树立和培育正确的理想信念。(3) 从规范行为习惯做起，培养良好道德品质和文明行为。(4) 从提高基本素质做起，促进未成年人的全面发展。

在学校德育部分，文件指出：学校是对未成年人进行思想道德教育的主渠道，必须按照党的教育方针，把德育工作摆在素质教育的首要位置，贯穿于教育教学的各个环节。要把弘扬和培育民族精神作为思想道德建设极为重要的任务，纳入中小学教育的全过程。加快中小学思想品德、思想政治课的改进和建设，充分利用和整合各种德育资源，深入研究中小学生思想品德形成的规律和特点，把爱国主义教育、革命传统教育、中华传统美德教育和民主法制教育有机统一于教材之中，并保证占有适当分量，努力构建适应21世纪发展需要的中小学德育课程体系。积极改进中小学思想品德、思想政治课教学方法和形式，采用未成年人喜闻乐见、生动活泼的方式进行教学，把传授知识同陶冶情操、养成良好的行为习惯结合起来。要积极探索实践教学和学生参加社会实践、社区服务的有效机制，建立科学的学生思想道德行为综合考评制度。要因地制宜，积极开展各种富有趣味性的课外文化体育活动、怡情益智的课外兴趣小组活动和力所能及的公益性劳动，培养劳动观念和创新意识，丰富课外生活。要加强心理健康教育，培养学生良好的心理品质。要把思想品德教育与法制教育紧密结合起来，使二者有机统一，相辅相成。……要采取坚决措施，改革课程设置、教材和教学方法，切实减轻中小学生的课业负担，为加强学生思想道德建设，增强创新精神和实践能力，培育德、智、体、美全面发展的社会主义事业接班人创造良好条件。……要依据不同年龄段学生的特点，抓紧修订和完善中小学生《守则》和日常行为规范。……制定和推行行为规范，要以促进学生全面发展为出发点和落脚点，反映时代和社会进步的要求，体现对学生的尊重与信任，引导学生自觉遵纪守法。

文件也从家庭、社会各方面分析了未成年人思想道德建设，这些分析和其他德育政策中的分析具有一致性。

（八）《教育部关于整体规划大中小学德育体系的意见》

文件首先界定德育的内涵与地位："学校教育，育人为本；德智体美，德育为先。德育主要是对学生进行政治、思想、道德、法制、心理健康教育。"

文件结合现实问题提出"整体规划大中小学德育体系"这一主题。文件指出："目前，大中小学德育各阶段的德育目标划分还不够准确，内容安排还不尽合理，存在着一定程度的简单重复交叉和脱节的问题。整体规划大中小学德育体系，充分发挥学校教育的主渠道、主阵地、主课堂作用，是一项极为紧迫的重要任务，是加强和改进大学生思想政治教育和中小学生思想道德教育的重要举措，是贯彻党的教育方针的必然要求。”

文件提出，整体规划大中小学德育体系的基本原则是：(1) 坚持把邓小平理论和“三个代表”重要思想作为根本指针，始终坚持学校德育的正确方向。(2) 坚持把培养有理想、有道德、有文化、有纪律的“四有”公民作为根本目标，努力培育社会主义事业的合格建设者和可靠接班人。(3) 坚持把帮助青少年学生树立正确的世界观、人生观、价值观作为根本任务，不断促进他们形成正确的思想道德观念。(4) 坚持把课堂教学和社会实践作为根本途径，不断提高学校德育的实效。(5) 坚持把有效衔接、分层实施、循序渐进、整体推进作为根本要求，始终保持学校德育的生机与活力。(6) 坚持把学校、家庭、社会共同参与、相互配合作为根本举措，切实增强德育工作的合力。

文件准确分析各教育阶段德育目标和内容，要求科学设置各教育阶段德育课程。小学开设以公民基本道德素质教育为基本内容的品德与生活、品德与社会类课程。中学开设以提高学生思想道德水平为基本内容的思想品德、思想政治类课程。

文件要求积极开展各教育阶段德育活动，小学教育阶段德育活动要体现生动性、趣味性，动手动脑，丰富情感体验的特点。中学教育阶段德育活动要体现知识性强、吸引力大、参与度高，开阔视野、促进思考的特点。

文件要求努力拓展大中小学德育的有效途径，挖掘各类课程的德育资源，把德育渗透到学生学习的各个环节。明确全员育人的要求，把德育落实到教学、管理、服务的各个方面。积极开展丰富多彩的德育活动，在活动中增强德育效果。推进教育、管理、服务相结合，在关心人帮助人中教育人引导人。构建学校、家庭、社会紧密配合的德育网络，使德育工作由学校向家庭辐射，向社会延伸。积极开展党团活动，充分发挥党团组织和学生组织在德育中的重要作用。

（九）《教育部关于培育和践行社会主义核心价值观进一步加强中小学德育工作的意见》

该文件发布于 2014 年。文件着眼于培育和践行社会主义核心价值观，进一步增强中小学德育的时代性、规律性、实效性。

关于德育内容，文件强调加强中华优秀传统文化教育、公民意识教育、生态文明教育、心理健康教育、网络环境下的德育工作。关于德育途径，文件强调改进课程育人、实践育人、文化育人、管理育人。

在具体做法上，文件要求改进方式方法，“各级教育部门和中小学校要加强德育规律研究，从中小学生的身心特点和思想实际出发，注重循序渐进、注重因材施教，润物细无声，真正把德育工作做到学生心坎上。要突出知行结合，着力培养学生养成良好的行为习惯，客观真实记录学生行为表现情况，引导学生将道德认知转化为道德实践。要勇于改革创新，探索德育工作的新途径、新方法，定期开展德育教研活动，提升教师德育专业能力”。

（十）《中小学德育工作指南》

该文件是立足新时代指导中小学德育工作的规范性文件。教育部要求将该文件作为学校开展德育工作的基本遵循。该文件明确了中小学德育工作的指导思想和基本原则，提出了学段衔接的德育目标与内容体系，细化了德育工作的实施途径和要求，着力构建方向正确、内容完善、学段衔接、载体丰富、常态开展的德育工作体系，大力促进德育工作专业化、规范化、实效化，努力形成全员育人、全程育人、全方位育人的德育工作格局。

文件提出，中小学德育工作的指导思想是全面贯彻党的教育方针，全面落实立德树人的任务，把社会主义核心价值观融入教育全过程，不断完善中小学德育工作长效机制；中小学德育工作要坚持的基本原则是坚持正确方向，坚持遵循规律，坚持协同配合，坚持常态开展。

文件对中小学德育确立的总体目标是：培养学生爱党爱国爱人民，增强国家意识和社会责任意识，教育学生理解、认同和拥护国家政治制度，了解中华优秀传统文化和革命文化、社会主义先进文化，增强中国特色社会主义道路自信、理论自信、制度自信、文化自信，引导学生准确理解和把握社会主义核心价值观的深刻内涵和实践要求，养成良好政治素质、道德品质、法治意识和行为习惯，形成积极健康的人格和良好心理品质，促进学生核心素养提升和全面发展，为学生一生成长奠定坚实的思想基础。在此基础上，文件界定了体现螺旋上升的各学段目标。

文件从理想信念教育、社会主义核心价值观教育、中华优秀传统文化教育、生态文明教育、心理健康教育五个方面解析德育内容，将德育途径概括为课程育人、文化育人、活动育人、实践育人、管理育人、协同育人，提出每种途径的具体要求。文件强调加强督导评价，“各级教育行政部门要将学校德育工作开展情况纳入对学校督导的重要内容，建立区域、学校德育工作评价体系，适时开展专项督导评估工作。学校要认真开展学生的品德评价，纳入综合素质评价体系，建立学生综合素质档案，做好学生成长记录，反映学生成长实际状况”。

三、德育课程政策中的德育课程

改革开放以来，中共中央、国务院及教育部发布了若干以德育课程为主题的政策文件，这充分显示出德育课程在德育体系中的特殊重要地位。

（一）《教育部关于改进和加强中学政治课的意见》

该文件发布于 1980 年，可以算是改革开放以来教育部发布的第一个专门德育政策，并且是紧扣德育课程的德育政策。文件反映出改革开放初期教育行政部门对于德育和德育课所持的观念。

就德育课地位来说，文件指出，“政治课、时事政策教育、日常思想政治工作，都是学校马克思主义思想政治教育的重要有机构成”“中学政治课是中学教学计划中主要课程之一，是对学生进行马列主义、毛泽东思想基础知识教育的课程，是思想政治教育的重要途径之一，是贯彻德、智、体全面发展的教育方针的重要方面，是区分社会主义教育与资本主义教育的重要标志”。

就德育课任务或功能来说，文件指出：“中学政治课的任务，是以马列主义、毛泽东思想的基础知识武装学生，提高学生认识问题的能力和政治觉悟，培养学生的共产主义道德品质，教育学生坚持又红又专的方向，逐步树立无产阶级世界观和人生观，立志为人民服务，为实现祖国的社会主义现代化而献身。”

就德育课内容和教材来说，文件强调“使政治课保持相对的稳定”，确定初中一年级开设《青少年修养》，初中二年级开设《政治常识》，初中三年级开设《社会发展简史》，高中一年级开设《政治经济学常识》，高中二年级开设《辩证唯物主义常识》。文件明确提出“根据确定的课程设置方案，由教育部组织力量编订教学大纲，供各地试用。由省、市、自治区教育厅（局）或教师亦可组织编写教学大纲，由省、市、自治区教育厅（局）推荐给教育部”“教育部根据课程设置方案和教学大纲，统编全国使用的中学政治课教材，并编写出一套相应的教学参考资料，供各年级使用。各省、市、自治区也可以根据统一教学大纲，编写教材和教学参考资料，经过审查，教育部可以推荐全国或某地区试用”“现行政治课教材由人民教育出版社政治组加以修改，在新大纲和新教材编出之前继续使用”。

就德育课实施来说，文件明确：“政治课教学时数，规定为每周二学时，不得随意更改、占用。”文件要求中学政治课教学必须贯彻理论联系实际的原则，教师要联系社会形势、结合学生的知识水平和接受能力改进教学方法，坚持民主的方法、说服的方法，提高学生的思想认识，培养学生分析问题的能力。

就德育课评价来说，文件要求健全政治课的考试考查制度，强调“考试考查是为了了解学生掌握和运用基础知识的能力；督促学生认真复习功课，巩固所学知识，同时也是为了检查教学效果，以利改进教学。……政治课应与其他主要学科统筹安排考试的时间，实行记分。政治课成绩是学生能否升级或毕业的根据之一。政治课成绩的评定，只能根据学业知识考试结果，不能混同于平时政治表现的操行鉴定。”值得注意的是，文件强调不能将学业知识考试结果与操行鉴定相混同，但对于德育课考试成绩与学生品德发展状况评价之间的关联，文件没有进行分析。

就德育教师来说，文件强调“政治课是一门科学性和党性很强的学科，政治教师必须热爱党，热爱社会主义，坚信马克思主义；要掌握马列主义、毛泽东思想的理论，具备相当于大专政教专业毕业的水平”。文件要求保持中学政治教师队伍的相对稳定，加强政治教师的培训工作；根据“政治教师既要教学，又要做一定的思想工作”的岗位性质，规定“教学工作量不宜太多，一般每周十二到十四学时为宜。如果兼任班主任、辅导员或担任两个进度的课，教学时数要相应减少”。文件还对政治教师与学生的比例提出规定，要求及时向中学政治教师传达文件和报告，定期组织学习党的方针政策，及时给他们作形势报告，不断提高他们的政治思想和业务水平。

（二）《关于小学开设思想品德课的通知》

本通知由教育部于 1981 年 3 月发布，指出从当年秋季开始，小学各年级普遍设立思想品德课。这是新中国成立以来首次在教学计划中明确设立小学德育课程。同月，《全日制五年制小学教学计划（修订草案）》发布。1982 年 5 月，教育部出台《全日制五年制小学思想品德课教学大纲（试行草案）》，分解了小学一至五年级的教学要点，指出思想品德课以“五爱”（爱祖国、爱人民、爱劳动、爱科学、爱社会主义）为基本内容，以“热爱人民，热爱祖国，热爱中国共产党，热爱劳动，热爱科学，热爱社会主义，勤奋学习，热爱集体，爱护公共财物，遵守纪律，文明礼貌，诚实谦虚，勇敢活泼，艰苦朴素”为具体内容，着重培养小学生的爱国主义精神、集体主义精神和主人翁精神。

（三）《中共中央关于改革学校思想品德和政治理论课程教学的通知》

本文件发布于1985年。这是改革开放后中央发出的第一个全面部署改革政治课的文件。[①]着眼于各方面改革和社会经济政治发展变化，文件要求认真改革思想品德和政治理论课的课程设置、教学内容和教学方法，将其看作“培养一代有理想、有道德、有文化、有纪律的建设人才的迫切任务之一”。文件提出，“改革马克思主义思想理论课的教学，关键是坚决贯彻执行理论联系实际的方针”，教学内容要面向现代化，面向时代，面向未来，教学方法要注重启发式。

文件分学段阐述思想品德和政治理论课的主要内容。小学阶段注重社会常识和社会公德教育，强调行为习惯培养。中学进行社会发展规律和社会主义建设常识的教育，引导学生树立为建立高度民主、高度文明的社会主义现代化国家而奋斗的远大理想，适当开展职业观念培养和青春期教育。大学加强马克思主义基本理论的教育，培养学生分析鉴别当代其他各种社会思潮的能力，激发学生为社会主义伟大事业而奋斗的献身精神。

文件注重德育课与其他学科教学的有机结合，要求小学德育课“配合语文、历史、艺术课和课外活动的内容”“中学的语文课、历史课、艺术课和课外活动，要按照各自的特点继续注意同思想理论课互相密切配合”，研究生阶段“注意与专业学习适当地结合起来”。文件还提出了学校教育、家庭教育、社会教育密切配合的要求。

在德育课教学方面，文件注重以生动的形象引导学生，使学生有各种

---

① 卓晴君．改革开放30年学校德育政策回顾（上）［J］．中国德育，2008（7）：15－21.

机会直接参加各类职业生活的访问和练习，体现直观教学、情境教学等思想；要求改变注入式的教学方法，尽量实行启发式的教学方法，用丰富而生动的事实来引出和论证有关的观点，在高中和大学阶段要精心组织学生进行自由活泼的课堂讨论，积极组织学生参加丰富的切实的社会实践和社会调查。对于有争论的或正在探索的理论问题和实际问题，教师可以在坚持四项基本原则的前提下，用严肃、科学的态度介绍不同的学术观点和自己的见解，同学生一起各抒己见，引导学生通过切实而自由的、引人入胜的讨论，掌握马克思主义的方法和理论原则。

在德育课评价方面，文件主张："考试制度也要进行改革。考试的主要目的是检查学生对所学内容的理解程度、接受程度和运用能力。学生的学习成绩应当结合他们的考试结果和平时的学习运用情况来判定。"相比此前的文件，这里出现了注重平时运用情况的表述。

此外，文件还对教材编写、师资队伍建设、加强领导等进行了部署。

（四）《国家教委关于进一步加强和改进中学思想政治课教学工作的意见》

该文件发布于 1995 年，是依据《中共中央关于进一步加强和改进学校德育工作的若干意见》出台的专门指导中学思想政治课教学工作的德育政策。

文件首先界定思想政治课的地位，指出"思想政治课是对中学生系统进行公民品德教育和马克思主义常识教育的必修课程，是中学德育工作的主要途径。它对帮助学生确立正确的政治方向，树立科学的世界观、人生观和价值观，形成良好的道德品质起着重要的导向作用"。

在完善思政课教学内容方面，文件指出"根据中共中央《关于进一步加强和改进学校德育工作的若干意见》确定的学校德育工作的总体目标，思想政治课要在 1992 年国家教委颁发的《全日制中学思想政治课教学大纲（试用稿）》基础上，进一步科学规划九年义务教育阶段初中思想政治课和小学思想品德课的教学内容体系，完善高中思想政治课的教学内容，完成与小学思想品德课和大学思想品德课、政治理论课之间的整体衔接工作，处理好与其他学科中思想教育内容的有机联系，避免教育内容的脱节和简单重复，增强教学的针对性，提高教学的实际效果”。文件部署了编订《九年义务教育初级中学思想政治课课程标准》和《高级中学思想政治课课程标准》、编写示范性教材的任务。

在改进教学方法方面，文件要求教师选择切实有效的方式和方法进行教学。文件将时事教育作为思想政治课的重要组成部分，强调社会调查和参观访问等社会实践活动是思想政治课教学的组成部分。

文件突出重视教学评价改革，指出“建立和健全思想政治课教学的评估制度，是提高思想政治课教学质量的重要措施”。关于学习评价，文件要求，平时教师应依据思想政治课课程标准，确定思想政治课的考核内容。思想政治课的考试要克服重片面强记资料、观点的倾向，注重对学生综合能力的考查。教师通过对学生的考核检查自己的教学效果、衡量学生对所学知识的理解程度和运用能力。提倡思想政治课的考试采取开、闭卷相结合的方式或撰写小论文、调查报告等多种形式进行。高中和高校的招生考试以及初中毕业考试和高中毕业会考中的思想政治课考试命题范围及深度、难度均要依据思想政治课课程标准制定。

（五）《教育部关于全面深化课程改革落实立德树人根本任务的意见》

这是于 2014 年发布的以立德树人为主旨的课程改革文件。文件在肯定课程改革对立德树人的积极贡献的同时指出：“高校和中小学课程改革从总体上看，整体规划、协同推进不够，与立德树人的要求还存在一定差距。主要表现在：重智轻德，单纯追求分数和升学率，学生的社会责任感、创新精神和实践能力较为薄弱；高校、中小学课程目标有机衔接不够，部分学科内容交叉重复，课程教材的系统性、适宜性不强；与课程改革相适应的考试招生、评价制度不配套，制约着教学改革的全面推进；教师育人意识和能力有待加强，课程资源开发利用不足，支撑保障课程改革的机制不健全。这些困难和问题直接影响着立德树人的效果，必须引起高度重视，全面深化课程改革，切实加以解决。”

文件提出推进课程改革的基本原则，要求坚持系统设计，整体规划育人各个环节的改革，整合利用各种资源，统筹协调各方力量，实现全科育人、全程育人、全员育人。坚持重点突破，聚焦课程改革的关键领域和主要环节，针对制约课程改革的体制机制障碍，集中攻关，重点推进。坚持继承创新，注重课程改革的连续性和可持续性，适应新时期教育发展的新要求，积极开拓，大胆试验。

文件主张发挥各学科的育人价值，“充分发挥人文学科的独特育人优势，进一步提升数学、科学、技术等课程的育人价值。同时加强学科间的相互配合，发挥综合育人功能，不断提高学生综合运用知识解决实际问题的能力”。主张统筹学校德育力量，明确各支力量在教书育人、服务保障、教学指导、研究引领、参与监督等方面的作用。围绕育人目标，协调各支力量，形成育人合力。发挥学校的主渠道作用，加强课堂教学、校园文化建设和社团组织活动的密切联系，促进家校合作，广泛利用社会资源，科学设计和安排课内外、校内外活动，营造协调一致的良好育人环境。

文件要求修订课程方案和课程标准，依据学生发展核心素养体系，进一步明确各学段、各学科具体的育人目标和任务。具体来说，要增强思想性、科学性、时代性、适宜性、可操作性。

文件要求改进学科教学的育人功能，要在发挥各学科独特育人功能的基础上，充分发挥学科间综合育人功能，开展跨学科主题教育教学活动，将相关学科的教育内容有机整合，提高学生综合分析问题、解决问题能力。充分利用现代信息技术手段，改进教学方式，适应学生个性化学习需求。强化教学的实践育人功能，确保实践活动占有一定课时或学分。实施“实践育人共同体建设计划”，建立一批青少年社会主义核心价值观实践基地，充分发挥社会实践的养成作用，引导学生在服务他人、奉献社会中升华对社会主义核心价值观的认知理解。中小学要探索把课堂教学与社区服务、研究性学习与社会实践相结合的途径和方法。高校要把实践教学纳入学校教学计划，摆在人才培养的重要位置。职业院校要不断创新技能人才培养模式，进一步深化产教融合、校企合作，推进协同育人。要将“爱学习、爱劳动、爱祖国”教育要求融入相关学科日常教学活动中，培养学生学习兴趣、养成劳动习惯、坚定爱国信念，将个人成长成才与投身实现中华民族伟大复兴中国梦的实践紧密相连。各地要启动实施一批教学改革项目，激发学校和教师创新育人方式方法。

文件要求加强考试招生和评价的育人导向，将学生践行社会主义核心价值观情况纳入综合素质评价体系，使社会主义核心价值观内化为学生的精神追求，外化为实实在在的自觉行动。将学生体育课和艺术课学习状况纳入考试招生和评价体系中，促进学生提高身心健康水平和审美素养。

（六）《关于深化新时代学校思想政治理论课改革创新的若干意见》

2019 年，该文件由中共中央办公厅、国务院办公厅发布。文件强调“思政课是落实立德树人根本任务的关键课程，发挥着不可替代的作用”。文件所针对的现实问题是：面对新形势新任务新挑战，有的地方和学校对思政课重要性认识还不够到位，课堂教学效果还需提升，教材内容不够鲜活，教师选配和培养工作存在短板，体制机制有待完善，评价和支持体系有待健全，大中小学思政课一体化建设需要深化，民办学校、中外合作办学思政课建设相对薄弱，各类课程同思政课建设的协同效应有待增强，学校、家庭、社会协同推动思政课建设的合力没有完全形成，全党全社会关心支持思政课建设的氛围不够浓厚。

文件提出深化新时代学校思想政治理论课改革创新的基本原则是坚持党对思政课建设的全面领导，坚持思政课建设与党的创新理论武装同步推进，坚持守正和创新相统一，坚持思政课在课程体系中的政治引领和价值引领作用，坚持培养高素质专业化思政课教师队伍，坚持问题导向和目标导向相结合，全面提升学生思想政治理论素养，实现知、情、意、行的统一。

文件要求完善思政课课程教材体系，整体规划思政课课程目标，调整创新思政课课程体系，统筹推进思政课课程内容建设，加强思政课教材体系建设。文件要求建设一支政治强、情怀深、思维新、视野广、自律严、人格正的思政课教师队伍。

文件并不孤立地看待思政课。在思政课与具有德育功能的其他课程的关系上，文件要求整体推进高校课程思政和中小学学科德育，“深度挖掘高校各学科门类专业课程和中小学语文、历史、地理、体育、艺术等所有课程蕴含的思想政治教育资源，解决好各类课程与思政课相互配合的问题，发挥所有课程育人功能，构建全面覆盖、类型丰富、层次递进、相互支撑的课程体系，使各类课程与思政课同向同行，形成协同效应”。同时，要求坚持开门办思政课，推动思政课实践教学与学生社会实践活动、志愿服务活动结合，思政小课堂和社会大课堂结合。

文件要求重视思政课评价，强化中考、高考、研究生招生考试对学生学习思政课的指挥棒作用，将思政课学习实践情况等作为重要内容纳入综合素质评价体系，探索记入本人档案，作为学生评奖评优重要标准，作为加入中国少年先锋队、中国共产主义青年团、中国共产党的重要参考。

总之，文件希望推动形成全党全社会努力办好思政课、教师认真讲好思政课、学生积极学好思政课的良好氛围。

第三节　教学大纲与课程标准中的德育课程

国家法律确定了德育为首、德育为先的关键性地位，教育政策阐述了对不同德育途径的定位，反复强调德育课的重要性，而具体落实上述国家法律和教育政策关于德育课的部署和要求、对德育课的组织和实施来说发挥着最直接的引导和规范作用的政策文本，则是历年来教育行政部门审定的德育课教学大纲与课程标准。

在小学阶段，1982 年，教育部发布《全日制五年制小学思想品德课教学大纲（试行草案）》。1986 年，国家教委正式颁发《全日制小学思想品德课教学大纲》。1992 年，国家教委印发《九年义务教育全日制小学思想品德课教学大纲》。1997 年，国家教委发布《九年义务教育小学思想品德课和初中思想政治课课程标准》。2001 年，教育部印发《九年义务教育小学思想品德课和初中思想政治课课程标准（修订）》。2003 年，根据《国务院关于基础教育改革与发展的决定》和教育部《基础教育课程改革纲要（试行）》，教育部对小学阶段的思想品德课进行较大幅度的调整，小学一、二年级开设《品德与生活》，三至六年级开设《品德与社会》，并分别发布相应的课程标准（实验稿）。2011 年，教育部发布以上两门课程的 2011 年版课程标准，该版课程标准对实验稿进行了微调。2022 年，根据小学原品德与生活、品德与社会和初中原思想品德已经整合为道德与法治的实际情况，教育部发布《义务教育道德与法治课程标准》。

在中学阶段，1986 年，为适应中学政治课教学改革的需要，国家教委印发了改革开放时期的第一个《中学思想政治课改革实验教学大纲（初稿）》。1988 年，国家教委审查并原则上通过了中学 6 门政治课改革实验教学大纲（试行草案）。1992 年，国家教委重新拟定和审查通过了《全日制中学思想政治课教学大纲（试用稿）》。1997 年，国家教委发布《九年义务教育小学思想品德课和初中思想政治课课程标准》，对初中思想政治课的教学内容、课时计划、教学原则、学习评价等做出规定。2001 年，教育部对初中思想政治课课程标准进行了修订。2003 年，教育部印发《思想品德课程标准（实验稿）》。2011 年，教育部发布 2011 年版的思想品德课程标准，对实验稿进行了微调。就高中而言，2004 年教育部发布《普通高中思想政治课程标准（实验稿）》，此后分别于 2017 年、2020 年进行了修订。

一、小学德育课教学大纲和课程标准的内容演进

（一）小学德育课教学大纲及其演进

1981 年，教育部颁发《全日制五年制小学教育计划（修订草案）》，取消了“文化大革命”中在小学所设的“政治课”，规定从 1981 年秋季开始，小学各年级普遍设立思想品德课，每周一课时，并发出了《关于小学开设思想品德课的通知》。

1982 年，教育部颁发《全日制五年制小学思想品德课教学大纲（试行草案）》，并同时发出通知指出：“向小学生进行思想品德教育是学校全体教师共同的责任，班主任、少先队辅导员以及各科任课教师也要参照大纲精神，按照各自的特点进行教育。”1982 年版教学大纲明确指出，思想品德课是建设社会主义精神文明、全面贯彻党的教育方针，用共产主义思想向小学生进行思想品德教育的一门重要课程，它的教学目的是使小学生初步具有共产主义道德品质和良好的行为习惯，立志做有理想、有道德、有文化、守纪律的劳动者，为把他们培养成为共产主义事业的接班人打下思想基础。思想品德课以“五爱”（爱祖国、爱人民、爱劳动、爱科学、爱社会主义）为基本内容，结合贯彻《小学生守则》，向小学生进行社会主义国家公民应有的道德品质和行为规范的教育；着重在小学生中培养爱国主义、集体主义精神和主人翁精神，具体内容包括：热爱人民、热爱祖国、热爱中国共产党、热爱劳动、热爱科学、热爱社会主义、勤奋学习、热爱集体、爱护公共财物、遵守纪律、讲文明有礼貌、诚实谦虚、勇敢活泼、艰苦朴素。

大纲对思想品德课教学提出一些要求或注意事项：从学生的实际出发，坚持正面教育，树立榜样，引导学生做到言行一致，教育者要以身作则，注意研究思想品德课的考查问题，认真备课，积极开展教学研究，正确处

理同其他学科教学、班主任工作、少先队活动等的关系，注意与学生家长进行联系，取得家长的支持和配合等。

1986 年国家教委正式颁发了《全日制小学思想品德课教学大纲》。该大纲进一步明确了小学思想品德课的性质、地位和作用；强调了对小学生的爱国主义教育、集体主义教育和劳动教育；增加了良好意志、品格的教育等教育内容；并根据小学生的知识水平和接受能力，适当地删减了 1982 年颁发的教学大纲中要求过高的一些内容；使小学思想品德课的教学要求更加明确，更加有针对性，更加适合小学生的年龄特点。该大纲对思想品德课的性质和地位进行了界定：思想品德课是向小学生比较系统地进行共产主义思想品德教育的一门课程。它是我们学校教育社会主义性质的一个重要标志，在小学教育中居于重要地位。它对引导学生从小逐步形成良好的思想品德，促进学生在德育、智育、体育、美育等方面全面发展，具有十分重要的作用。思想品德课的教学目标是通过以“五爱”和“五讲四美”为中心的社会公德教育和社会常识教育（包括必要的生活常识、浅显的政治常识以及同小学生生活有关的法律常识），从小培育学生社会主义国家公民应有的良好的思想品德和行为习惯，为使他们成为有理想、有道德、有文化、有纪律的社会主义建设各类人才打下初步的思想基础。思想品德课的教学内容包括爱国主义教育和共产主义理想的启蒙教育、集体主义教育等，低年级着重教育学生心中有他人，中年级着重教育学生心中有集体，高年级着重教育学生心中有祖国、有人民。该大纲提出教学要坚持以共产主义思想为指导、理论联系实际、知行统一、循序渐进、正面教育、言传与身教相结合、启发式教学、课内外相结合等原则。

进入 20 世纪 90 年代，随着义务教育法的贯彻实施，小学教育的整体改革，特别是小学德育的整体改革有了新的进展；《九年义务教育全日制小学初级中学课程计划（试行）》对小学各学科课程的设置重新做了调整；小学思想品德课教学工作也积累了一些经验。在此背景下，国家教委于 1992 年颁发《九年义务教育全日制小学思想品德课教学大纲》。1992 年版教学大纲以 1988 年颁发的《小学德育纲要（试行草案）》为依据。国家教委相关负责人表示，《小学德育纲要（试行草案）》是“母纲”，1992 年小学思想品德课教学大纲是“子纲”。1992 年版教学大纲指出，思想品德课是比较系统地直接地向小学生进行共产主义思想品德教育的一门课程，是我国学校教育社会主义性质的一个标志，是实施小学德育的重要途径，对引导学生从小逐步形成良好的思想品德和文明行为习惯起着奠基作用。1992 年版教学大纲基于实践经验提出要教育学生心中有他人、有集体、有人民、有祖国，并且将“四有”写在总的教学内容和基本要求部分，不再机械地分别放在不同年级段中；体现奠基性要求，按照小学生的知识水平和接受能力确定教育内容，使其要求和表述尽量符合小学生心理发展的基本规律和思想品德形成的规律，力求“小”一点、“近”一点、“实”一点，要求教育学生初步具有爱祖国、爱人民、爱劳动、爱科学、爱社会主义的思想感情，将 1986 年版教学大纲所提的“爱国主义教育和共产主义教育的启蒙教育”和“社会主义民主与法制观念的启蒙教育”调整为“热爱祖国的教育”“热爱中国共产党的教育”“热爱集体的教育”“文明礼貌、遵纪守法的教育”等。1992 年版教学大纲对教学原则的表述更加突出学科的特点，体现了思想品德学科教学的特殊规律，包括坚持马列主义、毛泽东思想为指导，观点正确、说理明白，加强针对性、讲究实效，坚持正面教育，以情感人、情理交融，坚持启发式，坚持教育的一致性。

（二）小学德育课课程标准及其演进

1997 年，国家教委发布《九年义务教育小学思想品德课和初中思想政治课课程标准》，对小学思想品德课和初中思想政治课的教学内容、课时计划、教学原则、学习评价等做出规定。文件规定：九年义务教育小学思想品德课和初中思想政治课是对学生系统进行公民的品德教育和初步的马克思主义常识教育，以及有关社会科学常识教育的必修课程，是学校德育工作的重要途径，是我国学校教育社会主义性质的重要标志之一。它对学生确立正确的政治方向，培养良好的道德品质，养成文明的行为习惯和形成正确的世界观、人生观，起着重要的指导作用。小学思想品德课和初中思想政治课的教学，以马列主义、毛泽东思想和邓小平建设有中国特色社会主义理论为指导，紧密联系实际，生动具体地对学生进行个人生活、家庭生活、学校生活、社会公共生活、国家民族生活中的基本道德规范教育，进行思想方法、心理品质、法律意识、社会发展常识和基本国情的教育；逐步培养学生爱祖国、爱人民、爱劳动、爱科学、爱社会主义的思想情感，文明礼貌、遵纪守法的行为习惯；初步使学生在基本的思想观点与道德观念上具有辨别是非的能力，在了解唯物史观的基础上树立崇高理想和参加社会主义现代化建设的社会责任感。小学思想品德课和初中思想政治课的教学，同其他各科教学、团队活动和班主任工作密切配合，共同完成中小学德育任务。小学思想品德课和初中思想政治课同高中思想政治课整体上相互衔接，并在教学内容的深浅度和侧重点上，注意适合小学和初中各年级学生的接受能力和理解能力。

1997 年课程标准将小学分为三个教育教学阶段。小学一、二年级采取以图为主的形式，生动、具体地对学生进行日常行为规范的教育；通过具体的行为指导，帮助学生养成良好的行为习惯。小学三至五年级通过典型事例或故事，以图文并茂的形式对学生进行道德品质教育，使学生在基本的道德问题上知道是与非，知道应选择正确的行为。小学六年级以夹叙夹议的形式，较系统地对学生进行道德规范教育，使学生知道社会生活中必须有道德，并能对社会生活中遇到的道德问题进行比较，做出正确的道德选择，从而提高道德行为的自觉性。各阶段主要教学内容包括热爱祖国、孝亲敬长、团结友爱、文明礼貌、遵守纪律、好好学习、勤劳节俭、遵守公德、诚实勇敢、热爱生命等，不同阶段在认知和行为上提出螺旋上升的要求，如低年级偏重日常人际交往中的行为习惯，六年级更加强调国家民族生活中的道德规范。小学思想品德课学习评价分为认知能力评价和行为能力评价，着重考核学生的道德认识和道德判断能力。

2001年，教育部印发《九年义务教育小学思想品德课和初中思想政治课课程标准（修订）》。此次修订着眼于适应形势发展要求，深入贯彻“三个代表”重要思想，落实《中共中央办公厅国务院办公厅关于适应新形势进一步加强和改进中小学德育工作的意见》，以及第三次全国教育工作会议、全国中小学德育工作会议和全国基础教育工作会议精神，切实增强中小学德育工作的针对性、实效性和主动性。此次修订旨在解决“繁、难、偏、旧”和偏重书本知识的现状，增强时代感，淡化学科体系，强化实践环节。在教学内容方面，小学一、二年级加强了文明礼貌、行为规范的养成教育，三至五年级加强关心他人的教育。在教学要求方面，删除对一些概念的认知要求，将对某些内容的要求确定为“知道”，以降低教学要求。在教学方式方面，强调发挥学生的主体作用，突出创新精神与实践能力的培养，要求学生“大胆提问”“主动寻找答案”“鼓励学生发表不同的意见，从不同的角度思考问题”，明确提出“培养学生的创新精神和实践能力”。在教学时间安排中，强调“社会实践活动是本学科教学不可缺少的组成部分”，规定小学至少有30%的时间用于开展学生课堂活动和相关的实践活动，较大幅度增加了实践活动的要求，以加强实践教学。在学习评价中，强调对学生行为表现和道德实践能力的评价，通过评价，努力创设有利于学生积极、主动、创造性学习的氛围。

2003年，根据《国务院关于基础教育改革与发展的决定》和教育部《基础教育课程改革纲要（试行）》，教育部对小学阶段的思想品德课进行较大幅度的调整，小学一、二年级开设《品德与生活》，三至六年级开设《品德与社会》，并分别发布相应的课程标准（实验稿）。《品德与生活课程标准（实验稿）》指出，品德与生活课程是以儿童的生活为基础，以培养品德良好、乐于探究、热爱生活的儿童为目标的活动型综合课程，该课程具有生活性、开放性、活动性，将“道德存在于儿童的生活中”“引导儿童热爱生活、学习做人是课程的核心”“珍视童年生活的价值，尊重儿童的权利”“在与儿童生活世界的联系中建构课程的意义”作为基本理念。该课程以儿童与自我、儿童与社会、儿童与自然为三条轴线，从“健康、安全地生活，愉快、积极地生活，负责任、有爱心地生活，动脑筋、有创意地生活”四个方面，确定课程的目标、内容标准和评价指标。该课程以儿童直接参与的丰富多彩的活动为主要教学形式，常用的教学活动形式包括讨论、资料调查、现场调查、情景模拟与角色扮演、实践性活动、教学游戏、参观访问、欣赏、练习、讲故事、讲授等；教学要与其他学科教育活动相结合。课程评价应当过程化、评价多样化、重视质性评价。《品德与社会课程标准（实验稿）》指出，品德与社会课程是在小学中高年级开设的一门以儿童社会生活为基础,促进学生良好品德形成和社会性发展的综合课程。课程基本理念与《品德与生活》相似，课程设计思路是以儿童社会生活为主线，辐射儿童逐步扩大的生活领域，综合交叉，螺旋上升。该课程旨在促进学生良好品德形成和社会性发展，为学生认识社会、参与社会、适应社会，成为具有爱心、责任心、良好的行为习惯和个性品质的社会主义合格公民奠定基础。课程设置“我在成长”“我与家庭”“我与家乡”“我是中国人”“走进世界”等内容，要求教师全面把握课程目标，丰富学生的生活体验，引导学生自主学习，充实教学内容，拓展教学空间，开展以鼓励为主的发展性评价。有研究者着重对课程标准中的公民教育主张进行分析，指出“在这些内容标准中，充分体现了公民教育思想在小学德育中的渗透。品德教育不再仅仅是为了培养儿童朴素的道德品质，不再是道德规范的简单灌输，而是将儿童当作公民,关注作为公民所应该接受的教育。其中,权利意识、责任意识、主体意识、国家意识、民主意识、规则意识等公民基本意识都有了一定的体现”①。

2011 年，教育部发布以上两门课程的 2011 年版课程标准，该版课程标准对实验稿进行了微调。依据 2011 年版课程标准，品德与生活课程是

① 翟楠.德育政策中的公民教育:文本分析与政策建构[J].教育科学,2011(5):20－24.

一门以小学低年级儿童的生活为基础，以培养具有良好品德与行为习惯、乐于探究、热爱生活的儿童为目标的活动型综合课程。课程具有生活性、活动性、综合性、开放性特征，以“引导儿童热爱生活、学会关心、积极探究是课程的核心”“珍视童年生活的价值，尊重儿童的权利”“道德存在于儿童的生活中，德育离不开儿童的生活”“让教与学植根于儿童的生活”为基本理念，要求教师深刻理解本课程的性质、特征和基本理念；全面把握课程目标，始终把培养品德良好、乐于探究、热爱生活的儿童作为教学的出发点和归宿；正确认识教师作为儿童学习的支持者、合作者、指导者的角色，支持儿童通过亲历活动去达到教育目标；把了解儿童作为教学的基础，以活动为教与学的基本形式；遵行多元、开放、整体的儿童评价观，以质性评价为主，量化评价为辅。品德与社会课程是在小学中高年级开设的一门以学生生活为基础、以学生良好品德形成为核心、促进学生社会性发展的综合课程。课程具有综合性、实践性、开放性特征，以“帮助学生参与社会、学会做人是课程的核心”“学生的生活及其社会化需求是课程的基础”“提高德育的实效性是课程的追求”为基本理念，包括“我的健康成长”“我的家庭生活”“我们的学校生活”“我们的社区生活”“我们的国家”“我们共同的世界”等内容。教师要整体把握课程目标和教学目标的关系，通过创设多样化情境丰富和提升学生的生活经验，引导学生自主学习和独立思考，因地制宜地拓展教学时空，有效组织适宜的教学活动，采用认知和操作相统一、综合性和简约性相统一、显性表现和隐性品质相统一等多元的评价方式激励学生。

2022 年发布的《义务教育道德与法治课程标准》明确指出，思政课是落实立德树人根本任务的关键课程，道德与法治课程是义务教育阶段的思政课，旨在提升学生思想政治素质、道德修养、法治素养和人格修养等，增强学生做中国人的志气、骨气、底气，为培养以实现中华民族伟大复兴为己任的有理想、有本领、有担当的时代新人打下牢固的思想根基。课程具有政治性、思想性和综合性、实践性特征，政治性强调以正确的政治方向为学生指明成长道路，思想性要求推动学科知识向思维与行动方式转化，综合性主张构建道德与法治课程和其他课程的融合共生格局，实践性意味着努力以道德与法治课程统率指引学生全面的社会生活。[①] 该课程的基本理念包括：以立德树人为根本任务，发挥课程的思想引领作用；遵循育人规律和学生成长规律，强化课程一体化设计；以社会发展和学生生活为基础，构建综合性课程；坚持教师价值引导和学生主体建构相统一，建立校内与校外相结合的育人机制；综合运用多种评价方式，促进知行合一。课程着重培养学生的政治认同、道德修养、法治观念、健全人格、责任意识等核心素养，要求以“成长中的我”为原点，由“自我认识”到“我与自然”“我与家庭”“我与他人”“我与社会”“我与国家和人类文明”，不断扩展学生的认识和生活范围，分学段按主题对内容进行科学设计，建构学段衔接、循序渐进、螺旋上升的课程体系。在教学过程中，教师要努力落实习近平总书记关于思政课提出的八个“统一”要求，立足核心素养，制定彰显铸魂育人的教学目标；及时丰富和充实教学内容，反映党和国家重大实践和理论创新成果；把握思想教育基本特征，实现说理教育与启发引导有机结合；丰富学生实践体验，促进知行合一。

二、中学德育课教学大纲和课程标准的内容演进

（一）中学德育课教学大纲及其演进

1986 年印发的《中学思想政治课改革实验教学大纲（初稿）》指出，中学思想政治课，是在马克思主义指导下对学生进行思想品德和社会科学基础知识教育的重要课程；改革中学思想政治课的关键，是认真和正确地

① 刘长海，贡丽媛．把握课程特性 发挥关键作用［J］．中小学德育，2022(8)：11－14.

贯彻执行理论联系实际的方针，实施面向现代化、面向世界、面向未来的教学，在符合中学生的思想、知识、心理发展特点的前提下用生动活泼的事实和马克思主义观点教育学生。中学思想政治课改革实验的课程设置方案是初中一年级《公民》、初中二年级《社会发展简史》、初中三年级《中国社会主义建设常识》、高中一年级《共产主义人生观》、高中二年级《经济常识》、高中三年级《政治常识》，初、高中毕业年级均要安排一定时间进行毕业前的思想教育。法律常识采取集中与分散相结合的办法进行安排，适当集中在初一、初三和高三进行。在中学思想政治课的改革实验中，要重视教学方法、考试方法的改革，采取启发式教学，充分利用各种教学形式，引导学生通过自己的学习和思考来提高思想认识；考试应着重考核学生对所学内容的理解和运用能力，成绩评定办法也须相应改革。思想政治课要与学校的日常思想政治教育紧密结合，与政教处、班主任、团队工作以及家庭、社会教育密切配合，引导学生把所学的知识、观点运用到自己的思想和行动中，努力做到言行一致。该大纲还对《公民》至《政治常识》的具体教学目的、内容和要求进行了规定，提出了各年级法律教育的内容。

1988 年，国家教委召开教学大纲审查会议，审查并发布《公民》《社会发展简史》《中国社会主义建设常识》《科学人生观》[①]、《经济常识》《政治常识》六门课的改革实验教学大纲（试行草案），从教学目的和要求、处理教学内容的原则、教学内容要点三个方面提出要求，供各地编写教材、培训教师和改革教学之用。这些课程均致力于培养有理想、有道德、有文化、有纪律的公民，坚持从学生的实际出发、注重学生实践、解决学生中存在的认识问题等原则。

1992 年，国家教委召开中学思想政治课改革实验教学大纲修订会议，紧密围绕“把坚定正确的政治方向放到第一位”，提出加强中学思想政治

① 1987 年，高中一年级《共产主义人生观》改为《科学人生观》。

课的要求，完成对教学大纲的修订。会议要求，德育要贯穿于学校全部活动之中，还要与校外教育配合起来；思想政治课必须突出教育性，对学生提出适当要求，从事实出发。设置思想政治课要坚持四条基本原则，分别是坚持进行马列主义、毛泽东思想教育，坚持“三个面向”的要求，坚持从学生特点和实际水平出发，坚持课程之间的有机衔接。修订后的教学大纲明确规定思想政治课的地位，指出“思想政治课是中学的一门主课”“是中学德育主要途径之一”“对帮助学生确立正确的政治方向，培养社会主义思想品德起着奠基作用”；明确能力培养要求，培养学生学习运用马克思主义的立场、观点、方法，观察和分析问题的能力、参加社会实践的能力。修订后的教学大纲有鲜明的教育性，初中阶段对学生进行社会主义公民意识教育，包括国家观念、道德观念、民主与法制观念的教育，社会发展常识教育，我国的基本国情及建设有中国特色的社会主义有关内容的教育；高中阶段对学生进行马克思主义经济学的常识教育，马克思主义哲学常识和科学人生观教育，马列主义、毛泽东思想关于阶级、国家、政党、民族、宗教、国际关系等问题的基本科学观点的教育。

（二）中学德育课课程标准及其演进

1997 年，国家教委发布《九年义务教育小学思想品德课和初中思想政治课课程标准》，对初中思想政治课的教学内容、课时计划、教学原则、学习评价等做出规定。该文件规定，初中思想政治课每周二课时，时事教育每学年不少于五课时；教学应坚持方向性原则、科学性原则、理论联系实际的原则、正面教育原则、启发性教学原则、知行统一的原则；教师在重视教法研究的同时，要加强对学生学法的研究，引导学生参与教学过程，注意培养学生学习的成就感。初中思想政治课学习评价分为识记能力评价、理解能力评价和运用能力评价，采用书面测验与日常观察相结合的方式进行。

2001 年，教育部对初中思想政治课课程标准进行了修订。在教学内容方面，对七年级的教学内容结构作了调整，把心理品质教育、道德教育与健康人格教育结合起来，以加强学生的品格修养；八年级强调对学生进行富有成效的法制教育，增加“预防未成年人犯罪法”及自我保护的教学内容和要求，增强维护国家安全的教育；九年级加强国情、国策教育，课程结构作了较大调整，增加了“三个代表”重要思想的基本内容;充实了“没有共产党就没有新中国”“我国的根本政治制度”“一国两制”和“科教兴国战略”等国情国策方面的内容以及有关当今世界形势的知识。在学习要求方面，七年级删去部分纯心理学概念的教学内容以及对这些概念的识记或理解要求，八、九年级删去一些离学生生活较远的法律条文和一些史实及概念化、学生难于理解的教学内容。在教学方式方面，加强实践教学，规定初中至少有20%的时间用于开展学生课堂活动和相关的实践活动，强调在活动中学、在活动中用。

2003年由教育部印发的《思想品德课程标准（实验稿）》指出，思想品德课程是为初中学生思想品德健康发展奠定基础的一门综合性的必修课程，主要有思想性、人文性、实践性、综合性特点，以“初中学生逐步扩展的生活是本课程建构的基础”“帮助学生学习做负责任的公民、过积极健康的生活是本课程的追求”“坚持正确价值观念的引导与启发学生独立思考、积极实践相统一是本课程遵循的基本原则”为基本理念。在课程教学内容安排上，根据思想品德教育的目标，从初中学生的认知水平和生活实际出发，围绕成长中的我，我与他人，我与集体、国家和社会等关系，整合道德、心理健康、法律和国情教育等内容，力求增强课程的针对性、实效性、主动性。对于教学，提出坚持正确的思想导向、强调联系生活实际、引导学生自主学习、注重学生的情感体验和道德实践等要求。对于评价，要求坚持正确的思想价值导向，有利于促进学生良好思想品德的形成；既要重视学生对本课程基本知识的理解和运用，更要考查学生是否开始形成好公民所应有的态度、能力、价值观和行为；不仅要重视结果，更要注重发展、变化和过程，把形成性评价与终结性评价结合起来；重视学生、教师和家长在评价过程中的作用，重视对学生评价的反馈。

2011 年，教育部对实验稿进行了微调，发布《思想品德课程标准》。依据 2011 年版课程标准，思想品德课程是一门以初中学生生活为基础、以引导和促进初中学生思想品德发展为根本目的的综合性课程，体现思想性、人文性、实践性、综合性特性，以“帮助学生过积极健康的生活，做负责任的公民是课程的核心”“初中学生逐步扩展的生活是课程的基础”“坚持正确价值观念的引导与学生独立思考、积极实践相统一是课程的基本原则”为基本理念。课程以初中学生逐步扩展的生活为基础，以学生成长过程中需要处理的关系为线索，有机整合道德、心理健康、法律、国情等方面的内容，进行科学设计。文件强调，思想品德课的教学要坚持正确的政治方向，遵循初中学生身心发展和思想品德形成与发展的规律，全面落实课程目标，强调与生活实际以及其他课程的联系，注重学生的情感体验和道德实践，引导学生学会学习；课程评价要客观、公正，将形成性评价与终结性评价结合起来，重视学生、教师和家长在评价过程中的作用，不能用单一的知识性考试作为对学生思想品德课程学习质量评价的唯一方式，避免评价方式偏离本课程的目标和理念。

就高中而言，2004 年教育部发布《普通高中思想政治课程标准（实验稿）》。2017 年，教育部印发《普通高中思想政治课程标准（2017 年版）》，2020 年又进行了修订。该课程标准（实验稿）指出，高中思想政治课进行马列主义、毛泽东思想、邓小平理论和“三个代表”重要思想的基本观点教育，为学生终身发展奠定思想政治素质基础；高中思想政治课与初中思想品德课和高校政治理论课相互衔接，与时事政策教育相互补充，与高中相关科目的教学和其他德育工作相互配合，共同完成思想政治教育的任务；课程坚持马克思主义基本观点教育与把握时代特征相统一，加强思想政治方向的引导与注重学生成长的特点相结合，构建以生活为基础、以学科知识为支撑的课程模块，强调课程实施的实践性和开放性，建立促进发展的课程评价机制。课程内容采取模块式的组织形态，分为必修和选修两部分，各课程模块的内容相对独立，实行学分管理。课程教学要注意学科知识与生活主题相结合，坚持正确的价值导向，采取灵活的教学策略，强化实践环节，丰富教学内容，倡导研究性学习方式。课程评价要把对学生思想政治素质的评价放在突出位置，实行多元主体共同参与的发展性评价。2017年，教育部印发《普通高中思想政治课程标准（2017年版）》，该文件指出，高中思想政治以立德树人为根本任务，以培育社会主义核心价值观为根本目的，是帮助学生树立正确的政治方向、提高思想政治学科核心素养、增强社会理解和参与能力的综合性、活动型学科课程；课程应坚持正确的思想政治方向，构建以培育思想政治学科核心素养为主导的活动型学科课程，尊重学生身心发展规律，改进教学方式，建立促进学生思想政治学科核心素养发展的评价机制；思想政治学科核心素养主要包括政治认同、科学精神、法治意识和公共参与；课程由必修课程、选择性必修课程、选修课程三部分组成，前两者作为国家课程总计12学分。文件分析了各部分的内容要求和学业要求；提出了活动型学科课程的教学计划、辨析式学习过程的价值引领、综合性教学形式的有效倡导、系列化社会实践活动的广泛开展等教学建议，精准研究开展学业水平考试以期有效测试思想政治学科核心素养的真实发展水平。2020年，教育部对课程标准进行了小幅修订，将讲述习近平新时代中国特色社会主义思想作为重要的课程内容。有一线教师认为，高中思想政治课程标准“所表现出的政治性、教育性、科学性及全面性充分凸显了其时代性特征，响应了时代的呼唤，是中国特色社会主义新时代在思想政治课程建设方面提出的新要求。思想政治新课标的学科性、实践性、操作性及综合性必将为高中思想政治课程的有效实施提供有力保障，必将有助于重塑与捍卫学科课程标准应有的权威地位”①。

总体而言，中小学德育课程教学大纲与课程标准的演进稳中有变，在

① 王锦飞.反映时代呼唤 重塑课标权威——《普通高中思想政治课程标准(2017年版)》解读［J］.中学政治教学参考，2018(4)：13－15.

坚持学校德育的社会主义方向的前提下越来越关注个体生活和学生素养，关注每一位学生，关注学生的情绪生活和情感体验，关注学生的道德生活和人格养成[①]，追求人的全面发展，注重根据意识形态的要求，为社会发展培育有完整人格的“社会人”“政治人”[②]。

第四节 德育课程政策的简要回顾与前景展望

迄今为止，德育政策研究不够发达，以德育课程政策为主题的专门研究处于空白状态。本章对改革开放以来与德育课程相关的法律和政策进行了较为细致的梳理，其目的是为读者提供理解我国德育课程政策的一条线索，期望大家共同推进该领域的研究，以高质量的政策研究促进德育改进。

一、德育课程政策的简要回顾

本章所梳理的政策大致构成一个三层次同心圆模型，处于最内核的是以德育课为主题的政策，处于中间层的是以德育课程为主题的政策，处于最外层的是与德育相关的各类法律和政策。三个层次的德育课程政策紧密相联，相辅相成，因而，三个层次只是一种粗略的划分，事实上很难把某一种德育课程政策绝对地划归某个层次。

从总体来看，我国德育政策及德育课程政策与时俱进，不断地推陈出新，既应对了社会形势需要，如“在市场经济环境下，市场经济成为重要

---

① 范树成．思想品德新旧课程标准比较［M］．北京：人民出版社，2010：16.

② 张凌洋，李本友，龚仲玉．我国中学思想政治教育价值取向的演进：基于教学大纲（课程标准）的分析［J］．教育科学研究，2021 (6)：66 – 72.

的德育改革的关键词与核心”①，又较好地引领了中小学德育工作，更使其自身不断地趋于成熟，越来越多地反映出德育规律。政策之间的一致性是非常明显的，各项政策始终坚持社会主义方向，始终把中小学德育工作放在首要位置，努力强调党和政府对中小学德育工作的领导，政策结构完整，政策内容丰富。②

就最为宏观的、与德育相关的各类法律和政策来看，我们可以发现如下要点：(1) 突出强调德育地位，确保办学方向。党和政府高度重视德育，始终把德育放在教育的首要位置，强调德育首位、德育为先，明确指出立德树人是教育的根本任务，确保学校教育的社会主义方向。(2) 围绕社会发展需要确定德育目标，组织德育内容。改革开放初期的德育目标侧重培养学生对社会主义政治制度和社会主义市场经济的理解、认同与参与，世纪之交的德育目标突出响应广大社会成员对幸福生活、美好生活的需要，注重把社会需要和个人幸福有机统一，为学生一生成长奠定思想基础。德育内容比较完备，既以爱国、爱党、爱人民、爱社会主义为中心，又融入热爱科学、热爱劳动、健康人格、勇于创新等内容。(3) 协调各方面力量，构建校内外德育共同体。将学校德育作为社会主义精神文明建设的有机组成部分，要求学校、家庭、政府、社会机构各负其责，共同参与未成年人思想道德建设，《中小学德育工作指南》将协同育人作为德育途径加以强调，教育部等十三部门于 2022 年发布的《关于健全学校家庭社会协同育人机制的意见》进一步明确学校家庭社会协同育人责任，切实增强育人合力。将实施德育看作全体教师的权利与义务，要求各学科发挥育人功能，彰显学校管理和服务的育人功能，构建校内德育共同体，努力实现全员全程全方位育人。(4) 改进德育方式方法，提升德育实效。注重体系构建、常态

① 张晓东 . 中小学德育政策变迁与价值分析 [J]. 中国德育, 2015 (13): 38 − 41.

② 冯婉桢, 檀传宝 . 改革开放 30 年的中小学德育政策 [J]. 中国教育学刊, 2008 (12): 24 − 27.

开展、榜样示范、氛围营造、寓教于乐，强调通过学生喜闻乐见的方式实施德育，解决学校德育脱离实际、呆板生硬、成人化等问题，提升德育吸引力和实效性。（5）重视德育资源供给，不断加强德育组织和保障。针对班主任、德育课教师出台专门规定，细致规范这些德育骨干教师的任职条件、岗位职责和在岗研修；要求校长、书记、基层党组织切实承担德育组织管理责任，为扎实开展学校德育提供坚实保障。

就以德育课程为主题的政策来看，我们可以发现如下要点：（1）重视多种德育课程形式，在事实层面构建德育课程体系。对德育课、各科教学、校级教育、班级教育、团队活动、校园文化等分别进行阐述和规定，体现了对于学科课程、活动课程和隐性课程之德育功能的全面发掘，传达了党和政府对德育工作的高度重视。（2）突出德育课在德育课程体系中的特殊地位，不断加强和改进德育课。将德育课看作“小学生和中学生的必修课程”“在诸途径中居特殊重要地位”“学校德育工作的主导渠道”以及在若干文件中将德育课等同于德育课程，均体现了对于德育课的重视。（3）持续优化德育课程的内容与形式，努力彰显德育课程的育人实效。坚持马列主义、毛泽东思想的指导地位，与时俱进地将邓小平理论、“三个代表”重要思想、科学发展观、习近平新时代中国特色社会主义思想等马克思主义中国化最新成果列为重要的德育课程内容，注重弘扬中华优秀传统文化，开展生态文明教育，加强心理健康教育；依据教育心理学研究成果提出优化不同学段的各种德育途径的方式方法，如要求平等对待学生、倡导学生自己管理自己、“小学教育阶段德育活动要体现生动性、趣味性，动手动脑，丰富情感体验的特点”“中学教育阶段德育活动要体现知识性强、吸引力大、参与度高，开阔视野、促进思考的特点”等。

就以德育课为主题的政策来看，我们可以发现如下要点：（1）持续强调德育课在学校德育体系和德育课程体系中的重要地位。从改革开放初期将中学政治课看作“教学计划中主要课程之一”“思想政治教育的重要途径之一”“区分社会主义教育与资本主义教育的重要标志”，到新时代强调

“思政课是落实立德树人根本任务的关键课程，发挥着不可替代的作用”，均体现出党和政府对德育课这一国家直接学科德育课程的重视。（2）对标立德树人目标，全面阐述德育课的教育教学目标。德育课目标基本上与各学段德育目标高度重合，内容全面，体现对学段特点的尊重；各学段德育课目标螺旋上升，体现小学、中学、大学的纵向衔接；“由重知识传授向注重思维、情感和行为方式的培养转变，由只注重道德知识传授的一维德育课程目标向注重情感态度与价值观、能力、知识三维相统一的课程目标转变”①。（3）细致厘定德育课的内容与结构，为实施教学提供参照。不同年代发布的教学大纲和课程标准规定了各阶段的主要教学内容，对每个主题教学所需课时数提出建议；随着时代变迁逐步调整教学内容要求，如进入 21 世纪以来慢慢将课程内容的表述方式从“热爱祖国”等较规整的方式调整为“我们的国家”等以学习者为中心的方式，将“人类命运共同体”等新时代的新主题列入课程内容。（4）明确理论联系实际、知行合一等教学要求，优化德育课教学方式。德育课要贯彻理论联系实际的原则，联系社会形势、结合学生实际水平，教学方法要注重启发式，让学生有机会进行社会实践，这些要求在各类政策中是一以贯之的。（5）重视德育课评价，努力将德育课教学评价与学生思想品德评价有机联系起来。将德育课成绩作为学生升级或毕业的依据之一，注重检查学生对所学内容的理解程度、接受程度和运用能力，结合考试结果和平时的学习运用情况综合判定学习成绩，克服重片面强记资料、观点的倾向，注重对学生综合能力的考查，将学生践行社会主义核心价值观情况纳入综合素质评价体系，将思政课学习实践情况等作为重要内容纳入综合素质评价体系，这些规定都体现了对德育评价这块“难啃的硬骨头”的重视。（6）将德育课置于德育课程体系之中，要求各类德育课程同向同行。小学德育课要配合语文、历史、艺术

---

① 戚万学，唐汉卫．学校德育原理［M］．北京：北京师范大学出版社，2012：229.

课和课外活动的内容，中学的语文、历史、艺术课和课外活动要按照各自的特点继续注意同思想理论课互相密切配合，各类学校要积极组织学生参加丰富的切实的社会实践和社会调查，加强课堂教学、校园文化建设和社团组织活动的密切联系，促进家校合作，构建全面覆盖、类型丰富、层次递进、相互支撑的课程体系，使各类课程与思政课同向同行，形成协同效应，这些规定努力将德育课与其他各类德育课程或载体融为一体，形成健全的学校德育体系。

二、德育课程政策存在的不足

政策制定过程也是重要的研究过程。在政策制定过程中，决策机构直面德育领域的现实问题，努力厘清问题成因，提出有针对性的解题思路和有操作性的工作思路，经过层层把关、反复研判才“炼成”一份文件。德育政策制定过程也体现了决策者、研究者、实践者的协同攻关，很多德育政策出台前均进行了现场调研、专家意见收集，努力协调政府意志与学界观点、一线呼声。基于这样的过程，我国出台的大量德育政策（含德育课程政策）语言精练，行文规范，指导性强，值得反复研读、认真遵行。

认真研读政策文本，笔者认为，现有德育课程政策还存在若干不足。

其一，德育改进政策遭遇实施中的低效。分析德育政策文本所强调的现实问题，我们可以看到这一点。1988 年发布的《中共中央关于改革和加强中小学德育工作的通知》指出，现在的德育工作还很不适应新形势的要求，存在的主要问题包括：一些党政部门和学校受片面追求升学率的影响，对德育的地位和作用缺乏足够的认识；中小学德育工作的指导方针还需要进一步明确，工作制度需要健全；德育内容和方法存在脱离实际和呆板生硬、成人化等倾向，缺乏实效和吸引力；德育工作队伍的素质还需要进一步提高；社会和家庭教育同学校教育配合不够，对为青少年儿童健康成长创造良好的社会环境还缺乏统一认识和有力措施。1994 发布的《中共中央关于进一步加强和改进学校德育工作的若干意见》在肯定德育工作成绩的同时，指出“面对新的形势和要求，学校德育工作还很不适应”，必须克服“一手硬，一手软”和忽视德育工作的倾向。2000 年，《中共中央办公厅国务院办公厅关于适应新形势进一步加强和改进中小学德育工作的意见》指出 ：“面对国内外形势的新变化、教育改革与发展的新任务和青少年思想教育工作的新情况，中小学德育工作还很不适应。突出表现在：重智育轻德育、一手硬一手软的现象依然在一些地方和学校严重存在 ；德育工作不适应青少年学生身心发展的特点，不适应社会生活的新变化，不适应全面推进素质教育的要求，方法与手段滞后，针对性和实效性不强 ；重课堂教学轻社会实践，重校内教育轻校外教育的倾向比较严重 ；全社会关心和支持教育的风气尚未全面形成，一些地区的社会环境不利于青少年学生健康成长 ；一些教师的思想道德素质与教书育人、为人师表的要求存在较大差距，教师职业道德建设亟待加强 ；德育工作的保障措施不够有力，体制、机制、队伍建设和经费投入等政策措施不到位。”2004 年，《中共中央国务院关于进一步加强和改进未成年人思想道德建设的若干意见》指出，“面对新的形势和任务，未成年人思想道德建设工作还存在许多不适应的地方和亟待加强的薄弱环节。一些地方和部门的领导对这项工作认识不足，重视不够，没有真正担负起领导责任 ；全社会关心和支持未成年人思想道德建设的风气尚未全面形成，还存在种种不利于未成年人健康成长的社会环境和消极因素 ；学校教育中重智育轻德育、重课堂教学轻社会实践的现象依然存在，推进素质教育的任务艰巨，教师职业道德建设有待进一步加强 ；随着人员流动性加大，一些家庭放松了对子女的教育，一些家长在教育子女尤其是独生子女的观念和方法上存在误区，给未成年人教育带来新的问题 ；未成年人思想道德建设在体制机制、思想观念、内容形式、方法手段、队伍建设、经费投入、政策措施等方面还有许多与时代要求不相适应的地方”。2014 年，《教育部关于全面深化课程改革落实立德树人根本任务的意见》指出，高校和中小学课程改革从总体上看，整体规划、协同推进不够，与立德树人的要求还存在一定差距。主要表现在：重智轻德，单纯追求分数和升学率，学生的社会责任感、创新精神和实践能力较为薄弱；高校、中小学课程目标有机衔接不够，部分学科内容交叉重复，课程教材的系统性、适宜性不强；与课程改革相适应的考试招生、评价制度不配套，制约着教学改革的全面推进；教师育人意识和能力有待加强，课程资源开发利用不足，支撑保障课程改革的机制不健全。2019 年发布的《关于深化新时代学校思想政治理论课改革创新的若干意见》指出，面对新形势新任务新挑战，有的地方和学校对思政课重要性认识还不够到位，课堂教学效果还需提升，教材内容不够鲜活，教师选配和培养工作存在短板，体制机制有待完善，评价和支持体系有待健全，大中小学思政课一体化建设需要深化，民办学校、中外合作办学思政课建设相对薄弱，各类课程同思政课建设的协同效应有待增强，学校、家庭、社会协同推动思政课建设的合力没有完全形成，全党全社会关心支持思政课建设的氛围不够浓厚。从以上文件表述可以看到，改革开放 40 余年来，学校德育领域出台了若干政策文件，但德育领域的现实问题却一直比较稳定，成为一道道难以突破的关卡。

其二，缺少对德育课程体系的自觉建构，没有清晰厘清各种德育课程的内在结构关系。德育途径或者德育课程存在多种形式（如课程育人、文化育人、活动育人、实践育人、管理育人、协同育人），它们之间的合理关系格局究竟如何，目前的政策没有解决这一问题。一些政策（如《中小学德育工作指南》）只是分别针对各种德育途径提出实施要求，一些政策则试图指出各种德育途径的相互关系，但并没有很好地解决问题。以《中学德育大纲》为例，文件指出，“学校必须充分发挥主导作用，并与家庭、社会密切配合。课内外、校内外各实施途径均应以本大纲为指导，发挥各自的功能，互相配合，形成合力，共同完成德育任务”，继而分别对思想政治课、班主任工作、生产劳动和社会实践劳动等提出具体要求。从文件表述可知，思想政治课、时事课、学科德育、班主任工作、团队工作、文体活动、校外教育、心理咨询每一项都很重要，每一项都需要引起高度重视，可是，其中有没有纲举目张性的元素呢？各项工作如何才能做到相互支撑呢？该文件并没有回答。

其三，对德育课的研究不够透彻，不利于落实德育课关键地位。德育课要引导学生做到言行一致，德育课教学效果评价要联系并统一到学生思想品德发展评价，这几乎是所有政策的共同立场。然而，现有政策基本上是将德育课看作课表中的一门课来看待，德育课教师很难在教学设计中布置学生在日常的学校生活中践行德育课堂学习内容，很难做到追踪了解学生的日常行为表现，除了依据考试成绩和学生在德育课堂上的表现给学生评分之外，德育课教师没有办法开展更为全面、复杂的德育评价。一些政策将学生思想品德评价与德育课教学评价割裂开来，前者主要由班主任负责，由班主任写出评语，记入学生成绩册，并作为评优、升级、升学的依据之一；后者则由德育课教师负责，着重考查学生的道德认识，客观上导致德育课偏重知识传授、忽视行为践行的局面。在学校应试压力较大的背景下，如何引起师生和社会各界对以立德、育人为主旨的德育课的足够重视，始终是一个难题。从各地通行的考试评价制度设计和运行情况来看，当德育课不列入毕业考试、升学考试科目或者采用开卷形式进行考试时，这门课很容易受到忽视；当德育课被列入升学考试科目时，又容易陷入死记硬背知识点、反复磨炼答题技能的应试模式，迷失育人本职。

三、德育课程政策的前景展望

走入新时代，中国社会步入新发展阶段，需要贯彻新发展理念，构建新发展格局。面对百年未有之大变局，德育课程目标和内容必须进行与时俱进的调整和更新，而德育课程政策也必须迎难而上，敢啃硬骨头，在德育变革的“卡脖子”问题上实现实质性的突破。

其一，加强德育政策的执行研究和效果评估。现有德育政策研究集中于对政策文本的分析，指出各项德育政策的共同旨归，肯定德育政策结构完整、内容丰富等优点。然而，这些研究“基本上不涉及德育政策的过程性分析”[①]，没有对德育政策执行效果进行全面评估，有意无意地回避了德育政策低效问题。未来，德育研究者和德育决策者有必要加强德育政策执行研究，摸清德育政策执行低效的原因，从而有针对性地出台操作性措施，理顺机制，提升实效，增强教育工作者和社会公众对德育政策的信心。

其二，开展德育课程体系的精准建构。要从课程视角全面梳理各种德育途径，分析各种德育途径的德育机制；理顺各种德育途径的内在结构关系，清晰指出何为纲何为目，指导学校制定出切实可行、有序高效的德育课程实施方案。尤其要重视德育课在德育课程体系中的关键地位，从德育课教师选聘、德育课时安排、德育课与日常学生管理工作的联系等角度提出切实要求，扭转德育工作头绪纷杂、各项德育安排内耗严重、德育课地位不高等现实问题。

其三，在明确德育课在德育课程体系中的统率地位的前提下进一步加强对德育课内容、方法、评价的指导。要综合考虑社会需要、学科体系、学生成长特点三种课程来源，进一步顺应学生成长规律，厘定不同学段的德育课教学目标和内容要点，一步步地实现社会发展所需要的德育目标。要打破课堂界限，基于课内外的融合与协同开展德育课教学创新，丰富学生对各种德目的践行和体验，基于直接经验的积累促进理性认知和情感认同。要将教学评价与言行评价相统一，促进德育课教学评价与学生思想品德评价一体化，纠正德育课教学评价中的认知主义倾向；要根据不同学段学生的身心发展特点，参考教育目标分类、发展性评价、表现性评价等方面的研究进展，提出规范、科学的德育课教学评价实施方案，指导各地各

---

① 张晓东．德育政策论［M］．北京：人民教育出版社，2011：23.

校有序组织开展德育课考试，避免考试要求过高引发中小学生对德育课的恐惧、厌恶与排斥。

其四，在德育课程政策制定过程中落实多元主体参与。当前德育课程政策制定注重听取专家意见，学者的参与使政策能够较好地贴近德育研究前沿，吸纳最新研究成果；不过，中小学校管理者、教师乃至学生、家长相对而言处于沉默状态，他们“对德育政策的价值需求”[①]没有得到清晰表达。未来，有必要开辟德育政策意见收集的常态化机制，使新出台的德育政策更好地平衡各相关主体的诉求，从而为德育政策落实减少障碍。

① 李世奇．21世纪以来我国中小学德育政策及其趋势研究［J］．北京教育学院学报，2013 (2)：6－10.

第四章
德育课程教科书研究

政治领袖和研究者从理念层面表达了对德育课程的殷切期望，法律法规和教育政策对德育课程提出了从宏观到微观的具体规定，教材则是德育课程成形、定形的直接物化载体，“是课程标准的具体化，也是核心的教学材料，是教学的重要依据和主要蓝本”①，“在学校教育中居于不可替代的地位，具有举足轻重的作用”②。“高质量的教材是高质量教育教学的必要保障”③，很多德育政策专门对教材编写和使用提出规定和要求。改革开放以来，我国德育课程教材领域也发生了波澜壮阔的变化，教材管理体制、编写理念、内容框架、文本形式持续演进，教材研究也伴随着教材的发展演变而兴起。从广义来说，思想品德课和思想政治的教材包括：教科书、教学参考书、教学挂图和图册、音像教材、教学软件等，其中，教科书是核心。为了保持全书结构的统一，本研究仅分析作为德育课教材核心的教科书。教科书是教师设计教学活动的基本依据，是政府、社会、学校和教师帮助

---

① 吴又存．如何用好统编初中道德与法治教材这个“本”［J］．人民教育，2021（9）：54－57.

② 杨莉娟．我国初中思想品德教材使用情况的调查研究：基于10个省及自治区的调查数据［J］．教育科学研究，2016（10）：50－55.

③ 同②.

学生了解学科内容、实现学习和发展目标的重要支架，因而，教科书质量的高下在很大程度上制约着教学质量的高低。需要说明的是，由于众多政策文件和论者没有区分“教材”和“教科书”,所以,本章不得不经常使用“教材”概念，但研究范围局限于教科书，而没有涉及与教科书配套使用的参考书和练习册等。

第一节　德育课程教科书的演进

德育课承载着教书育人的使命，要引导学生知行合一，不仅在认知层面理解而且在情感层面认同、在行动层面践行社会发展所倡导的思想观念、政治意识和道德规范，编好、用好德育课教科书，持续得到政治领袖、政府和德育研究者、实践者的重视，德育课程教科书的历时演进就在政府和社会各界高度重视的语境下持续展开。

一、德育课程教科书管理体制的演进

（一）改革开放以来的教科书管理体制演进

新中国成立以来，党和政府一向高度重视教科书编写及管理，逐步确立和完善国家统一管理教科书编写的体制。1949 年 10 月，时任中央宣传部部长陆定一指出：“教科书要由国家办，因为必须如此，教科书的内容才能符合国家的政策。”新中国成立初期教材编写的重点是突出教材的社会主义性质，为培养有社会主义觉悟的有文化的劳动者服务，毛泽东于 1953 年指示教育部：“宁可把别的摊子缩小，也要多调人编写社会主义教材。”2016 年 12 月，习近平总书记在全国高校思想政治工作会议上强调“教材建设是育人育才的重要依托。建设什么样的教材体系，核心教材传授什

么内容、倡导什么价值，体现国家意志，是国家事权”，把教材工作置于治国理政的新高度，为新时代教材建设，尤其是德育课程教材建设，提供了价值指引与根本遵循。[①]

改革开放前夕，邓小平就对教材工作提出意见，指出：“教育制度中有很多具体问题。……关键是教材。教材要反映出现代科学文化的先进水平，同时要符合我国的实际情况。”[②] 在拨乱反正时期，党中央大规模从全国抽调专家和教师组成编写班子，于 1978 年秋季在全国供应中小学各科教材。此后，教育部陆续发布各学段教学计划，修订全日制中小学各科教学大纲，推出相应教材并委托人民教育出版社等单位做好教材修订、改编工作。1983 年，教育部成立中小学教材办公室，以加强对中小学教材建设工作的领导和管理，“一纲一本”教材管理制度正式确立。在“一纲一本”制度框架内，国家教育行政部门成立直属编写和出版机构，直接组织编写队伍，统一编写并出版教材。各地教育行政部门根据教育部制定的教学用书目录确定本地区教学用书，人民教育出版社、各地出版单位和新华书店协同印刷、发行、供应教材，教材建设遵循“统编、统发、统供”原则。[③]

1985 年，《中共中央关于教育体制改革的决定》发布，在诸多方面向地方、高校放权。该决定指出：“基础教育管理权属于地方。除大政方针和宏观规划由中央决定外，具体政策、制度、计划的制定和实施，以及对学校的领导、管理和检查，责任和权力都交给地方。”1986 年，全国中小学教材审定委员会在北京成立。1987 年发布的《全国中小学教材审定委员会工作章程》声明，该委员会的宗旨是“在统一教学基本要求的前提下，有领导、有计划地实现教材的多样化，以适应不同地区的需要，建立有权威的教材审定制度，促进中小学教材质量的提高”；该委员会的职责是根

---

① 罗生全．论教材建设作为国家事权［J］．课程·教材·教法，2019 (8)：4－11.

② 中共中央文献研究室．邓小平同志论教育［M］．北京：人民教育出版社，1990：35.

③ 同①.

据国家法律、教育方针、教学计划等审定中小学各学科教学大纲及各单位编写的教材，同时，“为适应本地区或本学校使用而编写的教材（乡土教材、选修教材、补充教材等），由省、自治区、直辖市教育行政部门审查，报国家教育委员会备案。省、自治区、直辖市教育行政部门根据需要可建立相应的中小学教材审查机构”。1988 年，国家教委颁发《九年制义务教育教材编写规划方案》，提出“在统一基本要求，统一审定的前提下，逐步实现教材多样化”“鼓励各个地方，以及高等学校，科研单位，有条件的专家、学者、教师个人按照国家规定的教育方针和教学大纲的基本要求编写教材”，开启了我国义务教育教材“一纲多本”和教科书建设多样化的新阶段。1993 年，《中国教育改革和发展纲要》提出“中小学教材要在统一基本要求的前提下实行多样化”之后，中小学教材又在“一纲多本”的基础上呈现“多纲多本”的局面。2001 年，《基础教育课程改革纲要（试行）》进一步提出，“实行国家基本要求指导下的教材多样化政策”，把市场竞争全面引入教材编写和出版领域。同年，教育部颁布《中小学教材编写审定管理暂行办法》，强调“编写教材事先须经有关教材管理部门核准；完成编写的教材须经教材审定机构审定后才能在中小学使用”，也就是在鼓励各主体参与教材编写的同时加强教材审定，使教材管理体制从“国定制”走向“审定制”。①

教材多样化政策激活了地方、高校、科研单位、出版单位投身教材编写的热情，加速了教材多样化进程并使之达到高潮。自 2001 年以来，中小学各学科均涌现出若干版本的教材，为基层学校提供了多样选择机会，同时也不可避免地带来了一些实践层面的问题：一是不同版本教材之间存在知识差异或者观点差异，如同一地区的气候在 A 教材中被划归“温带海洋性气候”，在 B 教材中则属于“亚热带湿润气候”；二是一些地区出现教材发

① 罗生全．论教材建设作为国家事权［J］．课程·教材·教法，2019（8）：4－11.

行中的不正之风，滋生利益驱动下的地方保护主义等问题。为了规范教材编写使用行为，完善教材管理体制，根据中央要求，从 2012 年开始，教育部统一组织编写义务教育道德与法治、语文和历史三科教材，2017 年统编教材经国家教材委员会审定通过，于当年秋季学期开始在全国所有地区起始年级投入使用，三年内实现全国覆盖；2019 年又完成普通高中思想政治、语文、历史三科统编教材编审工作，从当年秋季高一年级起使用新教材。在制度和机构建设层面，2014 年，教育部决定将“国家基础教育课程教材工作领导小组”更名为“教育部课程教材工作领导小组”，组织协调和宏观规划基础教育、职业教育与高等教育教材建设工作。2017 年，为全面落实《关于加强和改进新形势下大中小学教材建设的意见》，国务院成立国家教材委员会，教育部成立教材局，其后又成立了课程教材研究所。2019 年 2 月，中共中央、国务院印发《中国教育现代化 2035》，明确提出要“加强课程教材体系建设”“健全国家教材制度，统筹为主、统分结合、分类指导，增强教材的思想性、科学性、民族性、时代性，完善教材编写、修订、审查、选用和退出机制”[①]。这标志着我国教材管理体制改革进入具体问题具体分析的新时代，教材建设国家事权的行使更加科学规范。

（二）改革开放以来的德育课程教科书管理体制演进

改革开放伊始，教育部根据课程设置方案和教学大纲统编全国使用的中学政治课教材，并编写出一套相应的教学参考资料，供各年级使用。教育部强调，各省、市、自治区也可以根据统一教学大纲编写教材和教学参考资料，经过审查，教育部可以推荐全国或某地区试用；现行政治课教材由人民教育出版社政治组加以修改，在新大纲和新教材编出之前继续使用。1981 年秋季开始，各地小学根据中央规定开设了每周一课时的思想品德课，

---

① 罗生全．论教材建设作为国家事权［J］．课程·教材·教法，2019 (8)：4 − 11.

不过，“由于这是一门新课，教材和教学参考资料还很缺乏，使教师感到要开好这门课困难较多，相当费力”[①]。1985 年，中共中央发文强调“编写出几套适应社会主义现代化建设需要的、具有较高水平的新教材，是改革马克思主义思想理论课教学的中心环节”。1986 年，国家教委委托人教社等单位对全日制中小学教材进行全面修订、改编，这一套统编教材于 1987 年秋季起陆续出版发行，投入使用。

响应党中央对高水平教材的呼唤和对教材多样化的倡导，德育课程教材逐步走向“多本”时代，除人教社编写的教材在各地广泛使用之外，一些地方也组织力量编写了教材。例如，1986 年，浙江省教委在国家教委制定的教学大纲指导下编写小学思想品德教材；1993 年，浙江制定了义务教育小学《思想品德教学指导纲要（试用）》，并在此基础上编写教材，其中，一至四册与语文合课，五至十二册单独编写发行。[②]进入 21 世纪，德育课程教材多样化发展达到高峰，如根据 2003 年 5 月颁发的《全日制义务教育初中思想品德课程标准（实验稿）》编写的、经全国中小学教科书审定委员会初审通过进入实验的思想品德教科书共有人教版、北师大版、人民版、苏人版、鲁人版、粤教版、湘师版、教科版、陕教版等 9 种版本新教材；同期投入使用的小学阶段《品德与生活》《品德与社会》教科书达十余个版本。

2011 年义务教育课程标准修订后，各学科启动新教材的编写工作。基于分类指导原则，德育课程教材采用委托编写的方式，并且基于全面建设法治社会的大背景和 2016 年印发的《青少年法治教育大纲》，将课程名称变更为《道德与法治》。2017 年秋季学期开始，小学、初中起始年级统一采用部编德育教材，结束了“一纲多本”的德育教材使用局面。2019 年起，

---

① 彭珮云．一年来小学开设思想品德课的初步经验［J］．人民教育，1982 (8)：3 − 5.

② 商丽浩．试论优秀传统道德教育：以浙江版小学思想品德教材为例［J］．课程·教材·教法，1998 (4)：25 − 27.

义务教育阶段道德与法治、语文、历史三科全部使用部编本教材，高中阶段开始使用思想政治、语文、历史三科部编本教材。其中，德育课程统编教材充分体现了习近平新时代中国特色社会主义思想，全面融入社会主义核心价值观，具有特别重要的育人作用。①

改革开放以来德育课程教材管理体制的演进，是我国教材管理体制演进的一个缩影，是"一个政治性与适应性兼具的发展过程，是一个重点把控与整体推进的过程，是一个主体与多个群体共生的过程，是一个权力集中与下放相结合的过程"②。这个过程清晰地表明教材建设事关国家利益，必须由国家统筹管理③；德育课程教材"具有很强的意识形态属性""实现全国一盘棋、统一编写、统一使用，对确保教育的社会主义属性和正确方向，切实筑牢意识形态安全防线，具有重大意义"④。研究者指出，统编教材是国家事权的核心体现，"历史和现实都在昭示，对涉及意识形态较强的课程教材进行统编、统审、统用，是坚持中国特色教材发展道路、建设社会主义教育强国的必然要求。说到底，为谁建设教材、建设什么教材、怎样建设教材，事关下一代学什么、信什么、干什么，攸关中国特色社会主义事业继往开来、赓续发展。对此，我们在政治上必须保持高度自觉，在实践中必须坚持躬身践行"⑤。

二、德育课程教科书编写理念的演进

历年来的德育课程政策对德育课程属性有不同的阐述和界定，体现了

---

① 吕玉刚．抓好统编三科教材使用 落实立德树人根本任务［J］．课程·教材·教法，2020（10）：4－7.

② 罗生全．论教材建设作为国家事权［J］．课程·教材·教法，2019（8）：4－11.

③ 郝志军．教材建设作为国家事权的政策意蕴［J］．教育研究，2020（3）：22－25.

④ 同①.

⑤ 罗生全．统编教材：国家事权的核心体现［J］．课程·教材·教法，2021（6）：61－62.

政府和研究者对德育课程本质认识的不断深化。《教育部关于改进和加强中学政治课的意见》指出，“中学政治课是中学教学计划中主要课程之一，是对学生进行马列主义、毛泽东思想基础知识教育的课程，是思想政治教育的重要途径之一”，这一界定突出强调知识教育。《国家教委关于进一步加强和改进中学思想政治课教学工作的意见》指出，“思想政治课是对中学生系统进行公民品德教育和马克思主义常识教育的必修课程，是中学德育工作的主要途径”，将公民品德教育放在更为突出的位置。《品德与生活课程标准（实验稿）》指出，“品德与生活课程是以儿童的生活为基础，以培养品德良好、乐于探究、热爱生活的儿童为目标的活动型综合课程”，突出强调德育课程对学生生活的指导功能。《普通高中思想政治课程标准（2017 年版）》指出，“高中思想政治以立德树人为根本任务，以培育社会主义核心价值观为根本目的，是帮助学生树立正确的政治方向、提高思想政治学科核心素养、增强社会理解和参与能力的综合性、活动型学科课程”，更加强调德育课程的育人属性。综合而言，在课程政策指引下，历年来的德育课程教材编写理念阔步走向生活化、综合性、活动型方向，德育课程教材从知识性教材向资源性教材转变，从单一性教材向综合性教材转变，从告诉式教材向引导式教材转变，从封闭性教材向开放性教材转变。①

其一，从生活出发理解道德，强调道德存在于生活中。传统观念“把道德作为知识来看待，或者说，认为道德主要表现为知识”“把道德的知识看成是自足的、自明的”②。21 世纪以来的德育课程改革主张，道德存在于生活，道德的基本提问是“人应当如何生活”的问题。与传统观念相匹配的教材编写方式是按学科知识或以道德规范体系的逻辑来编写教材，“以这样的方式建构的教材虽然看似有较为严密的逻辑体系，但与儿童的生活

① 赵志毅．德育原理与方法［M］．北京：人民教育出版社，2013：140－142.

② 鲁洁．德育课程的生活论转向：小学德育课程在观念上的变革［J］．华东师范大学学报（教育科学版），2005 (3)：9－16＋37.

却是不相关联的，它们所载负的世界往往是与儿童的生活世界相分离的”。与新理念相匹配的教材“所遵循的内在逻辑是儿童生活的逻辑而不是学科知识或道德规范的逻辑”“先理清儿童成长历程中可能遇到的各种具有普遍意义的社会生活与品德发展的问题，弄清每一个阶段儿童的所思所想、所感所惑、所欲所求，在此基础上生成、设定单元和课文教育主题”[①]。

其二，从以传授知识、掌握知识为主要目标，转向注重引导学生学会生活、学会做人、学会参与社会。“改革以前的德育课和其他课程一样……是以传授知识为根本任务的”，道德知识“在去主体化、去人化、去生活化中变成一套无主体、无人的、无生活的，外在于人的、客体化的、抽象的道德规范、指令和道理”，要求学生阅读、听讲、记忆并据此回答问题，通过纸笔考试。改革以后的德育课强调“引导儿童热爱生活、学习做人”“帮助学生参与社会、学习做人”“增强社会理解和参与能力”为课程的核心，以生活实践为导向，引导学生去学习过一种有道德的生活，强调“道德学习的过程就是在教育的引导下不断丰富、积累、扩大生活经验和反思经验的过程”[②]，希望通过这样的课程为学生形成积极的生活态度和实际的生存能力打下良好的基础，培养他们对生活的积极态度和参与社会的能力，初步形成正确的世界观、人生观、价值观，成为有爱心、有责任心、有良好的行为习惯和个性品质的人。

其三，倡导在活动和互动中进行道德学习，落实学生的道德学习主体地位。传统理念把教材当作蓝本、“圣经”，学生“只能是站在下面、外面去研读它、学习它、记住它，而不是带着他们自己的生活、生活经验走进课程和教材去发展属于他们自己的道德认知、道德经验和体验”，教师只

---

① 高德胜．回归生活的德育课程［J］．课程·教材·教法，2004（11）：39－43＋73．

② 鲁洁．德育课程的生活论转向：小学德育课程在观念上的变革［J］．华东师范大学学报（教育科学版），2005（3）：9－16＋37．

能照本宣科,“不能按照实际情况、按照自己的见解去讲解”[①]。当前理念强调学习是学习者主动建构的过程，教学是借由教师、学生、教材相互作用促进学习者主动建构的过程，重视“教材中的儿童”和“教室中的儿童”相依相伴，强调“教室中的儿童”与“教室外的儿童”融合为一，“文本中的儿童不断地向教室中的儿童提出一个又一个的问题”，学生又将各自不同的生活经验和体验带入教室。[②]依据这样的理念编写的教材建立课程与生活世界的有机联系，带领学生在文本和生活之中自如穿行，让课程变得对学生有意义，让他们在解决真实问题的过程中感受、体验、领悟教科书传递的思想政治道德观念，并在社会生活的具体情境中实际应用社会倡导的主流价值观。

三、德育课程教科书内容框架的演进

偏重知识传授、强调思想政治的学科逻辑是改革开放初期德育课程教材内容框架的主要特点。小学教材紧密围绕《小学德育纲要》所设定的课程内容,以“爱祖国”“爱老师”“爱同学”“保持环境卫生”等作为篇目标题，通过一个个小故事引导学生学习正面人物、批判反面人物，而后根据文本所倡导的价值观完成练习，学会答题，说教气息重，生活气息少。在中学阶段，“马克思主义哲学、政治经济学和科学社会主义走进了中学政治课的课堂，学习内容之全面是现在不能想象的。比如，马克思主义哲学中就包括了：唯物论、辩证法、认识论和真理论四大部分。……人们笑称当时的中学政治课是‘马克思主义的压缩饼干’”[③]。时任国家教委副主任何东昌

① 鲁洁. 德育课程的生活论转向：小学德育课程在观念上的变革［J］. 华东师范大学学报（教育科学版）, 2005 (3) : 9－16＋37.

② 同①.

③ 蓝维, 高德胜. 对话：德育课程改革三十年［J］. 中国德育, 2009 (4) : 14－19.

在谈及这一问题时指出，“要求要适当，要符合青少年儿童的德育发展规律。要形成坚定的社会主义信念，可能年龄太小了不行。……他们的实际经验、知识基础，也不可能懂得太多的东西，否则只能死记硬背。有些问题，就是有大学文化的人也不一定搞清楚。一些理论概念能够讲到什么程度要研究。不能要求过高，高了容易死记硬背，形成心理障碍”“理论上的东西不能太多了，应该是最基本的比较浅显的道理。中学阶段不可能懂得很深刻，很准确，像我们编教材的专家那样，这一点一定不能成人化。考试评分也要注意这一点，基本意思对了就行了，否则会引起死记硬背”[①]。

进入 20 世纪 90 年代，德育课程教材在以社会要求为主线的同时，更多地考虑学生的生活实际和切实需要、学生的学习能力和认知水平[②]，如小学教材的篇目标题调整为“我喜欢和同学在一起”“老师，您好”“我爱祖国”这样的加入儿童情感色彩和以“我”为出发点的方式。而德育课程教材内容框架的大幅调整则发生在 21 世纪。《品德与生活》《品德与社会》课程标准确立了以小学生生活为轴心的内容框架。品德与生活课程笼统地理解“社会”，用儿童与自我、儿童与社会、儿童与自然三条轴线和“健康、安全地生活”“愉快、积极地生活”“负责任、有爱心地生活”“动脑筋、有创意地生活”四个方面组成课程的基本框架，二者交织构成儿童生活的基本层面，篇目标题尽显儿童化、生活风，如“我的一家人”“小苗快快长”“我们和太阳做游戏”“我换牙了”等。品德与社会课程注重细化分析“社会”，将家庭、学校、家乡、祖国、世界看作学生生活的不同区域，围绕儿童逐步扩大的生活领域进行综合交叉、螺旋上升的内容安排，主要内容包括“我在成长”“我与家庭”“我与学校”“我的家乡（社区）”“我是中国人”“走进世界”等。《道德与法治》课程总体上沿用了这种以学生生

① 国家教委基础教育司德育处．思想政治课教学大纲教材介绍［M］．上海：上海教育出版社，1992：4－5.

② 李振．小学德育教材变迁研究：1981－2013［D］．太原：山西师范大学，2014.

活为中心的内容框架，如小学二年级上册以“让我试试看”“我们好好玩”“绿色小卫士”“我会努力的”为单元标题。中学阶段的课程内容趋向学科化，但总体上也是以学生生活为基础的，以初中为例，“从整体架构看，统编初中道德与法治教材从青少年身心发展的阶段性特点出发，根据初中学生逐步扩展的生活领域，按照自我——他人——家庭——学校——社会——国家——世界的顺序，由近及远、由浅入深地综合设计三个年级的教学内容，提炼相关联的生活主题。七年级主要围绕自我认识，我与同学、家庭和学校的关系展开内容建构；八年级主要围绕我与社会和国家的关系展开内容编排；九年级主要围绕我与国家和世界的关系展开内容设计”①。

德育课程与学生生活世界、社会发展变迁紧密相联，所以，德育课程教材内容结构在保持基本稳定的同时又必然处于持续的变化和调整过程之中。何东昌指出：“中国特色的社会主义还在探索中，不断有新的东西出来；国际形势也有重大变化，不能不在教学中有所反映。……中小学教的是一些最基本的东西，改革到一定阶段，大体稳定是可能的，但要联系的实际内容也是要更新的。”②德育课程教材内容结构的更新主要来自两个方面。一是马克思主义中国化的最新成果，如“三个代表”重要思想、科学发展观、习近平新时代中国特色社会主义思想等。二是社会发展涌现的突出主题，如中华优秀传统文化教育、革命传统教育、法治教育、国家主权意识教育、国际交流教育、心理健康教育等。历年来的德育课程教材持续响应时代需要，不断将新主题纳入其中，落实重要主题“进教材”的要求，从积极方面来说能够帮助学生全面理解社会生活、正确看待社会问题、积极参与社会分工，从消极方面来说也可能导致德育课程内容的“臃

---

① 吴又存. 如何用好统编初中道德与法治教材这个“本”［J］. 人民教育, 2021 (9): 54－57.

② 国家教委基础教育司德育处. 思想政治课教学大纲教材介绍［M］. 上海: 上海教育出版社, 1992: 3.

肿”，加剧师生在德育课教学任务方面的负担；如何科学合理地落实新主题“进教材”的问题，成为决策者、研究者和教材编写者必须慎重研究的重要课题。

四、德育课程教科书文本形式的演进

就德育课程教科书文本形式的演进而言，可圈可点的地方非常多，改革开放以来的进步集中体现在装帧设计、语言风格、主题呈现方式等方面。

在装帧设计方面，随着社会生产力水平提高和公众审美品位提升，21世纪以来的各个版本的德育课程教材都注重“物质的和非物质的表达的完美结合”，提升教材的艺术品位，让学生感受到教科书中的艺术气息，吸引学生在一种愉悦的心境中进入知识的殿堂。一位教材编者这样介绍他们的教材装帧设计：“我们给新教材设计了这样一个封面：湛蓝的天空中飘浮着几朵白云，白云下郁郁葱葱的树林装点着校园，五星红旗迎风招展，在明媚的阳光里，意气风发的老师和青春活泼的学生一起欣赏着大自然美丽的图画。学生和小草一起长大，和树木一起成林，校园是他们起飞的摇篮，广袤的宇宙是青少年实现梦想的无垠空间。没有一点单调呆板的枯燥，没有一点严肃陌生的紧张，更没有朦胧虚幻的晦涩；轻松、亲切、自然、美丽、零距离，书中的主体内容、主要目标、主要思想都浓缩其中。书的内芯图文并茂，精心设计的补白式‘笔记本’，提供给了师生互动的平台，留给学生用文字或图画去‘填充’课堂上的设问与思考、课后的讨论与交流。美的文字、美的版式、美的装帧，使教材在完成教化功能外，还具有留存的价值。”[①]

在语言风格方面，较为突出的变化有两个。一是较多地考虑学生的

---

① 周玉波．创新与超越：关于初中思想品德教材改革的探索［J］．湖南师范大学教育科学学报，2004 (2)：115 − 117.

年龄阶段，采用与学生年龄特点相一致的语言风格，小学阶段较多使用日常对话、对仗句子，“低年级学生对生动、形象的语言容易接受，教材语言应该具体、明确、亲切。高年级学生的抽象思维能力不断发展，追求对事物的理性把握，教材的语言相应地要深刻、隽永、灵活，具有哲理。教材的语言只有符合学生的年龄特征和心理发展水平，避免说教语气，才能提升学生的阅读兴趣，有效地激发学生的思考和想象，收获良好的教育效果”①。二是大量使用平等对话，拉近学生与文本、编者的距离。小学教材经常使用“观察下面的图片，与同学分享自己的课余生活”“你参加过类似的活动吗？在参与这些服务他人和社会的活动中，你有哪些收获？”②等对话。中学教材也经常引入对话，如在讲解国家行政机关时，教材并不直接说出标准答案，而是以同学口吻提供几种说法，然后请学生判断：“以上同学的说法对吗？请谈谈你的看法。”③

主题呈现方式已经从传统的平铺直叙走向现今的异彩纷呈。首屈一指的是德育内容活动化的设计和安排，“内容活动化，活动内容化”主张把教学内容寓于生动活泼的探究活动之中，引导学生在自主、合作、探究的过程中感悟知识的生成过程；探究活动的形式多种多样，包括收集、筛选、提炼信息等操作活动，比较、辨析、评估等思维活动，以及情感体验活动，促使学生具有自我发展、自我提高的能力。④基于这样的思路，德育课程教材走出传统的读文本、做练习的老路，大量开设“活动园”“阅读角”“探究与分享”“拓展空间”等栏目，让学生在活动中学习，利用教学内容来解决真实问题。“每个《探究与分享》栏目都会根据主题，有针对性地设

① 单晓红. 新课标思想品德教材存在的共性问题及对策分析［J］. 教育研究，2013 (1)：32－37.

② 鲁洁. 道德与法治（五年级上册）［M］. 北京：人民教育出版社，2019：6－7.

③ 朱小蔓. 道德与法治（八年级下册）［M］. 北京：人民教育出版社，2018：88.

④ 贺军. 思想品德教材“内容活动化 活动内容化”设计初探［J］. 课程 · 教材 · 教法，2005 (11)：48－53.

计活动问题或要求，明确探究方向，避免跑偏，使教学更有针对性、实效性。教师亦可在此基础上，细化或延伸问题，让探究话题更深入、更贴近学情。”[①] 此外，教材注重引用丰富故事、格言素材和图片、表格等非连续性文本，做到图文并茂、情理交融。据统计，某出版社出版的初中思想品德教材共采用 667 篇阅读材料、440 幅插图、143 条格言、465 项活动，彰显了教材的活动性、综合性、趣味性。一些主题采用经典文学作品（如余光中的《乡愁》一诗），将文学意象与思政主题巧妙结合，体现了学科融合理念。[②]

在看到教材文本形式进步的同时，研究者也提出了一些有待思考的问题，如教材内容逻辑性减弱，“弱化了学科知识，不注重知识的逻辑体系”[③]；相比传统教材而言缺乏知识体系；教材要求过低，“在内容的选择和活动的设计上存在诸多幼稚化倾向”[④]。这些问题主要与文本呈现形式有关，如何使文本形式创新更好地服务于德育课程教育教学目标的达成，需要得到更多研究者和出版机构的重视。

五、德育课程教科书的发展前景

在简要回顾德育课程教科书的发展演进之后，本部分拟对德育课程教科书的未来发展进行展望。

教材建设是育人育才的重要依托，教材建设是国家事权，从制度层面

---

① 夏波．部编《道德与法治》教材使用之我见［J］．中学政治教学参考，2016 (32)：13 － 15.

② 宋景堂．从《乡愁》看《思想品德》教材的编写理念［J］．中国德育，2008 (6)：45 － 46.

③ 单晓红．新课标思想品德教材存在的共性问题及对策分析［J］．教育研究，2013 (1)：32 － 37.

④ 班建武，檀传宝．改革开放 30 年中小学德育课程的变迁与发展［J］．思想理论教育，2008 (24)：14 － 19.

加强对德育课教材建设的管理和引导是解决为谁培养人、培养什么人、怎样培养人这一根本问题的关键性举措。[①]当前，由国家统一组织编写、审定和管理的德育课统编教材已经在全国中小学全面投入使用，在德育课使用统编教材将成为德育课程教科书领域的基本原则。未来，有必要在维护统编教材权威地位的前提下加强学理研究，与时俱进，让统编教材越来越好。

其一，要确立统编教材权威地位，使德育课统编教材成为德育课和其他各类德育课程的基本遵循。

德育课具有浓厚的意识形态属性，在立德树人事业中处于关键地位。统编教材是由国家机关统一组织、集合各领域专家力量认真编撰而成的，其规范性和权威性不言而喻。学校和任课教师要牢固树立政治意识、大局意识、核心意识、看齐意识，坚定道路自信、理论自信、制度自信、文化自信，并且依托细致入微、持之以恒的言传身教，引导学生增强“四个意识”，坚定“四个自信”，真正做到听党话、感党恩、跟党走，做堪当民族复兴重任的时代新人。语文、数学等各学科的教材、教学及学校组织开展的各类教育教学活动均应提升立德树人的使命自觉，切实培育、践行社会主义核心价值观，与德育课教学同向同行，构建坚强有力的德育共同体。

其二，要建立动态完善的教科书发展机制，稳步提升教科书的科学性、时代性、实效性。

维护权威与开展学术批评并不矛盾。马克斯·韦伯将权威归纳为三种类型，即传统型权威、感召力权威和法理型权威。传统型权威源于传统的神圣性，以及人们对依据这些传统行使权威者的合法性的确定不移的信赖。感召力权威源于人们对卓越的神圣者、英雄或者具有典范品质的人以及由他所揭示或制定的规范模式的热爱。法理型权威可以分为两个层面，首先

① 罗生全．统编教材：国家事权的核心体现［J］．课程·教材·教法，2021（6）：61－62.

是官方的或法定的权威，即规则、制度因自身的合法性、合理性而被人们普遍承认，其次是专业的权威，即权威者因公认的专长和专业知识而获得人们的信服。伴随中国社会的迅速发展、教育科学研究水平的持续提升，统编教材除了继续保持其传统型权威和感召力权威之外，还必须不断完善，增强其法理型权威。“教材的编写与开发是一个长久和持续的事业”[①]，主管部门和编写团队要树立“初生之物，其形必丑”的虚怀若谷心态，持续加强理论学习，认真向教材研究者请教，虚心听取中小学师生的意见，不断完善教材的主题、内容、呈现方式。

借鉴中外历史经验，教科书完善有必要考虑如下问题：

一是德育课教材是否需要每学期编一册的问题。一直以来，我国中小学各学科的通行做法是每学期编一册教科书，而日本德育课的做法是每年段编一册，美国社会学习课的做法是整个小学只有一册厚厚的教科书。小学《品德与生活》《品德与社会》国家课程标准研制组核心成员高德胜这样写道：“我们在研制《品德与生活》课程标准时有一个基本的共识：小学低年段的德育课程并不需要教材。……教材因为自身呈现方式的需要，往往自成体系，学生的生活反而被这种体系排斥、遗忘了。由于多种多样的原因，课程标准研制组的这一基本共识并没有得到坚持和贯彻，各种版本的《品德与生活》教材纷纷通过了国家教材审定委员会的审定进入课堂。”[②]不论是从国际比较视野来看，还是从研究者的反思来看，德育课是否需要教材，德育课是否需要每学期编写一册教材，是值得研究的现实问题。

二是德育课教材能否立体化、数字化的问题。“立体化”意味着德育

---

① 高德胜，章乐，唐燕．“接上童气”：小学《道德与法治》统编教材研究［M］．北京：人民教育出版社，2019：2.

② 高德胜．课程与生活的融合：评上海市静安区德育课程的改革实验［J］．思想理论教育，2005(4)：6－8.

课教材更加丰富，除了编写教科书以外，还要配套开发学习资料库、学生成长手册、家长指导手册等教学配套材料，促使学生学以致用、知行合一。“数字化”意味着适应数字化社会特点，开发具有吸引力的数字化平台，丰富学生的德育课学习经验，让德育课学习更加自主、愉快。

三是德育课教材开发完善过程中的第三方评价问题。鲁洁在带领团队开发教材时注重对每一课教材初稿进行试讲。“先生说，我们的教材审查缺乏儿童的‘审查’环节。实际上，儿童作为教材的使用者，是最有权利‘审查’教材的，因为教材质量的好与坏，直接关系到他们的成长与发展。”① 这说明，教材开发完善需要加强审查和评价，要慎重考虑教材需要哪些审查、何种审查的问题，要将接受各种审查从教材开发团队的自发安排变为制度化安排，让统编教材更加能够经受起时代和历史的检验。

第二节　德育课程教科书研究的演进

随着教育改革的深入，教科书研究越来越受重视。从实践层面来看，“教科书作为一种教育工具和教育资料，是课程的重要组成部分，也是课程实施的载体，在整个学校教育中具有不可替代的地位与作用，它是国家意志、民族精神、传统文化和学科发展水平的体现，是实现培养目标的基本手段，是教学、考试的重要依据。特别简单而又重要的是，教科书是读者最多、又最被读者看重的文本”，教科书研究有助于改进教科书编写、提升课堂教学有效性、促进学生发展。② 从理论层面来看，“教科书的编写

① 高德胜，章乐，唐燕．“接上童气”：小学《道德与法治》统编教材研究［M］．北京：人民教育出版社，2019：278.

② 石鸥．最不该忽视的研究：关于教科书研究的几点思考［J］．湖南师范大学教育科学学报，2007（5）：5 － 9.

一般都是在某一种教育理论思潮下进行的”，任何一本教科书都是特定教育理念、教育制度、教育系统的缩影，开展教科书研究可以发现理论或理念，认清教育发展、教育理论发展尤其是课程和教学内容发展的基本轨迹。[①] 在教科书研究兴起的大背景下，德育课程教科书研究迅速兴起，并蔚然成风，成为当代德育研究的重要领域。

细致分析德育课程教科书研究成果，我们不难发现，各项研究在研究目的及功能上存在比较显著的分化，可以划分为不同的类型：有的以教科书研究和德育课程教科书研究的基本理论问题为主，不受限于对具体教科书文本的分析，可以称之为基本理论型研究；有的以解释某一版本教科书的编写理念、原则、优点为主，可以称之为阐释型研究；有的以分析某些教科书的不足、提供教科书改进思路为主，可以称之为改进型研究；有的以对比分析不同版本教科书的优势为主，可以称之为比较型研究。笔者尝试按照这样的分类方式，将德育课程教科书研究成果大致归入基本理论型研究、阐释型研究、改进型研究、比较型研究四种类型，分别进行梳理和呈现。

一、德育课程教科书的基本理论型研究成果概览

德育课程教科书研究在教科书研究的母体中孕育、发端。石鸥指出，自改革开放以来，中国教科书研究经历了缓慢恢复（1978—1993 年）、大步发展（1994—2001 年）、全面繁荣（2002 年至今）三个阶段。在缓慢恢复阶段，教材的现代化建设受到邓小平等党和国家领导人的重视，但教科书研究未成气候，研究队伍薄弱且局限于人民教育出版社这一家出版社。此阶段教科书研究的特点是成果薄弱且单一，编研结合，学科上语文教材研究是重心，对国外教科书的探讨占一定比例；教科书研究队伍集中在个

---

① 石鸥．最不该忽视的研究：关于教科书研究的几点思考［J］．湖南师范大学教育科学学报，2007 (5)：5 − 9.

别出版社，研究者与编写者相同。教科书研究使研究者可以依赖自己的编写经验，做到“以编促研”，但其弊端是缺乏足够的反思性和批判性，研究选题过于琐碎，偏于执行与备课。在大步发展阶段，教科书研究进入新的历史时期。受益于教科书多样化的政策与实践，教科书研究成果大幅提升，教科书研究队伍打破一家出版社独大的局面而迅速扩大。教科书研究成果实现了质与量的同步提升。一方面，研究成果数量快速增长，发表的论文数量突破改革之初的400篇阈值，直接增长到800篇以上；学术专著也增长了近2倍。另一方面，教科书研究也逐步实现科学化，主题多样，方法多样，拓展了研究视域。尤其是受西方学术的影响，社会学立场等方面的系列研究开始出现。在全面繁荣阶段，随着基础教育课程改革的推进和课程标准教科书的大量出现，教科书研究迸发出前所未有的活力，研究成果井喷式增长，教科书研究的核心力量逐渐形成，研究机构与平台雨后春笋般出现,教科书研究进入学术自觉时代,中国特色的“教科书学”或“教材学”初见端倪。作者认为，近年来，教科书研究领域已经成为重要的学术领域，中国的教科书研究理应在研究范式与方法体系上有新的进展，在数字教科书研究、实验教科书研究、乡土教材研究方面取得实质性突破。①

在具体主题上，石鸥进一步探讨了教科书发展历程及教科书特征等问题。他指出，教科书具有教诲性、阅读的特殊性、文本结构的整体性和文本实现的非连续性、读者的两极性及文本构建的标准性等特征，教科书的这些独特性质要求教科书建设要精选并编制教科书内容、提升教科书的可读性和可教性、注重对课程标准的研读等。②在回顾新中国成立以来中小学教材建设进程之后，他指出：“到今天，中国特色的教材管理体制已经形成、教材构成日益立体化、乡土教材及校本教材迅速发展，而且形成了

① 石鸥，周美云．教科书研究40年发展与展望［J］．宁波大学学报（教育科学版），2019 (4) : 54 − 60.

② 石鸥，石玉．论教科书的基本特征［J］．教育研究，2012 (4) : 92 − 97.

国家基本要求指导下教材的多样化发展、面向全体学生的快速有效的供应机制以及为质量不均衡的教学提供必要参考的中国经验。当然，也存在着理论研究不够、教材的多样化水平不高、缺乏强大的教材编写队伍等不足。未来我国教材发展的主要趋势是：加大教材现代化建设的力度，创新具有中国气派的教材理论，构建全社会共建共享的教材系统，健全优胜劣汰的教材竞争机制。”[①] 展望未来，他指出学生核心素养培养呼唤基于核心素养的教科书，即为学习而设计的教科书，为开放而设计的教科书[②]；后现代教科书发展阶段已经到来，“它有 3 个体现：其一是教科书形式的革新。在传统的纸质教科书的基础上，开始出现电子教科书。其二是教科书性质的变化。教科书纯知识的传播价值将弱化，非知识的如创造力、情感、价值观等素养的培育将在教科书中日益突显。其三是教科书意义的变化。教科书的标准性和权威性将被大幅度瓦解”[③]。

王攀峰、王小明等从不同角度对教科书研究的基本理论问题进行探讨，为德育课程教科书研究提供了重要的理论参照。王攀峰指出，当前存在从教育学、心理学、社会学、文化学等不同视域出发的教科书研究，研究成果灵活运用了历史研究、比较研究、内容分析、调查和统计分析、实验研究等多种方法，不过，教科书研究还缺乏自己的方法论，教科书研究方法尚未形成完整体系，未来需要做好理论的深化，建立广阔的研究视野和反思意识；体系的建构，打造完整的教科书研究方法体系；范式的整合，推动教科书研究范式从单一走向综合；合理的转化，将其他学科方法论转

---

① 石鸥，李新．新中国 60 年中小学教材建设之探析［J］．湖南师范大学教育科学学报，2009 (5)：5 － 10.

② 石鸥，张文．学生核心素养培养呼唤基于核心素养的教科书［J］．课程・教材・教法，2016 (9)：14 － 19.

③ 石鸥，刘学利．跌宕的百年：现代教科书发展回顾与展望［J］．湖南师范大学教育科学学报，2013 (3)：28 － 34.

化为教科书研究方法论，并应用于具体的教科书研究之中不断完善发展。[①] 王小明以国外心理学家的研究成果为依据，指出“教科书编写中添加一些与主要内容无关但有趣的内容不利于学生的学习；图片的运用要注意突出事物的关键特征，文字与图片的搭配，多采用组织性和解释性的图片；要运用符号标志技术促进学生对教科书内在联系的把握；教科书中的问题要添加在教学内容之后，要根据教学目标适当地选用机械的问题和有意义的问题”“不要想当然地去编写”“借鉴国外有关教科书的研究，加强本土的实验研究,是提高我国教科书编写科学化程度的一条重要途径”[②]。孔凡哲、史宁中将教科书质量看作课程教学质量的重要保障因素，指出教科书质量可以分为内在质量与外在质量,前者相对于教科书文本而言,后者特指教科书实施所表现出来的实际效果；教科书文本的内容与结构是教科书内在质量的关键要素,而编排特色则是教科书内在质量与外在质量的生命线；教师是影响教科书外在质量(即使用质量和效果)的最直接因素之一。教科书的外在质量很大程度上受制于教师借助教科书进行创造性教学的水平和实际发挥的状况；如何建立进而形成良性的课程教材质量更新机制,是当前教材质量保障政策系统的核心,这个机制能够将包括一线教师在内的各级课程教材人员针对课程教材的研制开发、质量保障提出的建议,及时、有效地反馈到课程教材研制开发部门和监管部门，形成有章可循、有法可依的良性机制。[③] 丁朝蓬从操作层面建构教科书内容质量的评价指标体系，主张以教科书目标、教科书的内容特性、教科书的教学特性为一级指标，据此划分下级指标，如所提目标是否符合学科特点、是否符合儿童当前心理发展水平、是否适合社会需要，教科书内容是否具有科学性、是否反映

① 王攀峰.教科书研究方法的现状、问题与建议［J］.课程·教材·教法,2017(1):34－41.

② 王小明.教科书编写中的若干心理学问题［J］.全球教育展望,2005(11):62－65.

③ 孔凡哲,史宁中.教科书质量及其影响因素［J］.教育发展研究,2007(12):13－17.

了科学发展的新进展、是否能为不同特点的儿童提供发展空间，教科书功能模块设计中各种学习活动的设计能否调动学生多种感官的参与、提高学生思维的积极性和活跃程度、提高学生的学习兴趣和学习动机等。[①]以上研究虽然没有直接提及德育课程教科书，但作为基本理论研究成果，显然对于实施德育课程教科书研究具有重要的指导意义和参考借鉴价值。

罗生全从国家事权高度对三门统编教材进行原理层面的分析，指出：彰显教材建设国家事权，统编教材是关键抓手；统编教材是教材建设国家事权的核心表达，体现了我国社会主义制度的优越性，坚持了社会主义核心价值体系，回应了立德树人、铸魂育人的根本要求，为构建中国特色教材体系、建设教育强国提供了战略支撑；统编教材是传承和弘扬中华优秀传统文化、强化革命传统教育的核心文本，为构筑中国精神、传递中国力量、增强文化自信提供了重要载体；统编教材是为党育人、为国育才的核心知识载体，始终坚持从正确的理想信念、价值理念和道德观念出发，来培育和践行社会主义核心价值观，为培养德智体美劳全面发展的社会主义建设者和接班人提供了价值养分。[②]

鲁洁对新课程背景下的教科书角色和作用进行了分析。她指出，以往的教科书只被当作单向传输信息的载体和工具，学生学习教科书就是被动地接纳这些知识、信息；当前，教科书要被理解为学生进行学习活动（包括探究知识，探讨道德的是非、善恶）所凭借的话题、范例，它只是学生学习（获得）人类文化的一根拐棍，学习教科书中的知识和信息不是唯一的、最终的目的，只是实现调动学生的学习活动，促使学生进行自我建构的一个手段。[③]

---

① 丁朝蓬．教科书结构分析与内容质量评价［J］．教育理论与实践，2001 (8)：61 − 64.

② 罗生全．统编教材：国家事权的核心体现［J］．课程・教材・教法，2021 (6)：61 − 62.

③ 鲁洁．回归生活："品德与生活""品德与社会"课程与教材探寻［J］．课程・教材・教法，2003 (9)：2 − 9.

高德胜对思想品德教材理念进行了兼具较强理论性和指导性的分析。在目的观层面，传统德育课程及教材有偏重学科知识的弊端，学生在课程与教学中学到的多是不能直接与行为发生联系的“见闻之知”，当前，要转向“德性之知”，形成学生的德性素质，使其成为学生理解规范、实施行为的内在根据。在结构观层面，他主张“在场”与“不在场”因素的互动与结合，对理论知识、国家社会要求等“不在场”的内容，应该从学生“在场”的体验出发，用青少年自己的方式加以呈现，实现教育内容的“软着陆”。在文化观层面，教材文化应是青少年文化与成人文化的融合，尊重、体现青少年文化，将成人文化和价值引导隐含在青少年文化之后，隐藏在教材文化之后，使之成为不露痕迹的存在。在功能观层面，教材要成为学生探索生活世界和文化世界的平台，让教材的使用者同时成为教材的建构者，为学生深入生活、改变学习方式提供机会，为个体独特的体验、个体的创造、初中生自己解决问题留有空间。在学术观层面，在教材编写中应尽量摄取社会科学研究的学术成果，引领学生进入学术领域，初步领略学术研究的奥秘，培养他们的学术兴趣和人文素养，不能因为回归生活而使课程与教材肤浅化、幼稚化。他指出：“在各种革新之中，理念的革新是最关键的。《思想品德》教材只有在目的观、结构观、文化观、功能观等方面进行深度革新，才能避免这一轮教材革新陷入‘轮回’而没有实质性进步的尴尬。”①

陈光全、杜时忠于 2012 年对 21 世纪第一个十年的德育课程改革做出了肯定性评价，指出德育新课程改革明确了生活化德育的基本立场，活动型教学成为主要的德育课堂形态，转变了学生的学习方式，促进了德育教师的专业化发展，教材开发进入多姿多彩的新时代，诞生了专业性的实验研究团队，德育课程教学研究不断深入，促进了学校德育的整体性变革。就教材开发来说，作者指出，新课程的实施，急切呼唤新教材进入课堂；

① 高德胜.《思想品德》教材理念的革新［J］. 课程 · 教材 · 教法，2006 (6)：58－61.

有实力的研究团队与出版单位顺势而为，精心建构和编写了品德与生活、品德与社会共15套实验教材，进入全国城乡小学课堂，受到了孩子们的欢迎。综观全国最具影响力、最有亲和力、最有代表性的小学品德课程的实验教材，有如下五个基本特征：第一，新教材不单是学生阅读的课文，而且是师生对话的文本；第二，新教材不是纯粹的知识载体，专供教师“教”的，而是激发学生主动学习的“学材”；第三，新教材没有简单地呈现由编者预设的唯一结论，而是注重设计典型的生活事例、生活事件，旨在为学生营造感受、体验的条件和氛围，促使学生在与教材相互作用的动态进程中生成新的意义；第四，新教材不是静态、封闭的文本，而是具有延展性，为多元吸纳当下生活的最新元素和科学技术的最新成果留出了空间；第五，新教材不是显性的道德说教，而是采用隐性的、渗透的方式对学生进行价值引导。上述德育课程实验教材的创意和探索，对于后继《品德与生活》《品德与社会》教材的修订和完善，对于持续深入推进新课程，提高学校德育的实效性，都具有重要价值。①

二、德育课程教科书的阐释型研究成果概览

对教科书的编写理念、原则和框架进行解释，有助于教师理解教科书的框架结构和教学要点，充分发挥教科书的育人功能；在市场经济条件下也有助于争取用户对教科书的选择，扩大教科书发行。在“一纲多本”背景下，德育课程教科书的阐释型研究成果大量涌现，作者主要来自教科书编写和出版团体。这些研究针对“教科书设计理念和技术落后、教科书雷同、教科书质量参差不齐、教科书开发专业队伍及专业素养准备

---

① 陈光全，杜时忠．德育课程改革十年：反思与前瞻［J］．课程·教材·教法，2012（5）：83－90.

不足等问题”[①]，提炼教科书编写理念，阐发教科书编写原则，展现本人或本单位编写教科书的优点和亮点，彰显教科书编写团队的专业水准，一方面有助于教师掌握教科书使用要旨，另一方面提供了有价值的教科书编写工作思路，有助于未来教科书编写水平提升。

国家教委基础教育司德育处组织编写的《思想政治课教学大纲教材介绍》一书是阐释型研究的代表性成果。该书分别对初一至高三思想政治课教材的指导思想、特点、内容结构、教学建议进行介绍，有助于教师全面把握中学德育课教学内容，明确各自教学重点；各册教材编者提出的教学建议对组织教学具有重要指导意义，如建议教师正确认识和处理可读性与可教性的关系，正确认识和处理主力和合力的关系，把握各科教材的内在关系，寓严肃的思想方向教育于通俗的内容与生动的活动之中，了解学生，吸引学生，避免用应试训练模式对待课后练习等。[②]

商丽浩于 1998 年发表的论文《试论优秀传统道德教育——以浙江版小学思想品德教材为例》可以看作阐释型研究的早期代表成果。作者细致分析浙江版小学思想品德教材中蕴含的传统道德，指出该教材在处理传统道德教育方面体现如下特点：态度明确，有选择地把传统道德教育纳入教材中；传统价值的影响十分深远，强调爱国主义教育、注重行为示范。在此基础上，作者分析教材如何在精华和糟粕同体共存的传统道德系统中弘扬优秀传统道德，指出传统道德教育发展应该走向个体伦理教育和社会伦理教育并重、家庭伦理教育和公民伦理教育兼顾、道德理想教育和基础道德教育结合。[③]

---

① 王攀峰，陈洋．教科书研究的内涵、价值与方法［J］．首都师范大学学报（社会科学版），2018 (1)：167 − 174.

② 国家教委基础教育司德育处．思想政治课教学大纲教材介绍［M］．上海：上海教育出版社，1992：55 − 58.

③ 商丽浩．试论优秀传统道德教育：以浙江版小学思想品德教材为例［J］．课程·教材·教法，1998 (4)：25 − 27.

一些作者从编写者角度对某一版本的教科书进行阐释。樊庆红对北师大版思想品德教材落实社会主义核心价值观教育的策略进行了梳理，一方面紧扣立德树人，从国家战略高度认识社会主义核心价值观教育在国民教育中的地位，另一方面落实润物无声，探索全面、系统、有效落实社会主义核心价值观教育的途径，包括从中学生的身心特点、思想实际出发，增加社会主义核心价值观的整体呈现和创造性的渗透。具体而言，该教材根据12个核心价值，整体设计教材内容，保障社会主义核心价值观教育的系统全面落实；以学生逐步拓展的生活为基础，运用教育学、心理学、出版科学等领域的相关研究成果，统筹心理健康、道德、法律和国情四大领域，构建循环上升的逻辑框架；从文明发展、现实需要和个人成长三个基本维度阐释价值目标，确保价值观教育做到学生心坎里，落到学生的行动上。①

宋景堂以小见大，围绕《思想品德》（九年级）“实现祖国和平统一”这一内容设置的一个探究活动（该活动提供余光中的《乡愁》一诗，请学生自主解读诗意）分析该教材的编写理念，指出教材努力做到国情、国策方面内容的生活化呈现，实现心理、道德、法律、国情等方面知识的有机整合，体现教材对文化的力量的重视，注重知识、能力与情感、态度、价值观动态生成。作者认为，教材不应是一个封闭的系统，而应该是一个活的有机体；传统的教材是一定知识的载体，是一个相对封闭的体系，而依据新理念编写的教材具有开放性、生成性。② 贺军也撰写介绍了“内容活动化，活动内容化”的教材编写理念，努力在德育教材的呈现方式上把国家意志、相关学科知识与学生的生活关切、能力培养有机统一起来，把教

① 樊庆红．立德树人 润物无声：北师大版思想品德教材落实社会主义核心价值观教育的策略［J］．基础教育课程，2014 (18)：4－6.

② 宋景堂．从《乡愁》看《思想品德》教材的编写理念［J］．中国德育，2008 (6)：45－46.

学内容转化为学生的知、情、信、意、行。[①]

周玉波指出，为造就一本高水平高质量的教材必然需要付出艰辛的劳动。作者指出，现有教材存在缺少逻辑主线、交叉性和递进性体现不够、启导性和冲突性设计不够、不同学段之间的整体协调和贯通没有处理好、存在明显的刻板说教痕迹、过于偏重知识教育、实践环节设计薄弱等问题。引以为戒，湖南师范大学出版社组织编写出版的《思想品德》教材严格遵循教育部颁发的课程标准，注重德性养成，紧贴学生生活，构筑挑战舞台，美化呈现方式，淡化学科体系，体现出趣味性、情感性、互动性、挑战性，努力让学生在熟悉和亲切的情景中“讨论、探究、体验”，创造性地消化和吸收，自主性地养成和提升。[②]

陈光全、杨争林等对2002年起出版的15套小学德育课程教材进行聚类分析，指出这些教材体现生活性、对话性、活动性、意义生成性、综合性、价值引导性、儿童化特点，并细致解读了教材的体系结构，探讨了教材中的课题、话题与案例等构件的创意与功能，指出文字、图画、留白在教材中的协同、互补、调谐作用，据此对小学德育课程教学设计、教学评价等提出相应的兼具理论性与操作性的建议。[③]

部编本教材问世后，德育课程教科书的阐释型研究集中于部编本教材的阐释方面。高德胜、章乐、唐燕出版《“接上童气”、小学〈道德与法治〉统编教材研究》一书，细致分析“接童气”这种教材对儿童经验的处置方式，阐述了以学习活动为核心建构教材的写作思路，提出了以道德学习为核心实现教学转向的整体性教学建议，强调教材归根结底要符合教育逻辑，教

---

① 贺军 . 思想品德教材“内容活动化 活动内容化”设计初探［J］. 课程 · 教材 · 教法，2005 (11)：48 － 53.

② 周玉波 . 创新与超越：关于初中思想品德教材改革的探索［J］. 湖南师范大学教育科学学报，2004 (2)：115 － 117.

③ 陈光全，杨争林 . 小学德育课程与教学［M］. 北京：北京师范大学出版社，2013.

材归根结底是“学材”，德育归根结底是“学德”；教材的显性呈现就是学生的各种学习活动，教材的单元结构是学习活动指向的问题域，正文是学习活动的有机构成，栏目提供不同类型的学习活动，学习活动的主体是教室中的儿童，对教师的教学则作隐性处理；这样的设计方式突破了德育教材不少难题，包括打破了德育教材的说教式结构，实现了教与学的互动共生，为生命的整体投入创造了条件，建构了基于生命经验的道德学习方式，实现或促进了教材的“教育律”与“内容律”的有机融合。[①] 该书以及这几位学者的大量论文有助于教师和研究者深刻领会教材编写的学术性，有助于教师学好、用好统编教材；该书附录了鲁洁在教材编写过程中忘我付出的幕后故事，呈现了教材编写的 12 道工序，尤其是每节课先试教的踏实做法，值得教材编者学习和借鉴。作为国家统编高中思想政治教材的编写者，陈友芳指出，学科核心素养导向的教材编写应该遵循如下基本原则：（1）由注重学科知识点的全面学习转向注重学科必备知识的学习；（2）由注重孤立学科知识点的学习转向注重学科知识的结构化学习；（3）由单一注重学科知识的传授转向注重学科知识、学科语言、学科思维方法并重的传授；（4）由注重脱离情境的学习转向注重依托真实典型情境的学习；（5）由注重脱离实际活动的学习转向基于实际活动的学习。依据上述原则编写的《经济与社会》教材体现如下基本特点：围绕思想政治学科的具体学科核心素养选择教材所需要传授的必备知识，并以规范的学科语言加以讲述；围绕学科基本问题对教材内容进行结构化整合，形成符合学科逻辑的教材内容体系；注重真实典型问题情境的创设；注重学科思维方法与关键能力的培养；注重强化教材内容的活动化呈现。[②]

---

① 高德胜，章乐，唐燕．“接上童气”：小学《道德与法治》统编教材研究［M］．北京：人民教育出版社，2019：157－177.

② 陈友芳．学科核心素养导向的高中思想政治教材编写的理论与实践探索——以必修 2《经济与社会》教材的编写为例［J］．课程・教材・教法，2019（11）：10－16.

此外，还有很多一线工作者从教科书使用角度对教科书内容进行阐释性分析，如张小发老师指出，要科学认识和精准把握教学内容，需重点关注四大关系：一定的社会要求与教学内容的上下关系、课程标准与教学内容的对应关系、教学内容间的前后关系、教学内容与学生生活的实际关系。[①]王祥英专门探讨思想品德教材中活动内容的教学。文章指出，根据内容活动化、活动内容化的追求，思想品德教材在编排上有两个显著的变化。一是在单元标题之下设主题探究。主题探究活动体现了思想品德课的实践性特点，突出了研究性学习、合作学习的学习方式，指导了学生的思想与行为。二是在每一单元设置几个活动。活动内容丰富多彩，紧密联系学生生活和社会生活实际，为学生所喜爱。在实际教学中，活动课教学要紧密结合学生的日常生活，以学生熟悉并最感兴趣的生活素材组织活动，激发学生的学习积极性；活动内容的教学要注重学生的主体地位，调动学生的主动性；活动课教学必须为学生生活解疑释惑，解决学生思想中的困惑，实现思想品德课的教育目的。[②]这些分析，对于教师设计和开展高质量的教学具有重要参考价值。

三、德育课程教科书的改进型研究成果概览

改进型研究主要从某个理论视角切入，分析教科书存在的不足，提出优化建议。这一方面的研究成果并不多见，在一定程度上反映出我国教科书研究不够发达，勇于开展批评与自我批评的良好学风有待倡树。在现有研究成果中，性别平等、城乡差异、教材综合性与逻辑性等视角被引入。

---

① 张小发．教学内容分析应重点关注的四大关系：以人教版思想品德教材为例［J］．中学政治教学参考，2014 (15)：34 － 35.

② 王祥英．思想品德教材中活动内容的教学［J］．教育教学论坛，2010 (12)：118.

赵振寰从宏观上指出德育课程编制存在缺陷，主张将思想政治课定位于德育性质课程，从认知、信念、行为规范三个领域去考虑思想政治课的任务，增加课时，改变传统的设置模式，向课程设置的综合化、乡土化、多样化、个性化模式发展，以构筑现代化德育课程。在综合化方面，作者主张通过融合课程模式去处理课程综合度，即把心理学、哲学、经济学、法学、历史学等各学科内容按公民的人文素质要求有机地融合相关学科知识，形成新的教学知识体系，构建现代化的德育课程。在乡土化方面，作者认为，德育课程设置的乡土化是世界各国德育课程的总趋势，它不仅兼顾国家德育的总要求，而且兼顾了各社区的特殊情况和特殊要求，把普遍性和特殊性、共性和个性结合起来。德育课程乡土化有两方面含义：一是在具备条件的社区，国家将德育课程的编制权下放给这些社区，国家仅提出总的指导意见，由社区依据社区情况，结合国家指导意见编制德育课程；二是在条件不具备的社区，由国家统一编制德育课程，课程目标、课题、教学内容要尽可能兼顾不同社区的要求。作者认为，德育课程的乡土化比“一纲多本”又进了一步，它更尊重社区的需求和特点，有利于开发社区的德育资源，有利于调动社区德育的积极性，有利于提高社区的德育素质。①

陈光全、杜时忠指出，德育课程对于农村孩子真实的生活以及他们的体验、向往和追求没有高度关注；真正关乎他们生命成长，属于农村、牧区、林区、渔区孩子的生活受到了冷落和禁锢。如学习《交通安全》，仅仅是“红绿灯”“交通安全标志”等方面的内容，对于远离城市立体交通网络的农村、牧区、林区、渔区孩子真实生活中的出行安全问题（如农村孩子暴雨后涉小溪、过小河；渔区孩子在湖汊港湾的安全行船；林区孩子出行如何有意识地设定参照标志等），统统被“淡化”掉了，成了“盲区”。由于德育教材、

① 赵振寰．构建中学现代化的德育课程：论德育课程设置的改革［J］．课程・教材・教法，2001 (12)：17－21.

德育教学的城市化倾向，本应是回归生活的德育新课程，在广大农村、牧区、林区、渔区的实施，却反而远离了学生的真实生活。农村如何有效地实施德育课程教学，几乎成了一道难以破解的问题。梁发祥也关注了这一问题，指出人教版初中《思想品德》教材人物选取存在“去农化”倾向，农民身份（职业）人物数量偏少，人物活动的农村场所偏少，农民形象具有社会刻板印象痕迹等现象，这种倾向不利于农村学生对教材内容的学习、学生对农村和农民形成客观认识、学生理想人格的形成，必须加强中小学教材理论研究，为教材人物选取提供理论指导；完善中小学教材编、审、选制度，通过制度规范教材人物的选取；教材编写者要坚持平等职业观，把优秀农民形象选入教材。[①]

陆秋霞以人教版《思想品德》教材为例，开展初中思想品德教材插图研究。论文指出，插图作为思想品德教材的一个重要组成部分，自然成为最直接、最容易获取的课程资源；该教材大量使用插图，教材中的插图具有题材广泛性、图文相应性、设计巧妙性、情感渲染性特点；不过，从教材本身以及学生和教师视角来看，教材中的插图还存在一些问题，如卡通插图数量过多、原始类插图偏少、部分插图时代特征不明显、插图选择偏向城市化、插图存在性别偏见等。作者主张插图在教材内容的创新中优化，将插图数量控制在合理限度内，插图与教材内容应与时俱进，消除教材插图中的城乡偏见和性别偏见等。[②] 成平从立德树人的角度指出，教材编写和修订要全面和系统地落实社会主义核心价值观、中华优秀传统文化、革命传统、国家主权意识和法治教育等内容和要求，以此培养学生坚定的理想信念、崇高的精神品格和人文情怀，做合格的现代公民；好的思想品德教材要有生活味和亲和力，兼顾城乡，有知识底色，坚持正面引导；教材

① 陈光全，杜时忠．德育课程改革十年：反思与前瞻［J］．课程·教材·教法，2012 (5)：83 － 90.

② 陆秋霞．初中思想品德教材插图研究［D］．广州：广州大学，2016.

编写者要不断丰富自身的知识体系和道德涵养，力求在教材的教育性、科学性、时代性、适切性、教学性等方面有新的突破，注重培养学生的人文情怀和积极健康的精神品格，帮助他们树立正确的世界观、人生观和价值观。①

郑敬斌、王立仁指出德育新课程内容改革中存在着活动性内容设置偏多、对知识性内容“妖魔化”、部分内容层次水平过低、内容设置逻辑系统性不足等问题。作者指出，现行德育课程内容对原有课程内容体系进行了较大范围的精简与综合，删除了传统课程内容体系中部分“难、繁、偏、旧”内容，然而，根据学生反映和教师的教学实践经验来看，现行部分德育课程内容却在一定程度上呈现出过于简单的问题，尤其是初中阶段的课程内容跟小学阶段的德育课程内容区别不大，在一定程度上呈现出“低幼化”发展趋势，缺乏作为中学德育课程内容所应有的深度。作者对以上问题的成因归结于没有把握好学科逻辑与生活逻辑的辩证关系，课程内容设置又从偏重学科逻辑走向了偏重生活逻辑的另一个极端——对课程内容的系统性考虑过少，内容选择不完整，内容跨度大，教材内在结构不够完善。针对上述问题，作者建议完善德育课程教材体系，其中关键之一就是要广泛吸纳各层次人员的参与，这种广泛参与不仅要包含相关理论研究工作者，也要有基层教育实践者，不仅要有大学教师的参与，更要吸纳一线的中小学教师参加，甚至可以借助学生和家长的力量。只有这样，才能真正编写出一套既能体现先进教育理念，又符合客观实际的完善教材体系。②班建武、檀传宝也指出教材存在一定程度的要求过低的问题，不利于充分发挥德育课程对学生思想品德的提

---

① 成平.立德树人：思想品德教材编写的灵魂[J].中学政治教学参考，2016（11）：9－11.

② 郑敬斌，王立仁.德育课程内容改革误区及匡正[J].中国教育学刊，2013（12）：86－89.

升作用。[①]

作为统编教材的主要编写者，高德胜等对以往的德育教材提出了若干批评，认为“过去德育教材遵循‘道理 + 故事 + 行动要求’这一机械原则，既不利于学生的学，也不利于教师的教”[②]，“在新课程改革之前，德育教材经过几十年的实践也在改变，也有‘儿童化’的努力。但客观来说，这种努力基本上还是停留在教材的表现形式上，即竭力将生硬的内容用‘活泼可爱’的形式表现出来。比如，加一些故事，用一些儿童化的语言方式，装点一些卡通图片。这样做当然不是什么坏事，总比从里到外都是板着面孔的生硬说教好。但内容没有‘软化’，只有表面的‘涂脂抹粉’，其实还是治标不治本”[③]。

四、德育课程教科书的比较型研究成果概览

一些研究者从历时的角度对不同年代出版的教材进行对比分析。李振对 1986 年、1992 年、2002 年人教版小学德育教材进行比较分析，指出不同年代出版的教材在教材结构、教材内容、教材呈现方式、教材价值取向、教材习题设计五个维度存在的差异，指出：教材结构的变化经历了以学科知识为主导到以学生生活为主线转变的特点；教材内容表现出从注重政治性到注重知识性再到注重生活化的变化特点；教材呈现方式从单一、严肃到丰富、活泼；教材价值取向体现了从关注教材的社会功能到关注教材的个体功能的转变特点；教材习题设计呈现出从单一的题目变为形式多样的

① 班建武，檀传宝．改革开放 30 年中小学德育课程的变迁与发展［J］．思想理论教育，2008 (24)：14 － 19.

② 高德胜，章乐，唐燕．“接上童气”：小学《道德与法治》统编教材研究［M］．北京：人民教育出版社，2019：25 － 26.

③ 同②29.

综合题目的特点。作者对三个版本教材目录和语言风格的直观呈现能够让读者清晰地感受到小学德育课程教科书趋于生活化、综合化、以儿童为中心等转向。[①]闫闯、郑航对1978年至2007年间出版的四套人教版小学德育教科书中的传统文化教育元素进行分析后指出，教科书中传统文化教育的外在构成与内在意涵经历了诸多的嬗变：传统文化教育的要素类目由集中分布走向均衡分布；分段布局由低年级向高年级转移；载体形式从偏向单一到偏向综合；主题内容注重国家情怀教育与人格修养教育；角色地位从素材取向为主向学习取向为主移动。作者认为，我们如何理解传统文化和传统文化教育的本质及其对现代人们生活的意义和作用，决定着德育教科书中传统文化教育的各种变化。在此基础上，作者主张从重视德育教科书与中华优秀传统文化的融合、优化德育教科书中传统文化的文本内容和改进德育教科书中传统文化的外部构成三个方面进一步完善小学德育教科书中的传统文化教育。[②]

还有一些研究者对民国时期德育课程教材进行分析。黄书光对民国初年的修身教科书进行分析，指出这些教科书在编写形式上基本上与清末商务印书馆的《最新修身教科书》的模式相近，把德目主义和人物主义结合起来；但在主题立意、题材选择等方面体现了本期修身教科书的独特性，在主题立意上着眼于民主共和精神的阐发，在题材选择上注重中外古今道德的融通。[③]郑航的专著《中国近代德育课程史》依据扎实、细致的史料梳理，以清晰的线索对1902年至1927年的德育课程变革进行了系统呈现。该著作将德育课程变革放在近代中国文化变迁的背景中考察，对德育

---

① 李振．小学德育教材变迁研究:1981—2013［D］．太原：山西师范大学，2014.

② 闫闯，郑航．小学德育教科书中传统文化教育的嬗变：以四套人教版小学德育教科书为文本［J］．课程·教材·教法，2015 (10) : 72 － 78.

③ 黄书光．价值重估与民国初年中小学德育课程教学的深层变革［J］．教育学报，2008 (4) : 73 － 79.

课程变革进行了全面的文化学分析；对全面主义、生活德育、学生自治等德育课程理念进行了史学追踪，指出最早的德育教材主要是理论的说教性文学、“例话与训辞体裁”，偶尔会引用一些干巴巴的故事，而行进至“五四”前后，德育教材已经故事多于训辞，句法也注重切合儿童发展实际，走向儿童化和生活化，这种进步是巨大的。①

一些研究者从共时的角度对同一时期出版发行的不同教材进行对比分析。桑丽英采用比较、归纳等方法对苏人版与人教版思想品德教材进行比较，分析两套教材对编写原则、编写指南的落实情况，比较了两套教材中的道德教育、法制教育、国情教育、心理健康教育等内容和版面设计、栏目设置、语言表达、图表展示等形式，建议坚持多种版本共存的原则、完善知识体系的系统性和条理性、教材内容设置应符合学生的认知规律、教材使用的素材应及时更新、增强栏目设置对教法的引导作用。②雷霖结合一线教学实际对人民版与人教版《思想品德》教材进行比较，指出人民版教材在充分挖掘知识深度、吸引学生兴趣、充实教学材料、激发学生潜能方面有积极的尝试，不过，相比而言，历经数十年磨砺的人教版教材更符合课程标准，内容安排比较科学合理，正面引导性强，人民版教材更具挑战性。③王晓莉、郑航对5个版本的品德与社会教科书进行分析，指出这些教科书普遍突出课程的综合性，强调“以生为本”，同时，各版本教科书各有侧重，如人教版比较关注思维方法的训练和思考能力、道德选择及判断能力的培养，苏教版提出把换位观、生态观、对话观、双赢观作为重点培养的价值观，教科版强调注重情感性和关注农村、兼顾城乡。作者对教科书内容的目标构成、主题选择、教材设计与编排进行分析，指出各套

---

① 郑航．中国近代德育课程史［M］．北京：人民教育出版社，2004.

② 桑丽英．苏人版与人教版思想品德教材比较研究［D］．上海：上海师范大学，2012.

③ 雷霖．人民版与人教版《思想品德》教材比较研究［J］．中学政治教学参考，2012(9)：53－54.

教材力图变被动接受式学习为主动式探究，但在活动方式、情境设置乃至学习方法的提示诸方面尚有较大的改进和提升空间。针对教材的育德功能未得到充分体现、相关内容的整合度及关联性欠佳、活动设计过于程式化简单化等问题，作者建议，小学德育教材编写和修订需要特别注重提炼基本德目，建构教材体系；扩展取材范围，变革呈现方式，注重情境设计；创新教学媒介，打造“立体式教材”。[①]

还有一些研究者对中外德育课程教科书进行比较研究。易连云、袁桂林等对英国《生命线》道德教育教材进行分析，指出由麦克菲尔主编的《生命线》道德教育丛书包括道德教育理论专著和供学校道德教育实践用的教材；前三部分为教材，分别以“设身处地为别人着想”“证明规则吗？”“你会怎样做？”为标题，每一部分包括若干小册子，第一部分还配有《教师指导书》。麦克菲尔等人对学校如何使用教材提出了建议，如把《生命线》教材融汇于各种教材之中，渗透到各科教学活动中进行；因人而异，因地制宜灵活使用，可以由教师变通，创造性地使用；把激发学生动机放在首要位置，鼓励学生把道德价值观、态度等付诸实践。袁桂林指出，《生命线》教材的特点是具有情境性、具有较强的针对性、具有连贯性、具有梯度性[②]；易连云指出，英国德育教材“将理论与游戏融为一体，形象生动，亲切自然，教学效果十分明显”[③]。石烨、刘长海对日本小学“部编本”德育教材进行系统研究后指出，该教材主要依据传授必要的道德价值、培养学生解决问题的意志和态度、贴合学生的生活实际、为学生提供充实的学习材料、打造多用途的教材等理念进行编写；教材共分为3册，小学低年级（1、2年级）、中年级（3、4年级）、高年级（5、6年级）三个学段各一册，三

① 王晓莉，郑航．为了儿童道德成长的德育教材建设：基于五种版本《品德与社会》教科书的比较［J］．思想理论教育，2012 (10)：31－35.

② 袁桂林．英国《生命线》道德教育教材述评［J］．教育评论，1995 (6)：52－53.

③ 易连云．德育课程论：理念与文化［M］．北京：人民教育出版社，2011：246.

册分别设有16、17、22个基本单元;教材遵循以问题情境为核心的内容模式，设计了大量学生参与的活动，将教材的美工设计、语言和文学体裁用贴合儿童情感体验的方式呈现，达到辅助德育的效果；教材围绕有关自身的道德、有关他人的道德、有关集体的道德、有关自然生命以及崇高事物的道德四个维度组织内容，三册教材体现螺旋上升。作者认为，日本教科书对我国德育教材编写改革的启示是重视问题情境设计，加强学生道德主体性的培养；发挥课程标准作用，实现教材内容编排的层次性和递进性；促进教材与其他学科、活动以及家庭和社会的联系。①

沈晓敏等将《日本社会科教育文选》译介到国内。该著作内容丰富，收录了有田和夫等学者对于社会科教材的观点，强调教师要进行教材开发，主张教材要真正成为教材，其本身必须是能引发学生对它的兴趣，并且能促使学生持续地探究它。只有当学生遇到素材后，受到震动，一门心思地想着“这是怎么回事”“这个好奇怪啊”等，并开始为探究而行动的时候，这个素材才成为对学生来说是有意义的教材。而且，所谓教材，就是“将看不见的社会，用某种看得见的形式具体显现出来的材料”。②

高德胜、李稚勇等对美国社会研究课程进行较全面的述评。社会研究是美国学校从幼儿园到高中普遍开设的一门基础课程，与我国中小学开设的思想品德和思想政治课程既有相同之处，也有相异之处。社会研究课程的教学目的定位于为青少年提供社会知识基础，打下美国民主信念的根基，培养包括信息收集、智力、决策、人际技能在内的各种思维技能，培养对公民活动的参与意识。社会研究课程的教学主题主要有:(直接)公民教育、价值教育(道德教育、人格教育)、全球教育、环境教育、多元文化教育、法律教育、生计教育、消费教育、性别平等教育等。环境拓展法是美国社

① 石烨，刘长海.日本小学“部编本”德育教材研究[J].上海教育科研，2019(1):66－70.

② 市川博.社会科的使命与魅力：日本社会科教育文选[M].沈晓敏，译.北京：教育科学出版社，2006:168－169.

会研究课程影响最大的编排方法，这种编排方法的特点是课程从离儿童较近的环境开始，然后依次向外、向远处拓展。美国社会研究课程有学科内容法和反思探究法两种主要的教学方法，前者着重教授学科的结构和内容，后者通过学生的反思探究来分析主要的社会问题，培养学生的价值分析和决策技能，从而培养民主社会的参与性公民，其中，反思探究法是现行美国社会研究课程的主要教学方法，强调学生对教学过程的参与，在活动中学习、内化民主公民应有的技能和方法。[①] 李稚勇对美国社会科课程标准、课程结构展开持续研究，指出"分科型社会学科课程，把注意力集中于社会的某些侧面或某些内容，通过这样的课程来认识社会，就会造成学生对人类社会的片面认识和近视看法"[②]，当前美国社会科课程结构呈现出"围绕社会性问题设计课程，强调培养学生的能力与社会科学的探究方法，以此来构建跨学科的课程体系""各门具体的社会科学的界线被淡化，在此基础上培养学生提出问题和解决问题的能力，人际交往的能力，以及在学科学习中表达自己观念的能力""把注意力集中在培养学生的批判性思维上"[③] 等特点。

赵晖对美国、澳大利亚及东亚和东南亚国家的公民教育进行了研究，指出这些国家公民教育内容的结构要素在排列组合方式上呈现多维统一性的特点，包括注重知识教育、价值观教育与实践活动的统一，提供包含个人、国家、时间、空间的多维内容框架，涵盖政治、法律、道德、经济、环境、国际教育等多维内容领域。[④] 姚进凤对英国媒介素养教育进行了介绍，指

① 高德胜．美国社会研究课程述评［J］．课程·教材·教法，1999 (12)：55－58.

② 李稚勇．分科型·联合型·综合型——中小学社会学科课程结构的比较研究［J］．现代教育论丛，1997 (5)：36－41＋16.

③ 李稚勇．社会中心·学科中心·学生发展中心——论美国社会科课程结构的多样化发展［J］．外国中小学教育，2009 (3)：12－20.

④ 赵晖．社会转型与公民教育：中国公民教育目标与内容体系的建构［M］．北京：人民教育出版社，2007：151－157.

出，英国的媒介素养教育以“媒体机构——谁生产媒体文本？”“媒体类型——媒体文本形式为何？”“媒体技术——媒体文本如何被产制？”“媒体语言——阅听人如何理解文本含义？”“媒体的受众——目标阅听人为何？”“媒体表达——文本如何再现真实？”等六个方面为媒介素养教育内涵，实行由幼儿园大班到高中的正式学制课程，并有完整的评估系统。① 孙婧等人对英国教育部 2016 年颁布的《GCSE 媒介研究课程标准》及相应评估框架进行分析后指出，英国媒介研究课课程标准与评估框架的特点为课程目标彰显三位一体，课程内容强调理论与实践并重，评价内容多样化且坚持以实践为导向；借鉴英国媒介研究课程改革的经验，我国应将媒介素养教育纳入国家课程体系并出台课程标准，以保护、鉴别、赋权为宗旨设置多层次的课程目标，设置跨学科的媒介素养教育课程内容，构建符合媒介素养教育特点的多元化评价体系。② 不过，这三项研究均没有选择特定教科书进行教科书层面的具体分析。

五、德育课程教科书研究的前景展望

教科书质量是教学质量的保障，德育课程教科书质量在构建高质量德育体系、落实立德树人根本任务中发挥着举足轻重的作用，从不同角度开展德育课程教科书研究有助于持续完善德育课程教科书、提升德育实效。依据上文对德育课程教科书研究的分类归纳，笔者认为，德育课程教科书研究有丰富的发展空间。

从基本理论型研究来看，德育课程教科书研究还存在很多原理层面的

① 姚进凤．英国媒介素养教育对我国青少年教育的启示［J］．教学与管理，2010 (21)：159 − 160.

② 孙婧，周金梦．英国媒介研究课的特点及启示：基于英国最新《GCSE 媒介研究课程标准》与评估框架的分析［J］．比较教育研究，2020 (2)：32 − 38.

盲点，如德育课程教科书的性质，它在德育课程及德育体系中的地位，如何评价德育课程教科书的质量高下，如何研发出高质量的德育课程教科书等均是值得关注的理论问题。

从阐释型研究来看，包括统编本教材在内的各种德育课程教科书蕴含着丰富的阐释空间，如教科书体现怎样的儿童观、社会观、道德观以及性别观念，教科书在多大程度上体现科学家精神、生态文明意识、数字化生存等时代主题，教科书对教学组织和评价方式有哪些无声而重要的设定。

从改进型研究来看，德育课程教科书的发展需要严肃的学术批评。研究者理应依据时代发展需要，从不同角度对教科书的主题、素材、呈现方式提出批评意见和改进建议，帮助国家完善教科书，不断提升其权威性。

从比较型研究来看，这一方面的德育课程教科书研究需要更加深入。要广泛收集发达国家所使用的德育课教材，基于文本及与之相应的教学实践展开比较研究，引他山之石为我国完善德育课程教科书及相应教学实践的借鉴。要细致挖掘在中国历史上发挥过重要德育功能的德育教材或读本，据此整理中国德育课程教科书领域的传统，对优秀传统进行创造性转化和创新性发展，做到不忘本来、吸收外来、面向未来。

第五章
德育课程实施研究

课程实施是指把课程计划付诸实践的过程，它是达到预期的课程目标的基本途径。[①] 再精良的制度安排，再优质的教科书，如果被束之高阁，或者落入敷衍塞责的教师手中，也不可能发挥良好的德育效果。从课程与教学内在整合的角度来看，课程实施的主体是课堂教学，同时也包括直接影响课堂教学运行的学校安排，如课时分配、教师分工、教师培养等。本章重点考查三个方面的内容：一是德育课程实施领域的当代创新；二是德育课程实施中存在的问题、成因与对策建议；三是德育课程实施及其研究的前景展望。

第一节　德育课程实施的当代创新

在各种版本的教育学教材以及思想政治学科教学论著作中，若干研究者围绕“德育课应该怎样教”展开探讨，主张德育课教学要坚守主体性原则、针对性原则、实践性原则、关注活动过程原则和实效性原则[②]，对讲授法、

① 施良方.课程理论：课程的基础、原理与问题[M].北京：教育科学出版社，2020：119.

② 陈光全，杨争林.小学德育课程与教学[M].北京：北京师范大学出版社，2013：92.

谈话法、讨论法等方法的实施要点进行了论述，提出了既发挥教师主导作用又调动学生发展主动性的建议，如谈话要有目的有计划，紧扣中心，切合学生实际；讨论要做好准备，加强引导，做好总结等。[①] 也有研究倡导活动化教学、开放式教学、对话式教学[②]、议题式教学、项目式教学、启发式教学、参与式教学、讨论式教学、互动式教学、体验性学习、研究性学习[③]，对案例教学等新兴教学方法进行推介，主张在法律教育中突出案例的作用，“让学生直接面对法律事实，然后带着问题去学习法律知识，再用法律知识来解决问题”[④]。众多一线教师学习课程标准，遴选教学素材，优化设计教学目标，细化教学过程，善用教学评价，取得了良好的教学效果。[⑤]

与德育课程理念、政策、教材强调立德树人、关注学生生活、尊重学生主体地位、倡导教学方式多样化相一致，当代德育课程实施呈现从知识走向素养、从课本走向生活、从封闭走向开放、从专门走向综合、从灌输走向对话、从要素走向整体等新型样态。

一、从知识走向素养

知识与素养的关系是一种对立统一的关系。一方面，素养不同于知识，知识是人们对客观事物的认识，而素养指向的是能力提升[⑥]，“素养（competency）不只是知识与技能。它是在特定情境中、通过利用和调动心

---

① 吴铎．中学思想政治课教学法［M］．北京：高等教育出版社，1991：155－159.

② 易连云．德育课程论：理念与文化［M］．北京：人民教育出版社，2011：168－169.

③ 周家亮．中小学德育课程育人［M］．济南：山东教育出版社，2019：138－169.

④ 高德胜，章乐，唐燕．“接上童气”：小学《道德与法治》统编教材研究［M］．北京：人民教育出版社，2019：90.

⑤ 乔建修．优化课程实施　培育科学精神：以部编七年级《道德与法治》“感受生命的意义”一课为例［J］．中学政治教学参考，2018（24）：53－55.

⑥ 周序．核心素养：从知识的放逐到知识的回归［J］．课程·教材·教法，2017（2）：61－66.

理社会资源（包括技能和态度）、以满足复杂需要的能力。例如，有效交往的能力是一种素养，它可能利用一个人的语言知识、实用性信息技术技能以及对其交往的对象的态度”①。另一方面，素养与知识紧密相联，素养“不在于知道什么知识，而在于能灵活地创造性地运用知识，并且运用这一知识解决问题，是实际解决问题的能力的表现”②。要培养学生的某些素养，必须要让知识和素养共同发展，让知识学习为素养提升奠定坚实的基础。③

传统德育课教学“更容易关注具体的知识点学习”④，偏重传授系统的道德知识，将关于党史国情、为人处世的知识分门别类地提供给学生，让学生了解、知道相关知识并能够据此分析问题，而不关注学生在真实的生活情境中如何思考、选择和行动。然而，如果这些知识不能实际指引个体在生活中的选择和行动，这些看起来合乎道德的知识只是杜威所说的“关于道德”的知识，而没有成为真正意义上的道德知识，没有发挥对个体生活的指导作用，这样一来，“道德课实为关于道德知识的教学，与其说是在实施德育，不如说是在实施智育”⑤。改革开放以来的德育课程政策普遍主张理论联系实际，重视发挥德育课对学生言行的指引和规范作用，强调学生知行合一。从德育课教学目标的角度来看，这意味着教学目标从传授知识走向培育素养，帮助学生掌握进行明智而负责任的社会行为选择所需要的知识，并应用这些知识来指引社会行动。值得注意的是，研究者反复指出，“从传授知识走向培育素养”反对的只是“知识本位”（以掌握知识

---

① 张华．论核心素养的内涵［J］．全球教育展望，2016（4）：10－24.

② 韩震．核心素养与活动型课程：从本轮思想政治课程标准修订看德育课程的发展趋势［J］．思想政治课教学，2016（3）：4－8.

③ 周序．核心素养：从知识的放逐到知识的回归［J］．课程·教材·教法，2017（2）：61－66.

④ 韩震．以学科核心素养为主线优化思想政治课学科育人目标［J］．人民教育，2018（7）：45－49.

⑤ 黄向阳．德育原理［M］．上海：华东师范大学出版社，2000：191.

为教学的唯一和最终目的），而不是反对知识传授，因为特定类型、一定数量的知识是素养的必备要素。

在教学实践中，教师们以创造性的方式依托德育课进行素养培育。教师可以根据教学内容选择一个或几个核心让学生理解核心素养内涵，开展多元化教学活动，让学生经历完整的学习、理解，在探究学习过程中完成素养的构建。[①]如在“应对自然灾害”一课教学中，教师在讲解完常见自然灾害知识后，可以组织学生进行火灾逃生、地震演习等实践活动，帮助学生树立正确的防灾避险意识，增强学生的自救自护能力；在讲解小学一年级《上学路上》这一主题时，教师请同学模拟表演过马路，其他同学作为小交警进行辨析，引导大家归纳在不同情况下过马路的正确方法，要求同学们将“安全行路小宝典”送给家长或者其他人，向他们宣传正确的交通安全观念，提高他们的交通安全意识。此外，社会调查、小组讨论等都是常见的培养学科素养的方法。有的中学教师坚定开展议题式教学，在相关教学情境中创设“商议—争议—决议”一题多“议”的序列化活动，让学生在不同思维的角力中、在价值辨析的判断中学会辨识、自省与实践，以涵养其理论思维能力、政治认同度、价值判断力与社会参与能力等。[②]在这些教学过程中，学生不仅收集、掌握了大量知识，而且将知识与行动紧密结合，达到知与行的统一，遵守规则、责任担当、理性思考等素养均得到锻炼和培养。[③]

二、从课本走向生活

在以传授知识为主旨的教学中，课本自然而然地成为教学的中心：教

① 姜春玲．道德与法治学科核心素养的培育［J］．中国教育学刊，2021（10）：107.
② 孙杰．思想政治课议题式教学的实施路径［J］．教学与管理，2019（7）：60－62.
③ 张崧．在道德与法治学科中培养学生核心素养［J］．中国德育，2017（15）：66－68.

师教课本，学生读课本，评估教学效果的主要标准是学生识记和理解课本知识所达到的程度。课本成为一个封闭的世界，把学生的注意力束缚在语言文字所描述的世界中，将丰富多彩的真实的个人生活和社会生活排除在教学之外。虽然德育课的教学内容与生活息息相关，但教师关注的重心在于学生是否记住了各种“应该”与“禁止”，能否根据教科书所传授的原理回答问题。

当代德育课程改革主张德育课程生活化，以学生的现实生活为课程内容的主要源泉，以正确的价值观引导学生在生活中发展，在发展中生活，在与学生生活世界的联系中建构课程的意义，引导学生热爱生活、学习做人。德育课程生活化一方面体现在教科书内容的生活化，以学生日常生活和当代社会生活的重要主题为教科书基本内容，模仿儿童生活建构生活事件、制作文本“机关”、设计内在性活动[①]，依托“运用你的经验”“探究与分享”指导学生运用教学内容来分析自己的生活；另一方面体现在教学过程的生活化，注重教学对生活的指引，追求学以致用、以用促学[②]的理想学习效果。普通高中思想政治课程标准修订组组长韩震指出，为了实现活动型课程的构建，我们对教师的教学活动提供了“议题式”设计，强调围绕议题展开课程内容，其中应包括学生思考问题的情景、运用的资料、探究的策略和方法，并提供学生探索和表达的机会。这种议题式教学策略设计贯穿课程实施的始终，从而让活动成为体现课程内容的基本方式。这也可以有效地帮助学生经历自己的分析和思考，培养其创新意识和批判性思维能力，学会在价值冲突中鉴别，在错综复杂中辨析，在思考动脑的过程

---

① 唐燕．“摹仿生活”：小学《道德与法治》教材生活化的实现［J］．中国教育学刊，2018(1)：15－20.

② 宋景堂．部编初中《道德与法治》总体教学建议［J］．中学政治教学参考，2016(29)：22－25.

中提高自主自觉的思维能力。[①] 陈友芳指出，素养导向的教学要求学生“在一个又一个基于真实生活情境的主题或项目中通过体验、探究、发现来建构自己的知识，发展自己的能力，养成自己的品格”，情境设计能力是每一位教师都必须具备的核心教学专业素养，好的情境应该真实性与结构性并存，具有典型性和普遍性，富有启发性和思考性，开放性与封闭性得宜，具有趣味性，问题及其解决条件应该是内生于情境的。[②]

初中道德与法治《我与集体共成长》一课包含班级建设、团队责任等公共生活元素，任课教师将学生的已有经验看作其理解和接受新知的前提，在导入环节播放本班级图片合集，提出“‘我’的班级在哪些方面符合美好班集体的要求？还存在哪些主要问题？”等问题，引导学生找出解决问题的方案，提升学生综合素养；在课堂上，教师引导学生思考“如果我们班要选一位班长，你认为选谁最合适并说明理由”“如果是你，你愿意成为一名‘逆行者’吗？为什么？”“你还知道哪些在集体中认真履行着自己责任的人和事？”等主题，将教学与生活融为一体，激发学生在奉献集体的责任担当中去学会感受成长，感受自我价值与社会价值的统一，从而更好地激励每位成员自觉地承担集体责任，维护集体荣誉。[③] 还有教师将课外社团的创建和发展引入教学过程，在教学中给学生提出有针对性的具体指导。

三、从封闭走向开放

以课本为中心的教学是封闭的，以生活为中心的教学是开放的。从共

---

① 韩震．以学科核心素养为主线优化思想政治课学科育人目标［J］．人民教育，2018 (7)：45 － 49.

② 陈友芳．情境设计能力与学科核心素养的养成［J］．思想政治课教学，2016 (9)：4 － 6.

③ 仲崇柱．议题式教学场景设计的实践与思考：以初中道德与法治《我与集体共成长》一课的教学为例［J］．江苏教育研究，2021 (Z2)：45 － 48.

时角度来看，德育课教学向学生的全部生活开放，“教师要在教材的基础上，注重开发周围可以利用的各种德育资源，包括环境资源和社会资源，如自然界中的动植物、山川河流，城镇村落里的新旧建筑、社区街道，现代科技中的时政媒体资源、网络通信、能源设施，学校和社会中的群团组织、社区代表、道德模范、志愿者代表等”①。课程内容包括了学生的同伴交往、家庭生活、学校生活、社会生活，很多教师主张并实施开放性教学，如在课前布置开放性的预习任务，让学生收集自己家的家风、家训，分享自己关于家的看法，制作手抄报；在课上组织同学们思考代沟、亲子沟通等主题，将知识学以致用，学会与父母沟通，并且强调“教师要注意的是，不要过多地干涉课堂活动，给学生提供一定的指导和帮助之后，应该放手让学生自主发挥，给学生充分展现自我的空间”；在课后布置拓展活动，“除了布置相应的书面作业与一定的练习之外，还可以鼓励学有余力的学生开展综合性的学习活动，如开展调查活动、写一篇小论文等”。② 有教师在执教统编教材二年级下册“清新空气是个宝”时安排学生进行课前调查，提醒学生了解当地空气质量并做简单统计，感受空气质量和生活之间的联系；联系生活实际，启动环保实践，将课堂拓展延伸至课后③，较好地体现了教学的开放性。

从历时角度来看，德育课教学注重向历史开放，有意识地开展中华优秀传统文化教育，引导学生将过去、现在和未来联成一体。在涉及中华优秀传统文化教育的主题时，教师有意识地发掘其中的儿童因素，如在教学中引入“报喜”的风俗、“十二生肖”的风俗、老人“过寿”的风俗等，在回忆、感知这些风俗的同时，引导学生体会风俗背后蕴含的长辈对于晚

---

① 教育部基础教育司．中小学德育工作指南实施手册［M］．北京：教育科学出版社，2017：44.

② 范芳芳．关于初中道德与法治课程开放性教学模式的构建：以《亲情之爱》为例［J］．安徽教育科研，2021（11）：34－35.

③ 张琳．在道德与法治课中进行环保教育探析：以部编教材二年级上册“清新空气是个宝”一课为例［J］．教育观察，2019（41）：68－69.

辈或者晚辈对于长辈的美好祝愿。教师也可以将传统文化中儿童感兴趣、可以参与并且不存在安全隐患和时代问题的活动和游戏引入课堂，如春节中的剪窗花和制作中国结，元宵节中的做灯笼和猜字谜等，清明节中的制作风筝和放风筝等活动，端午节中的拔河和制作香囊等①，让学生感受到中华优秀传统文化的持久魅力。教师还可以布置一些社会调查类型的活动，引导学生采访父母、祖父母，让他们的生活阅历进入青少年的视野，发挥潜移默化的教育功能，如在关于亲情的教学中，教师可以布置采访任务，要求学生与年长者进行交流，了解他们眼中的“家风”“家训”；借助年长者的视角和阅历，认真思考当代年轻人应该如何传承老一辈的“家风”“家训”，撰写调查报告，分享研究心得。在关于家乡和祖国发展变化的主题的教学中，这些方法都是适用的。

四、从专门走向综合

课程标准将德育课定位为综合性、实践性活动课程，从根本上确立德育课教学综合化的基本方向。教学综合化首先体现为课堂内外的有机联系。有的学校将食堂变为学堂，开展食堂岗位体验；将果树林变为成长林，开展养殖种植基地建设，努力丰富学生的成长经验。在课堂上，教师引导学生反思这些成长经验，基于经验去思考问题，从而使德育课堂不再孤立于生活之外，而是建立在生活经验的坚实基础之上。随着家庭、学校、社区生活经验的丰富，教师可以在课堂上引导学生回忆在集体生活中有哪些印象深刻的事情②，思考如何在各种生活场景中做得更好，使德育课堂源于生

---

① 章乐．编者视角下《道德与法治》统编教材教学的问题及建议［J］．江苏教育，2019 (17)：23－26＋31.

② 黄传美．整合综合实践活动课程 建构高效道德与法治课堂［J］．教书育人，2021 (10)：58－59.

活、高于生活，最后又回到生活、指引生活。

教学综合化还表现为德育课与其他学科的水乳交融。德育课程引导学生分析人与自我、人与自然、人与社会的关系，与语文、历史、科学等学科教学内容你中有我，我中有你。以综合融通思维打破学科边界[①]，立足于育人目标整体挖掘、使用身边的课程资源，建立课时、师资、设施的跨学科共享机制，是教育改革中有待推广的明智之举。在实践中，有教师在道德与法治教学中引入一些操作性强的实验，为乐于探究的科学精神的培养打下基础，如引入祖冲之首创的节点计数法、生物力学小视频，把数学和生物学实验带入课堂，让学生在实践中体味兴趣对激发学习热情的重要性，有效地培养学生的学习热情；将经典诗词作为教学的切入点，联系著名诗句阐发英雄、青春、长征等主题，发挥诗歌的教化功能，让德育课堂更加润物无声[②]；在课堂上尝试政史融合，让学生站在历史与政治的交汇点思考问题，如将活字印刷术的雕刻学习引入课堂，让学生尝试完成木活字雕刻，体验劳动背后的劳动品质，树立正确的劳动观；将新闻与礼仪教育相结合，让新闻成为课堂教学案例[③]。这些安排有助于打破德育课教学的专门化、孤立化、碎片化局面，让德育课教学焕发夺目光彩；打破校园的孤立，将学生的校园生活和国家乃至人类的整个社会生活联结成一个水乳交融的整体，更加有力地增进学生的社会认知、社会情感和社会行动能力。

---

① 赵霞．尝试打破学科的边界：基于综合融通思维的“道德与法治”课程重构［J］．江苏教育，2019(82)：67－68.

② 吴又存，鲜于玉芳．从诗词大会看道德与法治课程对“英雄”的尊崇［J］．中学政治教学参考，2020(28)：17－20.

③ 刘洋．学科融合背景下初中道德与法治教学初探［J］．中学政史地(教学指导)，2021(6)：17－18.

五、从灌输走向对话

传统德育课程理念将德育课看作一门以掌握知识为主旨的课程，将德育课的教学目标定位于促使学生记住课本中关于道德的知识，以教师讲、学生听为主导形式的灌输式教学成为课堂活动的主导形式。就其性质而言，灌输“是一种强制的、封闭的教育”，它所要传授给学生的乃是人们推崇并为大多数人一致认可的、具体的道德规范，在实施方法上通常诉诸直接的问答式教学、规劝、说服、强迫执行、训试、奖惩以及榜样等。[①]灌输的教学方法将教师和学生分别看作掌握了先进道德的教育者和道德上落后的受教育者，把受教育者看作被动的、只需接受先进道德的“容器”。这样的教学将道德知识与实际运用这些知识的社会情境、情感状态和行为过程人为割裂开来，虽然在书本层面上进行了教材知识的精准复制，但是最终因为无法引导学生形成稳定的道德观念和道德行为习惯而遭遇实际效果低迷的质疑。

随着建构主义、人本主义等理念的普及和德育课特殊属性的揭示，当代德育课教学越来越注重确立学生的主体地位，引导学生的思维发展和能力提高，教学过程越来越成为师生平等对话、相互倾听的过程，从灌输走向对话成为德育课教学改进的重要标志。研究者强调，“学生、教师都是道德主体。注重师生之间、学生之间的主体互动，使学生在广泛的活动与交往中接受教育影响，在互动互促、自主探究的过程中自主发展，是道德（或价值）教学需要遵循的又一基本原则”[②]。在对话教学中，教师有意识地在教学过程、教学情境、教学活动中布设对话内容，用对话方式启迪学生

---

① 谢登斌．德育新观念：将单向灌输转变为参与式道德实践［J］．广西师范大学学报（哲学社会科学版），1999 (4)：31 － 35.

② 郑航．学校德育概论［M］．北京：高等教育出版社，2007：146.

学习思维、强化学生学习认知。[①] 教师会精选与学生生活经验紧密相联的话题，打开学生的“话匣子”；及时发现学生发言及思考中的亮点与不足，明确教学引导侧重点，引导学生更加深入地理解人生和社会。在“变废为宝有妙招”教学中，教师组织学生以小组为单位进行组内讨论，分享自己了解的变废为宝妙招；引入竞赛机制，比赛哪个小组得到的“变废为宝小妙招”更多、更实用，激发学生课堂学习的好胜心理，增强学生对话活动学习体验；针对一些学生对于照明电器、刷牙时开着水龙头等一些生活中的细枝末节重视程度不够、认为这些很少的资源浪费并不会对环境造成太多影响等看法，教师依托信息网络进行信息收集和展示，用直观的数据展示这些“小浪费”积少成多后的可怕性，改变学生认知误区，培养学生树立低碳环保意识。[②]

也有研究者从教师使用教科书的角度来理解对话，主张教师与教科书的关系应该是合作伙伴关系，教师不是一味地在学生头脑中复制教材上的一切，而是通过与教科书平等对话以求得专业支持。具体来说，教师要倾听教材，深入领会教材编写的意图是什么；质疑教材，持之以恒地追问“为什么是这样？教材所得出的话题是不是能调动起儿童已有的经验和体验？”等问题；对话教材，在具体的教学情境下，根据不同的教学对象可以对教材进行创造性取舍、补充与整合，灵活地运用教材。[③]

六、从要素走向整体

德育课的众多主题与其他学科有着天然的联系，跨学科德育主题教学在基础教育课程改革背景下悄然兴起。跨学科德育主题教学是指在学校教

---

① 黄国兵．小学道德与法治对话教学策略探析［J］．新教育，2021（14）：27－28.

② 同①.

③ 孙民．和孩子们一起过生活［M］．北京：团结出版社，2010：100－103.

学中，各学科根据自身的特点并结合德育主题的需要，有目的、有计划地在教学中向学生传达教学内容、开展德育活动，使得学生更好地躬行实践。这种教学方式使德育课不再局限于孤立的单一学科，而是在各学科的融合中通过主题教学的方式进行，有望实现更大的教学成效。跨学科德育主题教学要求建立跨学科教师共同体，以德育课老师为核心，由不同学科的教师参与，共同将德育融入各学科的日常教学；合理安排跨学科课时，使不同学科的教学内容和教学侧重点在同一时间内保持总体一致，如各学科都可以在国庆前后开展爱国主义教育相关内容的教学。[①]

五年级教师发现《品德与社会》教材中《二万五千里长征》和语文教材中《七律·长征》两课内容相似，语文课要准确了解诗的内涵与意境，显然离不开对长征过程中发生的典型事件的了解，而品德与社会课要感受红军战士大无畏的英雄气概和乐观主义精神，必然离不开对毛主席诗作《七律·长征》的理解，于是两科教师决定合作完成这一内容的教学。有学校在全校范围内举办以国际理解为主题的跨学科德育主题周，分设了不同国家和人民的文化（文学故事、传统游戏、民族艺术、风俗礼仪）、共同关注的问题（毒品、环境）、国际贸易（商品种类、货币兑换）等三个专题，语文学科展示来自不同文化的代表性国家的短篇故事，体育学科让学生玩世界各地的游戏，美术和音乐教师使学生专注于各类视觉媒体和各民族的音乐，外语学科安排学生分角色表演不同民族的风俗礼仪，品德与社会学科探究毒品的种种危害和社会影响，数学教师则讲授有关外国货币的知识等。[②]

从学校内部的全员育人扩展到家庭、学校、社会协同，构建更加宽广的德育共同体，仅有一步之遥。有学校在课程资源开发的过程中，充分认识到家长这个不可忽视的资源，设计了“爸爸妈妈当老师”这一课程活

---

① 黄敏．跨学科德育主题教学的困境与出路［J］．教学与管理，2018 (18)：92 − 94.

② 杨莉娟．跨学科视野下德育主题教学探讨［J］．中国德育，2015 (2)：21 − 25.

动，请家长利用自身的专业知识为学生进行“配餐”，让学生走进并了解三百六十行，了解学校、家庭以外的世界。[①]很多学校进行了这样的安排，目前多数安排是以校本德育课程的形式进行的，和德育课的融合不够充分。不过，从理论上来讲，在德育课上引入家长、社区人士乃至模仿教育部与中央电视台联合录制的《开学第一课》的形式与专家“云对话”，都是可行的德育课教学创新思路。

第二节　德育课程实施中存在的问题研究

从知识走向素养、从课本走向生活、从封闭走向开放、从专门走向综合、从灌输走向对话、从要素走向整体等德育课程实施领域的创新让人激动且向往。然而，反观现实，我们不难发现，我国学校德育课程及教学存在“德育课教学资源不足，教学手段较落后”“德育课堂以直接的‘灌输式’教学为主”“德育课师资力量薄弱，督导评价缺乏力度”等不足[②]，照本宣科、死记硬背、空洞表态在中小学德育课中屡见不鲜，德育课程实施知识化、孤立化，德育课教学与学生日常生活彼此隔离的问题不容忽视。

一、德育课教学脱离学生生活的问题研究

我国学校一直重视德育课，希望通过系统的德育课堂教学，为学生生活指引方向。通过德育课教学为学生当下和未来的人生提供指引，是学校

---

① 赵玲，王静．拓展课程资源，丰富德育途径，优化德育效能：德育课程中家长资源的开发与利用［J］．安徽教育科研，2020 (20)：94 － 95.

② 王定华．新形势下我国学校德育调查与研究［M］．北京：教育科学出版社，2012：258 － 259.

开设德育课的基本出发点和目标；注重教学与学生生活和社会的联系，是各学段德育课程标准普遍强调的教学原则。2011 年版《思想品德课程标准》指出，帮助学生过积极健康的生活，做负责任的公民是课程的核心；思想品德课程要以初中学生逐步扩展的生活为基础，以学生成长过程中需要处理的关系为线索，有机整合道德、心理健康、法律、国情等方面的内容，进行科学设计。然而，德育课堂教学指引学生生活的目标并不总是能够实现，德育课教学脱离学生生活实际，学生在校园和社会中言行不一、违背德育课教学内容的现象屡见不鲜，这是新时代加强和改进德育课教学必须首先予以重视的问题。

（一）德育课教学脱离学生生活的现实表现

檀传宝及其团队在中学进行德育诊断后指出，样本校的德育课“没有体现出其区别于其他学科课程的独特性，在课程加工、教学方式、教学流程和学生评价方面没有体现出德育课程的特质，具有较为明显的学科化知识教学特征。它的教学方式主要是灌输；课程加工主要是条块化分割知识要点；教学目标主要是记诵知识，并能应用于考试；评价方式主要是考试成绩等。由此可见，德育课程的教学目的不是提高学生的思想品德修养，而是增加分数，提高班级排名……某教师在讲授‘为什么要诚信’时让学生记诵教材中列举的‘诚信’的三项意义。学生按照教师的要求把书本画成条块的知识要点，这些要点就是考试时回答相应题目的标准答案。虽然有应试的无奈，但这样就把德育课完全等同于一般学科的知识教学，没有体现出直接德育课程的价值性特征”[①]。这一段文字以真实的中学德育课堂观察为依托，从教学方式、教学目标、评价方式等方面形象而深切地揭示出德育课忽视品德培养、脱离学生生活实际这一较为普遍的现实问题。

---

① 檀传宝．学校德育诊断案例研究［M］．北京：教育科学出版社，2012：124.

近年来，笔者观摩了多地的中学德育课近百节，发现中学德育课均有通过教学指引学生生活的目标预设，不过，就实施方式和实际效果而言，指引学生生活的目标在绝大多数课堂上都没有达成或者没有充分达成。这里呈现两个例子。

在A校的一节德育课上，一名教师在执教《友谊》这一主题。教师很死板地把教科书上关于友谊的讲解读一遍，不时停下来对一些说法进行解释；学生们秧田式静坐着，多数学生很不认真，边听讲边根据教师要求或者自己的理解在课本的相应部位画线。这个讲解过程用了20分钟，课堂气氛很沉闷。教科书上的内容讲完后，教师让同学们拿出练习册，用5分钟时间把练习册上的配套练习题做完。而后，教师以点名回答的方式和学生核对答案。练习题均为选择题，教师手里有标准答案。

与这节课相比，B校的一节德育课要活泼得多。这节课的主题是《独立》，在课堂上，这位教师先围绕初中生的日常生活提出一些问题，如“每天是不是自己来上学？”“说一下自己可以独立完成的事情”等。学生们很踊跃地回答,慢慢引出“自己的事情自己做”这个结论。随着教学的进展，教师进一步提问，引导学生将课堂上所学的内容与生活相联系，说出自己接下来会如何做到更加独立，如坚持自己背书包、学会做饭等。整节课总体上以一种紧密联系生活的方式进行，可是，下课之后，学生们是不是能够做到独立呢？很难说。就像在讨论中一些学生提到的：“我想自己做事，可是，家长不同意，他们非要替我包办一切啊！”

以上两节课基本上可以看作当前中小学德育课的缩影。前者是传统德育教学的典型，重视书本知识的灌输和记忆，强调引导学生学会答题和考试；后者是现代德育教学的典型，注重德育教学与学生生活的联系，引导学生学会思考和处理生活中的问题。两种教学方式有很大差别，但其共同之处是就实际效果而言，对学生的实际行动选择所产生的实际影响都不大。

除此之外，作为一名初中学生的家长，笔者时常收到道德与法治教师给家长和学生的提醒，如“第二单元知识清单已上传，昨日也将纸质版清单发到学生手中，烦请家长们继续督促检查孩子每天的背诵熟读任务”“道德与法治学科考试，记忆是基础，审题是关键，答题是重点”“这次试卷考查两个单元的内容，题量和难度都有所增加，经过近几日的背诵，大部分同学都有进步”。这些提醒给笔者及其他家长造成的印象就是“道德与法治是中考占 60 分的考试科目，必须要加强记忆，争取高分”；并且，教师从来没有提醒家长根据课本上所讲的人生价值、友谊等内容监督子女言行，指引子女形成相应的品德。

（二）德育课教学脱离学生生活的成因分析

德育课堂教学主题全部是学生在现实生活中需要处理的关系、需要面对的问题，理应引导学生思考现实生活，引导学生学会更好地独立生活。然而，细致追问可以发现，“德育课教学指引学生生活”的逻辑并不完整，而是存在众多断裂之处。

其一，科层制分工导致德育与教学割裂，德育课教学与学生日常生活彼此隔离。

当前，我国学校基本上实行科层制管理模式。科层制具有专业分工明确、职权等级森严、制度规则化、非人格化、资格法定性、行政效率化等特征，科层制的组织结构被马克斯·韦伯等视为现代社会组织结构的“理想类型”。基于科层制，学校行政系统构成自上而下的权力体系，业务系统有明确的专业分工和工作目标、相应的岗位责任制、正式的制度体系，以保证学校工作的有序运行和管理效率的提高。[①] 然而，学校科层制必然带来学校工作专门化或部门化。在多数情况下，学校教育工作被简单化地划分成教学工作和德育工作两大部分，教学工作包括各学科教学工作，由教学副校长、教务主任统筹；德育工作包括班主任工作及不同层级的德育活动，

① 刘超良. 消解学校科层制对德育的羁绊［J］. 教育科学研究，2007 (6)：40 － 42.

由德育副校长、德育主任统筹。

由于部门之间的竞争等因素的存在，教学工作和德育工作逐渐成为“井水不犯河水”的格局，具体表现在：德育和学生管理成为班主任的事，普通科任教师可以不管；学科教学工作由教学副校长和教务主任决定，德育副校长、德育主任虽然承担相应教学任务，但一般不会发表反对意见；教学副校长和教务主任也将德育工作看作德育副校长和德育主任的“自留地”，轻易不会置喙。久而久之，德育副校长所能调动的教师主要是班主任、大队辅导员、团委书记，很多学科教师缺乏德育主体意识，游离于德育队伍之外，学校教育的整体育人功能被割裂。

德育课教学可以看作是科层制影响下教学与德育割裂的典型例子。从德育原理角度来看，德育课是培养学生良好品德的重要途径，然而，在实际工作中，德育课教学属于教学工作，不归德育副校长管理，德育课教师往往无视其德育使命，而是利用这门课灌输道德知识，培养学生应试能力，使其成为纯粹的知识教学。对于科层制下德育课程实施的尴尬，有研究者进行了如下分析：“中学德育课程实施不能只限定在课堂上，而是要走出课堂，融入学生的全部生活，全方位、全天候地对学生施加积极影响，现实中学校却把中学德育课从学校的日常德育工作系统中剥离出来，把对学生的道德培养活动孤立地、生硬地停留在课堂上。不少教师只管课堂教学，下课铃一响，如同标上了休止符，‘教学进行曲’戛然而止。教师没有结合具体的教学内容，关注学生日常生活中的行为表现，没有关注学生在日常生活中所孕育的道德经验，没有针对日常生活中的道德问题进行具体的指导，没有课堂之外的校园、家庭、社会为学生营造致知笃行的平台和实践性作业。造成了中学德育课难以关照和引领学生的生活，特别是很难走出课堂，无疑是中学德育课教学最具要害性的缺失。”[①]

---

① 李海月 . 西北地区中学德育课程实施研究［M］. 北京：中国社会科学出版社，2020：196 - 197.

其二,应试压力大、学生生活“空壳化”导致德育课教学沦为纸上谈兵。

德育课教学集中于指导学生思考人生价值、处理人际交往、参与社会实践，然而，在巨大的应试压力和日复一日的沉重书面作业负担面前，这些倡导往往无从落实。高德胜对这一现象进行了分析：“我们在教材开发过程中通过实地考察发现一些儿童的生活经验非常单一、贫乏，他们的生活经验仅限于学校和家庭生活的经验，就是家庭生活经验也以学习经验为主，在学校以外，与他人包括同龄伙伴的交往很少。这种状况一方面是由我们的应试教育造成的，应试教育将儿童丰富多彩的生活缩减为单一的学习生活，导致儿童生活的贫血化和空壳化。另一方面，现代社会人际关系淡漠，人与人之间戒备心理比较严重，父母不愿意子女与其他儿童交往。德育课程和教材如何面对这一现实，是我们迫切需要研究的课题。我们既不能脱离儿童的这一生活现实，否则课程学习与教学就不能唤起儿童的生活经验，儿童就会用空壳化的语言来应付课程学习与课堂教学，又不能迁就儿童的这种生活现实，否则就有加剧儿童生活空壳化的负作用，无法改变儿童的这种畸形生活，无法使他们自身回归真实的生活之中。”①

应试压力大不仅使学生的现实生活变得苍白单调空洞，而且让德育课教学不得不面对一种左右为难的尴尬处境：“在教育实践中，无论怎样强调德育，都比不上考试的方式有效。如果有考试，德育课地位即使再差，也能得到课时的保证。这可以从德育课在中小学的实际遭遇得到有力印证。由于小学德育课不考试，相当多的小学根本不上德育课；中考要考‘政治’（德育课在学校的通行名称），所以初中德育课还是有课时保证的。更深层的问题是，由应试和功利加持的德育课重视的只是道德与社会科学知识的记忆、复述，至于学生的品德是否得到了发展，则因无关宏旨而被弃之不

---

① 高德胜 . 回归生活的德育课程［J］. 课程 · 教材 · 教法 , 2004 (11) : 39 − 43 + 73.

顾。”[①] 近年来，习近平总书记“思政课是落实立德树人根本任务的关键课程”思想得到广泛传播，很多地方都加大了对小学和初中道德与法治课程的重视力度，重视的一个表现就是加大这门课程在考试中的地位。这样的做法虽然保障了道德与法治课的课时，但由于考试方式偏重记忆和分析，大量学校的教学方式还是以书本知识传授为主要形式，如本章第一节所阐述的诸多转向并没有真正实现。

其三，德育课并非学生品德形成的唯一影响源。

德育课堂教学指引学生生活的逻辑前提是德育课是学生规则意识、价值观念形成的唯一或首要影响源，然而，这个逻辑前提并不成立。在《我的教育信条》中，杜威开章明义地指出：“一切教育都是通过个人参与人类的社会意识而进行的。这个过程几乎是在出生时就在无意识中开始了。它不断地发展个人的能力，熏染他的意识，形成他的习惯，锻炼他的思想，并激发他的感情和情绪。由于这种不知不觉的教育，个人便渐渐分享人类曾经积累下来的智慧和道德的财富。他就成为一个固有文化资本的继承者。世界上最形式的、最专门的教育确是不能离开这个普遍的过程。”[②]

早在个体进入学校、进入德育课堂之前，个体的道德学习就已经开始，并且一直在进行；学生并不是像一张白纸一样进入教室接受教师的道德引导的。于是，自然而然地出现了基于日常生活的道德学习和基于德育课堂的道德学习是否方向一致的问题：如果生活中运行的道德规则和课堂上讲授的道德规则是一致的，那么，学生遵循课堂讲授的可能性会更大；如果课堂上讲授的道德规则与学生在生活中感受到、观察到的道德规则并不一致，甚至相异相反，那么，学生在生活中遵循课堂讲授的可能性就会大大减少。

---

① 高德胜，章乐，唐燕．“接上童气”：小学《道德与法治》统编教材研究［M］．北京：人民教育出版社，2019：37.

② 杜威．学校与社会·明日之学校［M］．赵祥麟，任钟印，吴志宏，译．北京：人民教育出版社，2005：3.

试以男女平等为例进行分析。德育课堂上讲解的是男女平等、尊重女性、女性要自尊自爱等道理，而如果学生在从小到大的成长过程中，习以为常的是看到女性在家庭和职场处于附属的地位，做家务是妈妈的事，爸爸坐享其成，该生是否会真正地认同、信服德育课堂上关于男女平等的讲授呢？如果学生心目中“男尊女卑”的观念已经根深蒂固，德育课堂教学就必须花更大的功夫来引导学生改变先入为主的价值观，而不是简单地让学生记住“男女平等”的规则就草草下课。

其四，学生在德育课堂上学到的可能仅是“关于道德的观念”而非“道德观念”。

在《教育中的道德原理》中，杜威细致区分了“道德观念”和“关于道德的观念”，指出，“道德观念”是能够影响行为，使行为有所改进和改善的观念；而“关于道德的观念”可能对行为没有影响，既不使它变得更好也不使它变得更坏，在道德上可以是漠不关心的，或不道德的或道德的，原因在于“在关于道德的观念，关于诚实、纯洁或仁慈的知识中，没有使这些观念自动地转变为良好的品格或良好的行为的性质”。因而，对德育课堂教学而言，最艰巨的挑战是如何使学生以充满活力的方式获得观念，使这些观念成为“指导行动的活动的观念”①。

然而，大量德育课堂教学并没有注意到或回应这一挑战，热衷于进行道德知识的死板灌输，如前面所讲的 A 校的那节德育课。在这样的课堂上，学生学习的教材是孤立的，就如同把知识放在不透水的互相隔开的船舱里一样；学生“学过了这些功课，并且顺利地通过了考试”，却不会用这些被动获得的知识来指导生活。这种教学的结果是，各种道德知识僵化地保存在学生头脑中，“仍然保存在原来存放它们的封闭的船舱里面”②，同其他

① 杜威．学校与社会·明日之学校［M］．赵祥麟，任钟印，吴志宏，译．北京：人民教育出版社，2005：136.

② 杜威．我们怎样思维·经验与教育［M］．姜文闵，译．北京：人民教育出版社，1991:270.

经验并没有什么关联，所以在实际的生活情境中，这些知识便不能发挥效用了。这样的德育课堂教学，不论如何精深，也无法对生活产生真正的指引作用。

对于这一点，喻学林在著作中指出："教师如果只注意了书本上应该讲授的内容，就会忽略眼前的生命中发生的具体道德问题和道德需要；教师要求学生进入事先设定的内容和计划好的教学步骤，就忘记了学生当下的道德经验。计划了的教育是一种普遍原则下的普遍要求，是让所有的孩子面对同样抽象的道德经验。这些经验或者是过时的，或者是概括的，是掩饰了的，唯独不是属于儿童自己的真实经验。而儿童的生命是鲜活的，各自经验的道德情景是具体的、偶然的、不同的。"[①] 如何使德育课教学内容融入生活、指导生活，让抽象的观念活起来，确实是每位教师不得不直视的大问题。

其五，学生德育课上学到的道理很难适应复杂的情境性问题。

儿童与课程之间存在着相当大的基本分歧：儿童的生活是一个整体、一个总体，儿童所关心的事物是结合在一起的；学校各门课程却是专门化和分门别类的，教学内容从它们在经验中原来的地位割裂出来，并根据一些一般原则重新排列。[②] 德育课堂教学与学生生活之间的分歧正是如此：德育课上的教学是有条理的，遵循单一线索的，而学生在日常生活情境中遇到的问题则是复杂的，思考和应对的线索也是多元的。德育课堂教学真的能指引生活中的选择吗？

在调研中我们发现，很多中学生认为德育课上所讲的道理空洞无用、"老生常谈"，在处理交友中的冲突、进行活动组织时更多地凭经验做事，而很少想到德育课上听说的道理。这种情况一方面和德育课空洞说教、脱

---

① 喻学林．德育有限论［M］．武汉：湖北人民出版社，2009：115.

② 杜威．学校与社会·明日之学校［M］．赵祥麟，任钟印，吴志宏，译．北京：人民教育出版社，2005：112－113.

离学生生活有关，另一方面也和德育教学内容遵循学科逻辑、注重抽象纯粹而远离纷繁复杂的具体情境不无关系。

（三）解决德育课教学脱离学生生活问题的对策建议

其一，全面理解个体道德学习，减少道德学习过程中的内耗。

要认识到个体道德学习的弥散性特征，不能狭隘地将个体道德学习与德育课堂学习画等号。德育课堂教学具有指引个体生活选择的潜能，但课堂上的学习只是个体道德学习的一部分，并且，相对来讲，是影响力较小的一部分。杜威强调，“当我们考虑到通过教育使道德成长的整个领域时，直接道德教学的影响，充其量说，比较地在数量上是少的，在影响上是微弱的”，而“更大范围的、间接的和生动的道德教育，通过学校生活的一切媒介、手段和材料对性格的发展”①才是德育和个体道德学习的主要部分。

全面理解道德学习，意味着教育者要重视德育课上的直接道德教学与学生生活中的间接道德学习的一致性，减少因为方向分歧而产生的内耗。陶行知指出生活即教育，“是好生活就是好教育，是坏生活就是坏教育”②。教育者要学会分析学生身处其中的学校生活、家庭生活、社区生活的道德品质，尽可能优化个体生活环境，使个体在日常生活中所形成的思想观念有助于个体认同、遵循社会所倡导的积极价值观。

全面理解道德学习，还要求教育者重视德育课上的知识传授与德育课上学生生成的生活经验之间的一致性。德育课所传授的知识内容是以尊重、关心、环保等德目为中心进行的，然而，很多德育课堂的运作过程却与教师所讲授的德目背道而行，没有体现教师对学生的尊重、师生之间的互相

① 杜威．学校与社会·明日之学校［M］．赵祥麟，任钟印，吴志宏，译．北京：人民教育出版社，2005：137.

② 陶行知．中国教育改造［M］．北京：商务印书馆，2014：161.

尊重、同学之间的相互关心，例如一些学校的德育课地位较低，课堂纪律情况很糟糕就是明证。改善德育课堂本身的道德属性势在必行。

其二，建立德育课堂教学与学生现实生活的联系，使德育课堂教学成为学生生活运作中的有机组成部分。

对德育效果和学生品德水平的评价，不能仅依据学生在德育课程考试中的得分，更要看学生在实际生活情境中的选择和行动，既要观其言，更要察其行。德育课的最终目标不是让学生听到、记住，而是要指导学生的行动。

如何促使德育知识转化为学生的道德观念呢？关键在于使德育课堂教学与学生现实生活有机联系起来，即“课程需要不断地照顾成长中的儿童的经验和他们的变动着的需要及兴趣”①。德育教学要与学生的具体生活经验相联系，围绕学生感兴趣的现实问题来展开；在教学结束环节要布置与当下生活相联系的作业，如依据所学习的内容，分析自己做人做事的特点，下次课再围绕学生的自我分析深化教学。

德育课堂教学有机融入学生生活全过程，意味着德育教学不能单纯地围绕道德知识的学科体系来组织，而是要体现灵活性，因为学生的生活不会按照教材的逻辑来依次出现。当前按学期组编的德育教材是机械的，每册书的主题很有限，当学生生活或社会生活中出现很好的题材时，教师无法及时找到相应的教材。最好是将德育教材编成一个全本手册，教师可以不受章节顺序的限制，灵活地从中选择相应的内容来组织教学。此外，还有必要加强德育课程的校本规划，学校德育处或德育课教师留心收集学生生活中的各类素材，从整体上进行规划，开发专题课程，引领教师实施有针对性的、生活化的教学。

其三，德育课教学要直面生活情境的复杂性，为学生提供自主讨论和行动的机会。

---

① 梅休，爱德华兹．杜威学校［M］．王承绪等，译．上海：华东师范大学出版社，1991：15.

德育课教学的一个常见问题是从孤立的道德规范出发，倡导学生遵守某条道德规范，如学会诚信、节俭、友善等。然而，现实生活往往是复杂的，个体在生活中需要综合考虑多方面的因素才能做出明智的行动抉择，较好地解决当下困境。

例如，古代有一个著名的守信故事。《庄子·盗跖》说：“尾生与女子期于梁下，女子不来，水至不去，抱梁柱而死。”相传古代一名叫尾生的男子和一名女子相约在桥下见面。他等了很久，不见女子到来，这时河水猛涨，淹没桥梁，尾生为了坚守信约，不肯离去，抱住桥柱，淹死在水里。后人把这个故事作为守信的典范。从诚信这一角度来看，故事里的男主人公尾生是信守承诺的，并且满足了世人对于忠贞不渝的爱情的渴望。可是，他对这一事件的处理真的是好的吗？笔者认为，他固然做到了忠实于爱人之间的承诺，可是却放弃了自己宝贵的生命，也无视自己对父母、社会所应承担的责任，因为忠于一个规范而背弃了若干其他规范，不见得是最佳选择。可见在复杂的生活情境中，个体的选择可能是多样的、左右为难的。德育课教学不应想当然地倡导某个孤立的规范而不及其余，“一叶障目而不见泰山”。

面对复杂的生活情境，德育课教学要突破教师一言堂、传授标准答案的束缚，将课堂还给学生，鼓励学生自主思考、平等研讨，分析多样的可能，并据此指导行动。总之，要给学生提供思考和行动的自主空间，培养学生灵活而有效地处理生活事件的智慧。在这一方面，杜威的如下观点值得我们牢记：“如果一个医师是精于医道的，他就会运用他的科学（无论怎样博大精微）去供应他诊察各个病症的用具，和拟定治疗方法的方法。无论他的学问多大，他如将各个病症归于疾病的若干分类和处治的若干常规底下，他就堕落寻常的机械水平去。他的智慧和他的行为变成呆板、武断，而不是自由的和灵活的。”[①] 无论教师还是学生，都不能把道德当作僵死的

① 杜威．哲学的改造［M］．许崇清，译．北京：商务印书馆，2017：101.

药方，因为生活情境总是特殊的、具体的、个别的。

二、德育课与其他学科教学割裂的问题研究

从专门走向综合、从孤军奋斗走向全员育人，是德育课程教学的重要转向，这客观上要求德育课与其他学科教学建立有机联合，要求全体教师树立立足本学科落实立德树人根本任务的使命自觉。杜威指出，“教师和学生的直接的、即时的注意力必然在大部分时间内是放在智力问题上”“如果我们把发展性格作为最高目的，同时又把必然占学校主要时间的获得知识和发展理解力看作和性格无关,那么学校的道德教育就是没有希望的”[①]，因而，务必“使道德目的在一切教学中——不论是什么问题的教学——普遍存在并居于主导地位”，这样，“一切教育的最高目的是形成性格”[②]才不致成为空话。杜威主张，把每一门学科看作理解社会、参与社会的工具，并且围绕学生当下的生活经验变革教学方式，发挥各学科教学的教育性。近年来，我国关于全学科育人、全员育人的提法不绝于耳，然而，在实践中，我们却不难发现，德育课教学与其他学科教学之间存在较严重的割裂，全学科育人理念的落实还有待细致探讨。

（一）全学科育人未落实的现实表现

教书育人是中国民间对教育内涵的通俗解释，然而，在很多地方，教书和育人被活生生地割裂开来,教师“只教书不育人”的情况时常可以看到。檀传宝等提出了判断各学科课程德育效果的指标：一是是否有效地挖掘和展示了知识中蕴含的道德力量；二是能否充分调动和引发学生的学习兴趣，

① 杜威 . 民主主义与教育［M］. 王承绪，译 . 北京：人民教育出版社，2001：372.

② 杜威 . 学校与社会·明日之学校［M］. 赵祥麟，任钟印，吴志宏，译 . 北京：人民教育出版社，2005：136.

并使学生通过教学切实掌握特定的知识。[①] 以此为标尺，很多学校的现实情况是学科教学的应试化倾向明显，德育功能失落。

其一，科任教师醉心于考试分数，回避学科德育责任。

习近平总书记在就高校思想政治工作发表讲话时指出，课堂教学是思想政治教育的主渠道，强调“各门课都要守好一段渠、种好责任田”。这段话在中小学同样适用。从教学内容角度分析，各门课都包含着丰富的、可以贯穿德育的内容，历来强调文以载道的语文课、历史课不必多说，即使数学、化学、物理这样的理科课程也可以培养学生的合作意识、科学精神、可持续发展意识、社会责任感等。然而，大量教师以赶进度、比分数为理由，闲置了这些德育资源，使学生很难在课堂上得到思想观念的引导。

其二，狭隘理解学科德育资源，将学科教学与德育割裂开来。

从教学方式角度分析，合作学习、探究学习能够在潜移默化间引导学生形成良好品格，而大量课堂过分强调竞争、背诵，不利于学生承担团队和社会责任。教师在教学过程中的精心准备、优雅谈吐、严慈相济是学生学会敬业、友善、文明的榜样，但有些教师却敷衍教学，言语粗鲁，对学生过于严苛或者过于放任，没有负起为人师表的责任。

从教学内容角度来看，如杜威所说，“要把一门学科看作使儿童认识社会活动的情况的一种工具”[②]，在此意义上，每门学科都有帮助个体理解社会、参与社会的人文功能，我国当代课程标准无一例外地强调每门学科帮助学生适应社会生活的职能定位，然而，大量教学止步于知识的灌输，而没有建立学科教学与日常生活、社会参与的联系。

其三，科任教师忽视课堂管理和常规管理，回避课堂和校园生活中的

---

① 檀传宝.学校德育诊断案例研究［M］.北京：教育科学出版社，2012：125.

② 杜威.学校与社会·明日之学校［M］.赵祥麟，任钟印，吴志宏，译.北京：人民教育出版社，2005：147.

德育责任。

《教育部关于培育和践行社会主义核心价值观进一步加强中小学德育工作的意见》要求明确学校各个岗位教职员工的育人责任，然而，旨在培养学生良好习惯、维护正常教育教学秩序的常规管理责任几乎全部压在班主任、德育课教师的肩上，一些科任教师无视自己在课内外常规管理方面的责任。就纪律表现而言，学生在班主任面前最守纪律，在科任教师面前就变得松散多了。在访谈中，学生经常会这样说："如果在课堂上捣乱、在校园里乱丢垃圾被班主任看到了，就会很惨（被扣分或者严厉批评）；如果只是被科任老师看到，基本上没事，有的老师会象征性地批评两句，有的老师看到了就当没看到。"有的学校还会出现这样的情况：科任教师上课时不能很好地维持课堂纪律，回到办公室向班主任投诉说"你们班的秩序太差了，别的班比你们班好多了"，心安理得地要求班主任代行课堂管理职责。

（二）全学科育人难落实的制度障碍探析

教师普遍知晓全学科育人理念，然而，为什么在实践中不愿遵照这一理念行动呢？进一步说，教师们为什么更倾向于遵照"只管教书不管育人"的错误理念开展工作呢？笔者认为，其中的关键因素是制度。这里所说的制度包括正式约束、社会认可的非正式约束及其实施机制[①]，既包括明文规定的制度，也包括通行而没有言明、有时与明文制度恰成对立的"潜规则"。制度对社会成员的行为具有普遍的约束力和塑造能力，在学校系统中，学校制度是特定价值观转化为学校成员的行为方式的中介，即每一种学校制度均体现特定的价值观，并通过其对学校成员的强制或约束力量而指导其行为。将教书与育人割裂的观念尽管违背德育方针，但如果得到学

---

① 贺培育.制度学：走向文明与理性的必然审视[M].长沙：湖南人民出版社，2004：180.

校现有制度的支持，也可能会成为各校司空见惯且畅行无阻的做法；全学科育人的观念尽管在理论上正确，但如果得不到学校制度的支持，也很难落实。

反观现实，我们不难看出，当前我国学校的若干制度安排不利于全员育人理念落实。

其一，应试教育制度化挤压了德育时空。

应试教育是我国一直存在并为社会普遍关注的一个重要教育问题，尽管政府和社会大力呼吁素质教育，然而，应试教育现象并没有得到有效遏制，甚至在局部地区愈演愈烈。从制度选择理论来看，应试教育源于人们对优质教育资源的竞争。在现实中，优质高等教育是一种稀缺资源，这表现为有限的重点大学入学率和优质教育资源的稀缺性，为了规范竞争、选拔人才，以标准化考试为基本标志的传统考试制度兴起并走向繁盛。①

在唯分数和升学率是图的传统考试制度统治下，教学工作当仁不让地成为学校的中心工作，德育工作沦为“说起来重要，做起来次要，忙起来不要”的领域。很多学校将德育工作定位于“为教学保驾护航”，德育工作目标满足于为教学工作的开展提供良好秩序和环境，忽视培育学生良好品德的育人使命；德育课时、艺体课时和班团队活动时间被挤占时有发生；学生综合素质提升和品德培养所需要的社团活动、社会实践活动等不断让步，慢慢减少。

应试教育制度化，还导致对教学的教育性的放逐。包括班主任、德育课教师在内的绝大多数教师忙于知识灌输和强化技能训练，将学科教学囚禁在封闭的教室里，学科教学帮助学生理解社会、参与社会的功能被忽视。甚至德育学科教学也是努力提升自身的知识性、思辨性，以确保自己在应

---

① 王寰安. 我国应试教育问题的制度分析［J］. 教育学术月刊，2008 (2)：18－20.

试教育体系中不被轻视，与学生生活实际渐行渐远。

其二，教育功利化侵蚀德育根基。

高德胜用知性德育来概括德育的知识化和教育的知识化。从德育知识化角度来看，德育课的首要目标是让学生知晓、记住各种道德规范，其考核标准是学生在现场提问和纸笔考试时能够按照道德规范来回答问题，于是，师生在德育课上的教学重点成为对于道德规范的知识推理、对于命题者用意的揣摩。从教育知识化角度来看，学校工作整体上围绕着各级统考指挥棒转，对学生的品德评价被窄化为道德知识问答，德育的根基及实施有效德育的语境被削弱。能让学生考出好成绩的教师被看作是好老师[①]，即使这位老师体罚或变相体罚学生，为了考出高分数而采用过分提前挖潜的做法；学生的人际交往需求被压制甚至否定，志愿服务和社会实践的机会少之又少，学生很难在校园中生成为他人、集体和国家服务的积极情感。

教育功利化是德育知识化和教育知识化的症结所在。教育功利化意味着学校教育从整体上被追求个人功利的动机所主导，与学校德育在口头上所倡导的社会责任、为人民服务形成尖锐冲突，学生所言说的“关于道德的观念”和学生在日常经验中所生成的“道德观念”之间产生严重背离。个体品德大厦长期缺少个体参与集体、服务社会和他人的鲜活经验的支撑，就像在流沙上建起的城堡，根基不牢，摇摇晃晃。

（三）加强制度创新，落实全学科育人理念

从提高德育实效性的角度来看，落实全学科育人值得期待，势在必行，而这一理念的落实，要求学校实施一系列的制度创新。制度研究者指出，

---

① 高德胜．知性德育及其超越：现代德育困境研究［M］．北京：教育科学出版社，2003：1 − 32.

制度是发展由可能到现实的中介[①]；在德育变革中，制度创新是新型德育理念转化为学校德育实践的关键一环，全学科育人等新型德育理念要成为学校成员公认且普遍的行为方式，要求审视现有学校制度并加以创造性改造，确保学校制度支持而不是阻碍新型德育理念。那么，全学科育人的落实，要求哪些方面的制度创新呢？

其一，落实核心素养评价，打破应试惯性，逐步扩展德育时空，使德育融入学校教育全过程。

当前，中国学生发展核心素养引起全社会的普遍关注；在评价制度层面落实核心素养，是在新时期落实素质教育、确保德育地位的重要契机。以帮助学生通过考试为宗旨的应试教育在本质上服务于个体私利而非社会责任，不能很好地承担起培养社会发展所需要的合格公民、胜任公民的使命。改革开放以来的中国教育改革一直在致力于建立学校教育与社会发展的恰当关系，纠正教育中的功利化倾向。概括提出中国学生发展核心素养，有助于引导学生、学校乃至全社会更加重视学生的社会参与、自主发展、文化修养，为学生打下走向社会、承担社会责任的基础[②]，使立德树人真正位于学校教育的首位并贯穿全程。

中国学生发展核心素养将中国学生应该具备的、能够适应终身发展和社会发展需要的必备品格和关键能力概括为三大领域（自主发展、社会参与、文化基础）、六大方面（学会学习、健康生活；责任担当、实践创新；人文底蕴、科学精神）。六大素养体现在语文、数学、科学、体育等各学科的课程目标中，体现在志愿服务、社会实践、学校管理的各个环节中。如果学校以核心素养为向导，重视对能力、道德等进行形成性评价和发展性评价，关注学生全面素质的发展，德育的时空将大大扩展，培育良好品格或者品德将成为各门学科教学和一切教育活动的根本目标和重要维度，

① 鲁鹏. 制度与发展关系研究［M］. 北京：人民出版社，2002：14.

② 顾明远. 核心素养：课程改革的原动力［J］. 人民教育，2015 (13)：17－18.

由此，全员、全学科育人将不再搁浅在口号的层面。

其二，创新德育评价，以真实性评价和发展性评价推动德育方法转型。

德育评价制度创新是德育方法创新的指挥棒。将道德作为教学内容进行直接教学的做法之所以畅行无阻，与片面重视纸笔考试成绩的传统评价方式不无关系。未来的德育评价应该更加重视学生在真实生活情境中的表现、运用德育知识处理现实问题的能力，转向真实性评价、形成性评价。真实性评价要求学生运用所学的知识和技能去完成真实世界或模拟真实世界中一件很有意义的任务（如合作开展项目研究），在很大程度上能够弥补以往评价方式过分强调量化成绩的不足①；发展性评价主张将学生看作具体的、有个体差异性的、生成中的人，依据学生成长过程中的点滴表现进行动态评价（如实施基于档案袋的评价），通过评价呈现学生个体成长的轨迹，以更好地促进学生成长。② 真实性评价和发展性评价的一致要求是注重收集学生在日常交往、集体活动、志愿服务中不断涌现的过程性信息，这些评价方式的落实，可以促使德育课教学的生活化转向，扭转德育课教学死气沉沉的气氛，使教学能够引领学生的选择和行动，使课堂学习与学生的日常生活建立有机联系；促使学校更加注重校园生活中的道德成长，丰富学生的师生交往、同伴交往、团队合作机会，为学生树立尊重、关心、民主、合作等现代价值观提供肥沃土壤；随着学生自主意识的觉醒，为学生提供独立思考、自由辩论、自主选择、逐步调整行为的机会，促使学生成长为自觉自律的公民。

其三，创新学生行为管理与指导责任制度，在教师集体中公平分配常规管理责任。

陈桂生指出，“在现代学校中，关于学生行为管理与指导责任制度有

---

① 张继玺．真实性评价：理论与实践［J］．教育发展研究，2007 (2)：23 − 27.

② 田莉，吴刚平．生存论视野下的学生发展性评价［J］．中国教育学刊，2008 (9)：28 − 30.

不同的选择”[①]，班主任制只是与级任教师制、导师制、班级活动室制等并列的一种制度。针对“德育工作化”“德育部门化”、科任教师回避德育责任的问题，学校可以探索新的学生管理和指导制度。教育部门可以在小学探索推行新型全科教师制，全科教师独立承担语文、数学、社会、科学等主干领域的教学，外语、美术、音乐、体育等科目由专业教师任教，以此来促使教师融合教书与育人工作；在中学探索推行德育导师制，实验学校不设班主任，每位教师担任20名左右学生的导师，两组构成一个教学班，德育主任编制德育规划，将每阶段的德育方案提供给各位导师，帮助导师更好地承担德育责任，实施导师制所需的时间、场地、资源等均可进行相应的安排。[②]

全科教师制和德育导师制客观上提出了提高全体教师的德育素养的要求。教师教育系统要在职前教育和在职培训的课程设置、考核体系、教师资格证授予等方面予以积极响应，培养和提高“教师对于教育对象品德发展特点与规律性的理解，教师对德育的目的、过程、课程、活动、途径、教育策略、方法与技巧等问题的认识，对相关事务的实际处置能力，教师在日常的课堂教学和其他教育活动的实施过程中所用到的特定的组织、交流、沟通、表达、示范等方面的专业技巧”[③]。同时，学校班级规模要得到有力控制，以减少学校内部管理对科层制的依赖。

三、学生管理背离德育课教学的问题研究

回归生活、指引学生走向美好生活成为德育的主导理念，当前道德与

---

① 陈桂生．班主任制［J］．上海教育科研，2007（11）：4－6.

② 刘长海，张思．美国中学德育导师制的实践图景、理论脉络及其启示［J］．世界教育信息，2015（6）：67－71.

③ 檀传宝．德育教师的专业化与教师的德育专业化［J］．教育研究，2007（4）：32－34.

法治教材的突出特征是直面学生成长中遇到的问题，以学生成长过程中需要处理的各种社会关系为线索，以逐步扩展的生活为成长舞台，以过积极健康的生活为价值追求，鼓励学生知行合一[①]，落实德育课程的思想性、人文性、实践性、综合性[②]。认真阅读德育课教材，我们就会发现，德育课旨在指导生活，不仅指导学生在校园内的生活，而且指导学生在家庭和社区中的生活；不仅指导学生当下的生活，而且指导学生未来的生活。然而，困扰德育课教学的现实问题是德育课尚不具备指导、统率学生全部生活的地位，如学生在德育课上选举班干部、讨论班规在很多情况下只是一种“表演”，因为除非德育课教师同时担任班主任，否则，学生们的意见并不会影响班干部任命和班规制定；学生在德育课上表态要节约资源、爱护环境，然而，他们的宣言在下课之后无人监督，难以落实。这说明，学生管理、校园日常生活对德育课教学内容的背离，是德育课程实施中不容忽视的一大问题。

（一）学生管理育德的正当性辨析

其一，从学生管理的内涵规定性来看，学生管理是积极管理与消极管理的统一。

陈桂生指出，学生行为管理是教师在学校工作中对学生行为的干涉，包括学生在校生活和活动的组织，对学生不当行为的约束和对学生行为的指导；对学生行为的强制性约束和正面指导都属于“管理”，但“严格意义的学生行为管理”仅指“对学生行为强制性的约束”。[③] 邓超援引陈桂生

---

① 杨一鸣，王磊．彰显国家意志 促进人的全面发展：新时代初中《道德与法治》教材编写思想刍议［J］．中国教育学刊，2018 (4)：12－17.

② 中华人民共和国教育部．义务教育思想品德课程标准 (2011 年版)［M］．北京：北京师范大学出版社，2011：1－2.

③ 陈桂生．“学生行为管理”引论［J］．华东师范大学学报（教育科学版），2007 (1)：1－11.

观点，突出强调对学生行为的约束，认为管理就是要克服儿童“不服从的烈性”、驯服人的野性。①

笔者选用“学生管理”而非“学生行为管理”概念，因为学生管理必然是对学生行为的管理，在概念中加入“行为”二字没有必要。笔者认为，学生管理是学校和教师对学生言行实施的管理，在内涵上意味着积极管理与消极管理的统一。消极学生管理指对学生问题行为的约束和纠正，因为问题行为“不但是个人成长中不健康的表现，而且有碍于别人或集体活动正常开展”②；积极学生管理指对学生正当行为的鼓励和引导，因为正当行为能确保学生健康成长和学校教育有序开展。明智的教育者总是会尽可能早地开展积极学生管理，用正能量引导学生成长，同时辅以必要的消极学生管理，敦促违规学生回到健康成长的康庄大道上，唯有如此，学生管理才不至沦落为“消防”。

其二，从学生管理的外延规定性来看，学生管理是理性引导与情感培育的融合。

片面强调消极学生管理的研究者注重“管制”意义上的学生管理，将威胁、监督、命令、适度的体罚、权威和爱看作学生管理的主要措施；认为学生管理要么是“对学生行为进行严格的约束和训练”的刚性管理，要么是以“感化”或“爱的教育”为标志的柔性管理，“不致促成学生理性的发展”③。这种观点将“非理性的管理”混同于“管理”本身，窄化了学生管理的外延，拉低了学生管理的现代化水平。

回归常识想一下，我们不难发现，学生管理的实施方式是丰富多样的，既可能通过考核、奖惩培育学生的荣誉感、羞耻心，促使学生非理性地服从规则，也可能以理服人，促进学生基于理性认同做出正当行为。随着教

① 邓超．德育管理化倾向的原因及对策探析［J］．中国教育学刊，2017 (3)：100 − 104.

② 陈桂生．“学生行为管理”引论［J］．华东师范大学学报（教育科学版），2007 (1)：1 − 11.

③ 同②.

育民主化进程的推进，纪律被看作保障自由的手段，“不讲理”的管理方式受到质疑，诉诸理性引导的学生管理必将越来越成为学生管理的主流。在“四颗糖”的故事中，陶行知采用的学生管理方式将禁止、命令、奖励、启发巧妙结合，突出显示了理性引导和情感培育相融合的特征。在实际学生管理过程中，优秀教师灵活使用批评教育、适度惩戒、集体教育、说理讲解、实践体验、榜样示范、自主修养等方法，足以说明学生管理方式的丰富性。

其三，从学生管理的价值规定性来看，学生管理是学校德育体系的有机组成部分。

基于以上分析，笔者认为，学生管理是学校德育体系的有机组成部分，即管理育人之中的“学生管理育人”，在学校德育体系中处于重要位置。

第一，学生管理和直接德育有机融汇于学校德育体系之中。学生管理注重对学生行为的约束和指导，而个体行为受到自身思想观念的支配，学生管理不能不关注学生的理性和情感；直接德育注重对学生道德观念和道德品质的培育，但德育课和德育活动的效果需要依据学生走出课堂之后的言行加以判断。就主题和实施方式来说，学生管理和直接德育之间没有严格的界限，针对某一主题，教师可以从制定规章、惩罚违规者入手，进而开设讲座、举行班会，也可以从讲座和班会开始，进而制定并执行规章。刻板地把学生管理和直接德育截然分开，只会人为增加德育体系的内耗。

第二，学生管理的德育功能需要重估并引起足够重视。杜威指出，相比通过学校氛围、教学方法进行的间接德育，直接道德教学的影响是微弱的。学生管理（学校对学生行为的指导）贯穿于校园生活全过程，如果学校在校园生活中持续要求学生遵守社会所倡导的行为规范和价值观，使学生在师生关系、同学关系中受到平等、尊重、合作、互助等原则的熏陶，他的道德品质不会太低，“虽曰未学，吾必谓之学矣”。不难看出，基于经验德育理念，我们有必要确认学生日常生活在德育体系中的核心地位，更加重视学生管理的模式、方法和育人实效。

（二）学生管理育德功能的遮蔽

当前德育和学生管理中存在若干违背德育规律、不利于学生理性推理能力发展的做法。要充分发挥学生管理的育德功能，有必要对当前学生管理方式存在的不足进行冷静反思。

一是功能定位偏差迷失学生管理本职。

一些学校将学生管理的功能理解成“为教学保驾护航”，不愿意细致入微地对学生开展晓之以理、动之以情的引导，而是倾向于制定武断而严苛的校规校纪，用统一标准管束学生，以期迅速消除学生的不当行为，维护教学秩序，保障考试成绩和升学率。此时，学生管理将校园秩序凌驾于品德发展之上，忽视对校规正当性的审查，容易蜕变为蛮不讲理的“管制”。

学生管理是兼具工具性价值和本体性价值的工作领域。就工具性价值而言，学生管理能够创造安全、有序的学校环境，为包括课堂教学在内的其他教育工作顺利开展创造可能；就本体性价值而言，学生管理是紧扣学生日常生活培养良好品德和行为习惯、促进道德社会化的重要机制，是落实立德树人的重要途径。立德树人是教育的根本任务，育人是学生管理的本职，而把学生管理看作教学的辅助手段的思维方式却将教育功能窄化为应试，“护航”的说法夸大了学生管理的工具性价值，遗忘了其育人本职，导致了学生管理的扭曲。

二是实施方式畸形阻断从他律走向自律的通道。

由他律走向自律是个体品德发展的基本规律，《中国教育大百科全书》“学生管理”词条指出，学生管理是使学生逐步由他律到自律、由不自觉到自觉的过程。[①]然而，在小学、初中、高中乃至大学，常规管理量化考

---

① 顾明远．中国教育大百科全书［M］．上海：上海教育出版社，2012：2008.

核一直大行其道，用考核、监视、告密、奖惩约束学生，迫使学生“理解的要服从，不理解的也要服从”，虽然可以取得行为管控的即时效果，从长远来看却不利于个体品德成长。

量化考核的心理学基础是行为主义的强化理论，其突出问题是把学生当作驯化的对象，而没有把人当人看待：它将学生置于对剥夺、惩罚的持续恐惧之中，限制了学生通过体验自然后果来探索规则的机会，甚至压根不允许学生犯错误。长此以往，学生的个体差异、人格尊严和独立推理能力持续受到碾压，规则意识生成的“源头活水”被切断，丧失了走向自律的机会。笔者认为，迷恋量化考核的管理方式正是部分教育者反映“学生越大越难管”问题的症结所在。

三是运行过程孤立导致育德实效低下。

学生管理运行过程的孤立，尤其是学生管理与直接德育的彼此隔膜，是突出的现实问题。

德育知识化、专门化导致学生管理与直接德育的割裂：教师利用宝贵时间上了德育课，组织了主题德育活动，之后却不再投入时间和精力观察、指导、纠正学生在校内外的言行；在同一段时间内，学生管理重点与德育课教学内容毫无联系，分散了学生的注意力；针对同一德育主题，校园规章和德育教科书内容存在较大分歧，让学生无所适从。这些都导致学生管理乃至整个德育体系的低效。在调研中可以看到，有的学生在课上会发表舍己为人的豪言壮语，在生活中却欺凌弱小、小偷小摸。联系杜威关于教育中“主要的浪费是人的生命的浪费，儿童在校时的生命的浪费和以后由于在校时不恰当的和反常的准备工作所造成的浪费”[①] 的观点，笔者认为，学生管理与直接德育割裂、德育力量分散，不能不说是对学生成长的渎职，对学生生命和教师劳动的浪费。

---

① 杜威．学校与社会·明日之学校［M］．赵祥麟，任钟印，吴志宏，译．北京：人民教育出版社，2005：53.

（三）学生管理育德功能的实现

要真正发挥学生管理的育德功能，使学生管理作为正当且重要的德育途径赢得学生、教师及全社会的尊重，必须走出“管制”取向，回归育人本位，将学生管理的目标定位于培养自律的学生品德和良好的行为表现，全面优化学生管理的实施方式，理顺学生管理与德育体系其他途径之间的关系。

其一，要优化前提，保障校规的合理性。

以育人为本位的学生管理应该培养学生对规则的理性认同而非盲目服从，其必要前提是审视校园规章，保障校规的合理性。一是要坚持民主沟通。要倾听学生声音，广泛动员学生思考“我希望生活在怎样的学校/班级之中？校园生活和班级生活需要哪些规章？违反规章应该承担什么后果？”等问题，使校规体现对学生年龄特点、个体差异、个性发展需求的尊重、宽容、鼓励，不宜过分追求整齐划一。二是要坚持多元平衡。学校承担着代表社会向青少年传递主流价值观的法定责任、促进学生身心健康发展的人本责任、为教师提供体面有尊严的工作条件的组织责任，应该召集学校管理者、教师、学生、家长、教育研究者、政府、社区人士各方代表共同审议校规，使相关各方的观点得到充分的表达和互动，使最终出台的校规能够恰当平衡社会发展要求、学生成长需要、教师合法权益，更加能够赢得学生基于理性推理的尊重和信从。三是要坚持动态更新。确立定期审查和修订校规的常规机制，及时应对学生成长、时代进步和校园变迁带来的新情况、新问题，提升校规的针对性和科学性。

其二，要完善过程，开展有机协调的学生管理。

当代学生管理要协调处理好学生管理育德的各种矛盾和关系，为学生品德成长搭建坚实阶梯。一是做好积极管理与消极管理的统一，以引导鼓励为主，以约束惩戒为辅。要注重表达对正当行为的期望，加强对正当行为的强化，促进良好习惯养成；优化成长环境，做好氛围打造，营造平等、尊重、友善、进取的校风班风，使学生进入校园就能受到正能量的指引。二是做好理性引导与情感培育的统一，将理性引导贯穿管理全过程。与学生展开平等对话，引导学生思考各类规章与美好生活、健康成长、社会发展的关系；在运用奖惩手段时也要做好说理引导，促使学生不仅“知其然”而且“知其所以然”。说理的方式要与时俱进，通过灵活运用问题情境创设、实践体验、模拟扮演、故事品析、研讨辩论等方法融合知情意行，使学生管理更加能够入心入行。三是做好管理与自主管理的统一，注重主体性培育。让学生平等参与校规制定，为学生自主摸索学习生活规章提供宽松环境，通过设置学生自治委员会、值日班长乃至学生值日校长等提供丰富的自主管理、自我教育机会，“把教育的对象变成自己教育自己的主体”①。四是做好集体教育与个别指导的统一，支持个性和创造性发展。既要提出面向全体的统一要求，又要细致分析不同学生的成长特点，鼓励学生在不危害他人的前提下自主探索；既要加强班集体、学习小组、社团建设，发挥同伴间的正向促进，又要赋予个人选择机会，进行有针对性的指导，避免同伴压力对个性发展的伤害。

其三，要推动融合，以生活为中心构建德育体系。

一是加强德育体系整体规划，促使学生管理、直接德育等德育途径协调一致，形成育人合力。要建立全员育人的联动机制，促使德育处、团委、少先队、班主任、德育课教师乃至全体教师对本校德育的推进理念、工作重点、协作方式达成共识，群策群力。要围绕当前学生成长中的突出倾向或问题确立德育和学生管理项目，以主题教育周或月的方式整体推进，打破隔膜，使常规管理、直接德育等各项工作围绕项目联动开展，有效帮助学生养成相应观念和习惯。

二是坚持在生活中育德，促使各种德育途径在校园生活中相遇、交汇。

---

① 联合国教科文组织国际教育发展委员会．学会生存：教育世界的今天和明天［M］．华东师范大学比较教育研究所，译．北京：教育科学出版社，1996：200.

走进新时代，回归生活、指引学生走向美好生活成为德育的主导理念，当前道德与法治教材及教学理念注重落实德育课程的思想性、人文性、实践性、综合性[①]；而回归育人本位的学生管理强调纪律、约束是自由、发展的手段，从帮助人学会生活、学会交往的角度来实施合乎理性、遵循规律的管理，致力于引导人、促进人、成全人。以上理念的落实，要求做到生活逻辑和知识逻辑的统一，坚持德育向生活开放，提高在生活事件中萃取德育资源的敏感性，促使学生从生活实际出发实现良好品德的自主建构。校园文化建设、师德教育、家校合作等也要紧扣校园生活和社会生活实际，使校园中的批评、表扬、德育课教学、班团队活动、校园广播、研学旅行、社会实践等围绕学生日常生活扩展和优化这一中心展开，使学生自主管理、同伴正向促进、师长积极示范、良好氛围熏染等多种因素彼此支撑。这样，学生管理必能更好地促进学生良好行为习惯养成和美德生成，促进自觉自律的社会主义合格公民的成长。

第三节　德育课程实施及其研究的前景展望

办好德育课，要求德育课教师发挥积极性、主动性、创造性，政治要强，情怀要深，思维要新，视野要广，自律要严，人格要正，持续提高教书育人水平；要求学校各种教育教学活动与德育课同向同行，协同配合，发挥育人合力；要求加强德育课程实施研究，提出符合学校工作实际和学生年龄特点的教学改进策略、方法和模式，建立理论研究与实践探索相互促进的良性循环机制。

---

① 中华人民共和国教育部．义务教育思想品德课程标准(2011年版)［M］．北京：北京师范大学出版社，2011：1－2.

一、德育课程实施的前景展望

其一，丰富教师的学科教学知识，从上好每一堂课入手改进德育课教学。

学科教学知识是课目知识和教学知识的结晶，能够保证教师将需要教学的具体课目内容加以有效组织、呈现与改造，转化为学生易于理解的形式。[①]身处教育改革时代，德育课教师普遍熟悉、认同教学联系生活、丰富学生情感体验、指导学生实际行动等理念，但对于如何将这些理念应用于具体单元或者主题的教学，则缺少思考、实践、反思，各种德育课教学理念搁浅，或者干脆被教师以课时不足、应试压力大为由排斥于课堂之外。未来，教师必须提升使命自觉，增强知识储备，加强学情分析，踏实开展课堂探索，让一节节课变成教学研究的平台，积淀丰富的德育学科教学知识，形成坚实的德育学科教学思想，让每所学校的德育课成为真正意义上的“金课”。学校和教育行政部门要加强面向德育课教师的业务培训，支持这些教师立足课堂教学创新实现专业发展。

其二，积极推动学校德育一体化建设，完善学校德育的领导机制，构建学段之间和学校内部规范有力的德育领导制度。

一是健全大中小幼德育一体化的领导机制。可以通过设立德育处（科）或者组建区域德育工作领导小组的方式，加强区域德育一体化构建，细致研判不同学段的德育侧重点，妥善解决不同学段之间的德育衔接问题。二是明确学校法人的德育领导责任。强调中小学校长、幼儿园园长是学校德育的直接责任人，确保学校法人对学校德育承担领导责任，以全面统整校内德育资源，消除教学与德育割裂的不良局面，将德育贯穿于教育教学全

---

① 宋萑，徐淼．学科教学知识再认识：越过踏破的藩篱——兼与曾文婕教授的商榷［J］．湖南师范大学教育科学学报，2021 (5)：18－24.

过程。三是构建校内德育工作领导机制。组建校内德育工作领导小组，小组成员来自学校管理者、骨干教师、家长、学生及社区人士；确立领导小组工作规程，明确领导小组的职责与权利，清晰界定分工合作的具体机制。

其三，开发责权利清晰合理的分工合作结构，落实全员育人、协同育人。

一是加强理念指引，强化每位教师的育人责任。教书与育人是教育工作的一体之两面，每位教师首先是一名教育者，对学生的思想和行为方式承担指导责任；而后才是某一学科的教师，进行专门知识与技能传授。二是完善分工设计，落实每位教师的育人责任。针对“德育部门化”、科任教师回避德育责任的问题，学校可以探索新的学生管理和指导制度，在中小学推行全员导师制；学校德育处室编制德育规划，将每阶段的德育方案提供给各位导师，为导师承担德育责任提供专业支持。三是开展全员覆盖的德育培训，提升全体教师的德育素养。职前和在职教师教育要提高所有教师的德育素养，通过“心理学、教育学等方面的理论研修”和“学校德育的实际训练”[①]帮助每位教师理解德育规律、掌握德育方法、提升德育技能，确保每位教师能够基本胜任指导学生团队建设、创设积极学习环境、开展师生对话和家校沟通等育人工作。

二、德育课程实施研究的前景展望

其一，加强德育课程实施的细节研究，和教师一道优化德育课堂教学。

关于如何实施德育课程，研究者在理念层面提出了很多建议，如实施情感德育、活动德育、生活德育，主张“德育课教学必须始终把价值目标的实现放在第一位”“德育课教学必须把突破学生情感障碍作为实现价值目标的关键”“德育课教学必须经过审美化改造才能打破学生情感障碍”[②]

① 檀传宝.德育教师的专业化与教师的德育专业化［J］.教育研究，2007(4)：32－34.

② 檀传宝.学校德育诊断案例研究［M］.北京：教育科学出版社，2012：135－136.

等，然而，结合具体教学内容提出教学过程优化建议的研究还比较少。当前，我们需要打破“学科教学论中偏重大框架、大原则式的研究取径”，需要“从单纯的教学方法知识构建转向基于特定学科知识的学习机制的教学表征研究。因为任何一种教学方法都要在把握学生学习某一内容的内在规律的基础上加以选择”[①]。一些优秀的一线教师在改进教学方面已经有很多积累，但大量普通教师的专业发展需要得到研究者脚踏实地的指导和协助；并且，研究者对具体教学过程的关注和参与，能够帮助一线教师总结提炼经验，促进教学成果的推广转化。

其二，加强德育一体化推进过程中的体系研究，克服一体化建设中的各种关卡。

历年来的德育政策反复强调，德育课教学要与学校日常行为规范教育、班队活动、课外活动、各科教学紧密结合，然而，如何构建横向贯通、纵向衔接的德育体系，至今仍然是一个不小的难题。有研究者指出：“学科教师都有着自己独特的知识结构、价值判断与利益选择，要将学科教师们协作起来的确不是一件容易的事……在教学实践过程中，如果要学科教师间协作起来，就意味着学科教师间要相互牵制起来，这是对教师教学自主权与个人自由的限制，并不是一件令人喜欢的事情。所以，要让学科教师间协作起来，就必须让教师自己意识到并发现这种协作的价值。”[②]学校德育一体化要求建立的是全体教师、不同学段的学校管理者之间的协作，所要克服的困难自然更加复杂。研究者要围绕学校体系开展文化学、社会学、经济学、政治学等多视角研究，细致解剖若干所学校的德育体系建设现状，探明阻碍德育一体化建设的关卡及其背后的成因，从而提出具有针对性和可操作性的解题方案。

---

① 宋萑，徐淼．学科教学知识再认识：越过踏破的藩篱——兼与曾文婕教授的商榷［J］．湖南师范大学教育科学学报，2021 (5)：18 － 24.

② 周彬．叩问课堂［M］．上海：华东师范大学出版社，2007：188.

其三，加强德育实践创新过程的评价研究，以精准评估来促进德育实效提升。

忽视数据收集、缺少数据支撑，是德育研究以至整个教育研究的普遍短板，学校和研究者在分享德育创新实效时往往只能使用“校园面貌越来越好”“违规行为减少了很多”等笼统说法，很难有力地证明相关做法的有效性。大数据时代已经到来，研究者要学会用数据说话，凡事要以数据（或事实）为依据。要精准测量学生在爱国、环保等德目上的认知、情感、行为发展状况，准确定位某种创新举措对学生品德发展的影响，从而逐步明确哪些做法是有效的、值得进一步发扬的。德育研究不能想当然地依据某种哲学理论或者价值观来推论，因为一些看起来合情合理甚至完美的设想用在特定年段、特定处境的儿童身上并不见得合适。伴随智慧校园建设，学校和研究者还要适当运用技术手段收集学生行为表现数据，合理、合规开展脑科学研究。

第六章
德育课程评价研究

教育评价事关教育发展方向，有什么样的评价指挥棒，就有什么样的办学导向。评价重视什么,学校自然也会重视什么,因而,研究“谁在评”“评什么”“如何评”是重要甚至关键的教育研究课题。然而，在德育和德育课程领域，德育评价研究总体偏弱，德育课程评价研究很少有人问津。着眼于发挥德育课的育人功能，加强德育课程评价研究，提炼、实验新型的德育课程评价方式，有力扭转德育课程评价领域的松散、封闭和应试倾向，是新时代德育研究不容回避的责任。

第一节　德育课程评价研究进展

改革开放以来，教育评价在学生选拔、教师晋升、学校建设等领域发挥着举足轻重的作用，我国教育评价伴随教育事业发展而迅速恢复和兴起。基于对历史经验的继承、对发达国家评价理论的学习，教育评价实践日渐丰富，德育评价研究、德育课程评价研究逐渐觉醒。

一、德育评价、学生品德评价与德育课程评价的关系辨析

德育课程评价是从属于德育评价、学生品德评价的范畴。

德育评价是评价者根据一定的评价标准，对德育工作及其效果做出价值判断的过程。① 德育评价包括德育过程评价和德育结果评价，前者关注学校在德育方面做了什么，如“德育课程设置与教学，课外活动的组织，规章制度的建立与执行，学生管理常规的落实，班风、班纪、班级舆论，教师育人职责的履行，师德修养，德育环境状况等” ②；后者关注学校在德育方面达成了什么，其重心是学生的品德发展状况。

学生品德评价又称学生品德测评，是“依据一定的评价指标，运用一切科学可行的方法、技术，系统地收集有关的资料信息，对学生的品德状况及其发展做出价值判断的活动” ③,是“测评者采取适当的测评方式收集有关信息，认识个体品德面貌特征的过程，是通过行为表现认识内在品德的过程” ④。德育包括思想教育、政治教育、道德教育、心理健康教育，学生品德评价因而也包括对学生思想观念、政治观念、道德观念、心理健康意识及其相应行为表现的评价。学生品德评价在德育中具有反馈、鉴定、指导等重要意义，“客观的评定能增强学生的自信心和正义感，提高其达到既定目标的积极性；客观评定还可提高学生对自己行为的责任心，提醒学生在集体成员和成人间可供选择的各种关系，向家长报告学生在校的各种行为表现” ⑤。

一般来说，德育课程评价是对德育课的教学效果进行的评价。从理论

---

① 班华．现代德育论［M］．合肥：安徽人民出版社，2001：282.

② 郑航．学校德育概论［M］．北京：高等教育出版社，2007：225.

③ 同②.

④ 肖鸣政．品德测评的理论与方法［M］．福州：福建教育出版社，1995：84.

⑤ 伊·斯·马里延科．德育过程原理［M］．牟正秋，王明辉，译．北京：人民教育出版社，1985：164.

上来说，德育课是承担德育任务的重要课程，对德育课教学效果的评价属于学生品德发展状况评价的一部分。

二、德育评价与学生品德评价的研究进展回顾

在教育实践中，德育评价是教育行政部门对学校运行情况进行评估的重要内容。《中共中央关于进一步加强和改进学校德育工作的若干意见》指出，“要建立德育工作的评估制度，并把德育工作作为评价一个地区、一所学校的教育工作的重要内容”。德育评价具有评定功能、诊断功能、预测功能、反馈与调控功能、强化与引导功能，“不仅有助于了解德育活动及其效果的现状，更有利于进一步改进和加强德育工作”[①]。教育行政部门普遍确立了对学校德育工作进行评价的流程和指标，并且在有关学校发展的重要部署中应用德育评价结果。有研究者专门探讨了学校德育评价指标体系，强调学校德育评价指标体系应体现以下特点：“第一，要有科学性。评价指标要结合评价目标，反映评价对象的主要特性，反映评价对象的阶段性特征，权重配置要合理。各项评价指标要具有可测性，以共性为主。第二，要有导向性。各项评价指标要符合党和国家有关教育文件精神，积极引领德育工作和学生品德健康发展。第三，要有适应性。评价指标在保持基本稳定的情况下，要兼顾当下德育工作的重点，内容保持一定的张力，以便更好地反映当下德育的实际。第四，要有可行性。评价指标要具体，切合实际，具有可操作性。在统一的学校德育评价指标体系指导下，各地、各学校可以根据本地、本校实际，在统一的评价指标基础上做加减法，形成个性化的评价指标体系，以便更好地为德育实践服务。”[②]

---

① 郑航. 学校德育概论［M］. 北京：高等教育出版社，2007：223.

② 金东贤，刘新成，何蕊. 学校德育评价改革的若干问题：基于《深化新时代教育评价改革总体方案》的思考［J］. 教育理论与实践，2021（10）：19－24.

学生品德评价注重评价学生的日常品德表现情况，应该将主要德性与次要德性作适当区分，将道德知识与道德品质作适当区分，将真实生活与假设情境相结合，将定性测评与定量测评相结合①，“把测量和评价、定性和定量、静态和动态、评价与教育指导相结合”②，自陈法、评定量表法、行为观察法、情境评价法、个案研究法、操作评语法、成长记录袋均是常用的方法。就发展的总体趋向而言，学生品德评价大致发生着这些变化：倡导以学生发展为本；注重质性评价甚于量性评价；重视过程评价甚于结果评价；强调评价的真实性和情境性，注重学生的参与性；强调多元评价；鼓励评价中的合作行为。③基于重视过程评价的立场，改革开放以来的第一本《德育原理》教材就将品德评价看作学校德育的基本方法之一，认为“品德评价法是通过对学生的思想品德给予一定的评价对学生进行教育的方法，也是德育常用的和不可缺少的一种方法”，品德评价法的主要方式包括表扬与奖励、批评与惩罚、评比竞赛、操行评定，强调评价要有明确的目的；评价要慎重；评价要说明道理；评价要发扬民主，听取群众意见；评价要抓住时机。④

三、德育课程评价研究进展

其一，研究者对常见的德育课程评价方式进行了反思和批评。

众多研究者对片面强调考试成绩的德育课程评价方式提出了批评，认为这样的评价方式虽然易于操作，结果简明，但存在很多问题：一是不能全面反映学校德育发展的全貌，具有很大的片面性；二是不能科学判断学

① 汪凤炎．品德心理学［M］．北京：开明出版社，2012：203－205.

② 郑航．学校德育概论［M］．北京：高等教育出版社，2007：237.

③ 同②245－246.

④《德育原理》编写组．德育原理［M］．北京：北京师范大学出版社，1985：134－138.

生的成长，评价结果信度不高；三是只重视结果，不重视评价对象的发展过程；四是将分数作为判断学生发展的尺度，将分数作为升学的依据，“唯分数”“唯升学”倾向严重，扭曲了评价的原本价值取向。①

面对一线教师对配套试卷的要求，高德胜指出，“课程改革是一个系统工程，需要改革的不仅仅是课程标准、教材与教学，还包括评价方法。在我们这个有非常顽强的考试传统和异常坚固的考试习惯的国家，评价方法不配套，其他方面的改革最终都不会有好结果。……在本课程改革已经全面铺开的今天，考试问题已经关乎本课程改革的成败，我们再也不能回避，到了该直面的时候了”。他指出，品德是很难测量的，德育课的教学效果很难用分数来证明，考试结果很难作为升学的依据，虽然将思想品德课的考试成绩计入中考总成绩在一定程度上起到了保护思想品德课的作用，然而考试并非思想品德课的救命稻草；“从深层上看，考试的存在是思想品德课回归学生生活、重获魅力的一个主要障碍”，基于这样的认识，他主张“只问耕耘，不问收获”的评价思路，将评价的重心由“评学”转移到“评教”上，确立发展性评价原则，以促进学生思想道德发展作为教学评价的出发点和归宿，将教学评价作为促进学生发展的手段。②

有研究者对中学德育课教师的教学评价行为进行调研，发现一半以上的教师“经常”“总是”采用单一的纸笔测验方式，“评价内容的重点仍然是学生对原理、概念的记诵程度，其评价不仅是片面的，而且直接导向智育化的教学。”同时，研究者也指出“中学德育课评价的难度和挑战在于，对人的情感、态度与价值观等非认知领域的评价因其不确定性和模糊性而难以操作。访谈也反映出中学德育课评价的复杂性和教师对如何评价的迷

① 金东贤，刘新成，何蕊．学校德育评价改革的若干问题：基于《深化新时代教育评价改革总体方案》的思考［J］．教育理论与实践，2021 (10)：19 − 24.

② 高德胜．不是什么都能考的：对“思想品德”课考试的思考［J］．思想理论教育，2007 (2)：4 − 8.

茫与无奈”[①]。

有研究者基于对一线实践的深刻把握，指出德育课程评价领域存在的让人感到触目惊心的问题：由于多种原因，当前初中道德与法治学业评价发展不平衡不充分问题尤为突出。例如，在评价标准上，标准缺失，命题水平参差不齐，命题管理及评估反馈不到位、保障机制不健全、个性化命题严重、命题目标不全面。在命题选材上，材料假大空，角度高大上，为博弈备考，选取怪异素材；素材来源局限性大，忽视学生成长经历，成人化选材及选题倾向明显；考查素材呈现形式单一，文字材料类试题占比过大；一些素材流于形式，缺乏可读性与运用价值。在构思上，命题思路固化，包括总体构思固化、题型设置固化、设问方式固化、答案设定固化、内容考查固化、试卷结构固化、价值导向固化、选材方向固化。在题型及设问上，问题与材料、材料与答案缺乏紧密关联，人为增加设问条件；设问角度不符合生活逻辑，缺乏生活的真实体验，注重知识类的再现考查；一些试卷和试题完全依赖材料，缺乏必要的生活探究与拓展性，视域狭隘，水平有限；绝对性评价、突出理论性答案等做法，导致学生“机械刷题”现象严重。在考点呈现上，试卷和试题表述陈旧、重要考点缺失、未及时贯彻政策要求；新考点没有及时渗透，陈旧考点未及时删除，对考点内容的把握缺乏政策性指引下的总体布局。在试题价值上，一些试题注重怎么看而忽视怎么办，注重理论堆积而忽视知行合一;一些试题过分依赖教材表述，缺乏实践立意，答案知识化、理论化、概念化倾向严重。在命题素养上，一些命题人个性强烈，一些命题人缺乏对统编教材的深度实践性认知，选材及设计流于形式。在试题难度上，缺乏统一规划，导致试题设定条件过多、难度过大、指向模糊、脱离学生认知实际；试题设计不能充分考虑政策性诉求，脱离课标人为提升难

---

① 李海月．西北地区中学德育课程实施研究［M］．北京：中国社会科学出版社，2020：124－125.

度与梯度等。[1] 笔者认为，这些问题值得研究者和决策者深思。

其二，研究者分析了德育课程评价的特殊性。

骆郁廷对高校思想政治理论课教学评价的特殊性进行了全面分析，这一分析也适用于各学段的德育课教学评价。德育课教学评价的特殊性体现在：知识评价与价值评价、内在评价与外在评价、现实评价与潜在评价、个体评价与社会评价、精确评价与模糊评价的统一。知识评价与价值评价的统一指该课程既要传授知识，又要实现价值，教学评价不仅要评价学生获得知识的情况，更要评价这一课程教学满足学生思想道德发展需要，促进学生坚持正确的政治方向和价值取向，遵循社会发展规律和人才成长规律，实现自身全面发展的情况。内在评价与外在评价的统一指德育课教学既是一个内化的过程，又是一个外化的过程，教学评价要对学生内化课程教学内容形成的思想道德素质进行评价，又要观察学生的行为和行为习惯，因为“一个人的思想道德素质的高低，不仅在于他在高校思想政治理论课教学中学得怎么样，懂得多少知识，考试成绩怎么样，讲得怎么样，能讲出多少思想政治理论的大道理，更在于他做得怎么样，能否把学到的正确的世界观、人生观、价值观、道德观、法制观及方法论自觉地付诸实践，在改造主观世界的基础上改造客观世界，在改造客观世界的过程中进一步改造主观世界”。现实评价与潜在评价的统一，要求教学评价重视通过教学引发学生思想、行为的发展变化的现实效果，同时又要放眼未来，因为“只有走出校园，走向社会，在毕业后的社会实践中，人的思想政治素质和人才的综合质量才能得到充分的体现和根本的检验”。个体评价与社会评价的统一，强调一方面要重视教师对学生进行的评价，另一方面要接受社会实践的检验和社会用人单位的评价，即接受社会的评价。精确评价与模糊评价的统一，指教学评价有必要也有可能增强评价的精确性，但因为学生

---

① 张克新，徐永胜．新时代初中道德与法治学业评价改革十大关键词［J］．中学政治教学参考，2021 (26) : 72 － 74.

品德发展的影响因素多元、学生品德发展的持续生成特征，教学评价不得不保持适度的模糊性。①

其三，研究者提出了开展德育课程评价的原则。

有研究者认为德育课教学效果评价应遵循以下四大原则：（1）知识、能力、素质相结合的原则；（2）课程性质不同，评价方式有别的原则；（3）学生主客体相统一的原则，即坚持师生结合、学生自评和互评相结合的动态评价；（4）单项性评价和综合性评价相统一的原则，即兼顾平时教学的过程性与教学结束时的终结性。②

有研究者认为德育课教学效果评价应遵循以下五大原则：（1）整体性原则，即教学质量评价工作是一项系统工程，应考虑整体最佳的问题；（2）导向性原则，即要充分体现党的教育方针和社会主义办学方向以及教育与教学改革发展方向；（3）客观性原则，即教学评价要客观公正地反映教学方法和效果；（4）实效性原则，即要避免形式主义，注重实际效果，全面提高教学质量；（5）可行性原则，即在讲求科学性的同时要突出可操作性，做到简便易行。③

可见，虽然研究者关于评价原则的具体概括不同，但是他们的概括一般都包含了方向性、全面性、科学性、可行性等方面的内容，都关照了思想政治理论课教学效果评价的特殊性及其反映出来的一般课程教学效果评价的普遍性。

其四，研究者提出了优化开展德育课程评价的一些具体方法。

针对纸笔测试见分不见人、学生知行脱节的现实问题，研究者提出了

---

① 骆郁廷．试论高校思想政治理论课教学评价的特殊性［J］．教学与研究，2007 (4)：71 － 75.

② 邓演平，李红．思想政治理论课学习成绩评价的依据、特点与原则初探［J］．大学教育科学，2005 (5)：59 － 60.

③ 李德芝，侯廷华．关于高校“两课”教学质量评价的几个问题［J］．山西财经大学学报（高等教育版），2005 (1)：43 － 46.

很多改革主张，并且开展了相应的行动。

一是组合式评价。学期总评成绩总分为100分，由期末考试、作业与测验、课堂表现、思想道德表现四个方面的得分折算组合而成。其中，赋予了纸笔测验50分的较高分值，期末考试和平时作业、测验成绩由教师评定；课堂表现和思想道德表现采用由学生互评和教师评定相结合的方法，各占20%的比例；“思想道德表现”一项，设计了一份总分为100分的评价量表，通过学生互评和教师评定相结合的方法得出成绩后，再按20%的比例折算进总成绩；在课堂表现方面，除了对学生的课堂纪律，回答提问的情况做出评价外，还引入了“表现性评价”的方法，考虑学生在专题讨论、主题辩论、学习讨论、情景模拟、角色扮演等课堂活动中的表现情况。①

二是学科任务评价。研究者认为，德育课的主要效果体现在学科核心素养的培育上。思想政治学科核心素养，是指个体在面对复杂的、不确定的现实生活情境时，综合运用本课程的学习所孕育出来的学科知识与技能、学科思维与观念，在分析情境、发现问题、确认问题、解决问题的过程中，表现出来的坚持正确的世界观、人生观、价值观参与社会生活的关键能力和必备品格。基于核心素养的发展水平只能通过可观测的关键行为表现加以推断，构建了学科任务导向型思想政治学科学业质量评价模式，运用依托情境的学科任务的完成质量度量学生的学业质量水平。在将思想政治学科任务分为描述与分类、解释与论证、预测与选择、辨析与评价的基础上，根据学科核心素养的性质特征，构建了度量每个学科任务完成质量的评价指标体系。运用关键行为表现来推断某个核心素养的发展水平，既能够提高推断的准确性，又具有评价的经济性，但这是一项需要大量实证研究与

① 王小丹，刘树良．中职德育课学生学业成绩评价方式的改革研究［J］．中国电力教育，2011 (17)：115－116.

反复探索的工作。①

其五，研究者对德育课程评价领域的进步进行了及时的肯定。

袁成等对2020年成都市道德与法治学业评价试题进行肯定性评价，认为这是一套价值导向明确，核心素养立意、育人目标清晰的优秀试题，主要有以下显著特点：关注时政热点话题，凸显学科育人价值；考查学生核心素养，凸显学科课程价值；回归教材基础知识，注重培养关键能力。该套试题将学业评价与价值引领深度融合，不仅实现初中阶段性学科知识考查，更加注重学生价值观引导，对学科教师开展试题研究和教学研究等都具有积极的指引性作用。②

四、对当前德育课程评价研究进展的简要评议

总体而言，我国德育课程评价研究尚处于起步阶段，研究成果的丰富性、深刻性、操作性与党和国家高度重视德育课、强调思政课是落实立德树人根本任务的关键地位的基调很不匹配。

一是研究成果偏重理念阐发，在实践操作方面相当薄弱。在目前少量的关于德育课程评价的研究成果中，多数成果集中于阐发多主体评价、发展性评价，分析评价原则，而对于学校和教师如何切实改善德育课程评价，如何综合过程评价和结果评价给学生“打分”或者评定等级，如何将德育课程评价结果纳入学生评价尤其是中考、高考等最为关键的问题，基本上没有涉及。

二是研究成果集中于高等教育和职业教育阶段，对于普通中小学如何

① 陈友芳，朱明光．核心素养本位的思想政治学科学业质量评价的策略与指标［J］．中国考试，2016 (10)：32 － 37 + 57.

② 袁成，左晓华，林光辉．学业评价与价值引领的深度融合：2020 年成都市道德与法治学业评价试题评析［J］．教育科学论坛，2021 (1)：58 － 60.

开展既能体现素质教育理念又能实现人才选拔功能的德育课程评价缺少指导意义。多数成果围绕大学和职业学校的德育课程评价展开，鲜有关于普通中小学德育课程评价的研究；即使在大学和职业学校德育课程评价研究中，也没有涉及研究生入学考试、“职教高考”中如何开展德育课程评价问题。这说明，对于如何着眼于选拔性考试开展德育课程评价这一关键性问题，现有研究基本上交了白卷。

三是研究成果没有进入到考试、命题的内部和细节，不能清晰地回答如何科学、公正、规范地开展德育课程考试这一现实问题。当前各地中学普遍进行德育课考试，很多小学也正在开展德育课考试。德育课如何考试，应该考什么，不同学段的学生在德育课程中的学习效果应该达到什么程度，考试成绩在学生评价和选拔中应该扮演什么角色，这些都是值得深入探索的问题。目前有研究者论及德育课程中的考试，但基本上没有专门讨论命题，没有为保障德育课考试的科学性和规范性提供足够的学理支撑。

第二节　德育课程评价领域的现实问题扫描

由于德育课程评价研究不够发达，笔者尝试依据个人见解，对该领域较为突出的现实问题进行提炼，以期引起同行的重视。

一、品德测评与德育课评价的关系问题

望文生义，品德测评是对学生思想品德的评价，德育课评价的核心是对学生学习思想品德课的效果进行评价，两者天然地具有密不可分的关系。对两者关系进行研究的意义也就由此产生：如何理解这两者的关系？这两者是不是可以相互取代？

（一）政策中的品德测评与德育课评价

《教师法》规定，教师有权评定学生的品行。若干教育法规和德育政策对品德测评和德育课评价提出了要求，本部分对相关政策文件进行梳理呈现。

1980 年发布的《教育部关于改进和加强中学政治课的意见》要求健全政治课的考试考查制度，强调“考试考查是为了了解学生掌握和运用基础知识的能力；督促学生认真复习功课，巩固所学知识，同时也是为了检查教学效果，以利改进教学。……政治课应与其他主要学科统筹安排考试的时间，实行记分。政治课成绩是学生能否升级或毕业的根据之一。政治课成绩的评定，只能根据学业知识考试结果，不能混同于平时政治表现的操行鉴定”。文件强调不能将学业知识考试结果与操行鉴定相混同，但对于德育课考试成绩与学生品德发展状况评价之间的关联，文件没有进行分析。

1985 年发布的《中共中央关于改革学校思想品德和政治理论课程教学的通知》指出：“考试制度也要进行改革。考试的主要目的是检查学生对所学内容的理解程度、接受程度和运用能力。学生的学习成绩应当结合他们的考试结果和平时的学习运用情况来判定。”这里出现了注重平时运用情况的表述，也就是说，德育课的学习成绩评定不能仅依据学生的考试成绩和在德育课上的课程表现，还要考虑学生在日常生活中的言语和行为。

1988 年发布的《中共中央关于改革和加强中小学德育工作的通知》要求研究改进学生操行评定办法，健全优秀学生评选和奖励制度，不过，该文件没有做进一步的说明。

1988 年发布的《小学德育纲要（试行草案）》指出，品德评定是德育过程的一个重要环节，它包括操行评定和思想品德课考核两个方面；操行评定每学期评一次，应根据本纲要及《小学生守则》《小学生日常行为规范》的要求，经过学生个人、集体和教师（包括班主任和各科教师）评定（含校外表现），最后由班主任写出评语，记入学生成绩册，通知本人和家长，并作为评选“三好”学生、升级、升学的依据之一；思想品德课考核，应依据教学大纲和教材，着重考查学生的道德认识，考核成绩列入成绩册。在这一文件中，操行评定和思想品德课考核被看作品德评定的两种形式，在小学德育实践中，两者应并列进行。

1995 年正式发布的《中学德育大纲》指出，品德评定的基本方法是写操行评语和评定操行等级；学生品德评定内容与标准以本大纲规定的教育目标、内容和《中学生守则》《中学生日常行为规范》为依据；评定要坚持实事求是的原则，实行民主评定的方法；操行评语由班主任负责，在学生个人总结和小组评议的基础上写出；操行等级由班主任在征求学生和任课教师意见基础上评定，学期末初评，学年末总评；学校要有一名副校长分管学生品德评定工作，学生操作行为不及格者须经分管德育工作的校长或教导主任审定；评定结果（包括操行评语和操行等级）应通知家长，并记入学生学籍档案；品德测评结果应成为学生升学、就业的重要考察依据，保送生必须连续三年操行评为优等，学生品德行为有优异表现并受到区（县）以上教育行政部门表彰者，在升入高一级学校或就业时应予以优先录取、录用。值得一提的是，这一文件将写操行评语和评定操行等级作为品德评定的基本方法；没有将德育课学习状况与操行评定联系起来，德育课学习状况在品德评定过程中似乎是没有地位的；并且，该文件没有提及德育课考核问题。

1995 年发布的《国家教委关于进一步加强和改进中学思想政治课教学工作的意见》突出重视教学评价改革，指出“建立和健全思想政治课教学的评估制度，是提高思想政治课教学质量的重要措施”。关于学习评价，文件要求，平时教师应依据思想政治课课程标准，确定思想政治课的考核内容；思想政治课的考试要克服重片面强记资料、观点的倾向，注重对学生综合能力的考查；教师通过对学生的考核检查自己的教学效果、衡量学生对所学知识的理解程度和运用能力；提倡思想政治课的考试采取开、闭卷相结合的方式或撰写小论文、调查报告等多种形式进行；高中和高校的招生考试以及初中毕业考试和高中毕业会考中的思想政治课考试命题范围及深度、难度均要依据思想政治课课程标准制定。文件中关于“对学生综合能力的考查”似乎并不涉及学生日常行为表现，而是强调学生对所学知识要达到理解并应用的高层次认知水平。

1998 年发布的《中小学德育工作规程》在思想品德课和思想政治课专章中指出，中小学校要通过思想品德课和思想政治课考核，了解学生对所学基本知识和基本理论常识的理解程度及其运用的基本能力。继而在常规教育部分提出了评定学生品德行为的要求，强调“评定的标准、方法、程序，依据《中学德育大纲》和《小学德育纲要》施行。学生的品德行为评定结果应当通知本人及其家长，记入学生手册，并作为学生升学、就业、参军的品德考查依据之一”。对品德测评与德育课评价的内在关系，这一文件没有进行分析。

2000 年发布的《中共中央办公厅国务院办公厅关于适应新形势进一步加强和改进中小学德育工作的意见》指出：“作为高中阶段学校招生必考科目的思想政治课，要积极进行考试内容和形式的改革。同时要建立健全学生思想道德行为的综合考核制度。”这一文件提出了初中德育课考试改革的问题，对于德育课考试和综合考核的关系没有进行分析。

2014 年发布的《教育部关于全面深化课程改革落实立德树人根本任务的意见》要求加强考试招生和评价的育人导向，将学生践行社会主义核心价值观情况纳入综合素质评价体系，使社会主义核心价值观内化为学生的精神追求，外化为实实在在的自觉行动。此外，对于德育课如何评价、学生品德如何评定，文件没有进行分析。

2014 年发布的《教育部关于培育和践行社会主义核心价值观进一步加强中小学德育工作的意见》没有直接对品德测评和德育课评价进行部署，不过，在“大力增强实效性，夯实中小学德育的基本保障”部分提到“要突出知行结合，着力培养学生养成良好的行为习惯，客观真实记录学生行为表现情况，引导学生将道德认知转化为道德实践”。

2017 年发布的《中小学德育工作指南》强调加强督导评价，“学校要认真开展学生的品德评价，纳入综合素质评价体系，建立学生综合素质档案，做好学生成长记录，反映学生成长实际状况”。

2019 年发布的《关于深化新时代学校思想政治理论课改革创新的若干意见》要求重视思政课评价，强化中考、高考、研究生招生考试对学生学习思政课的指挥棒作用，将思政课学习实践情况等作为重要内容纳入综合素质评价体系，探索记入本人档案，作为学生评奖评优重要标准，作为加入中国少年先锋队、中国共产主义青年团、中国共产党的重要参考。笔者认为，“思政课学习实践情况”主要指的是学生在日常生活中实际应用思政课学习内容的情况，如果将学生日常操行表现理解为思政课实践情况，我们可以感受到德育课评价与学生品德测评的内在一致性。

1997 年发布的《九年义务教育小学思想品德课和初中思想政治课课程标准》指出，小学思想品德课学习评价分为认知能力评价和行为能力评价，着重考核学生的道德认识和道德判断能力。2001 年，教育部印发《九年义务教育小学思想品德课和初中思想政治课课程标准（修订）》，在学习评价部分，该文件强调对学生行为表现和道德实践能力的评价，通过评价，努力创设有利于学生积极、主动、创造性学习的氛围。2003 年发布的《品德与生活课程标准（实验稿）》指出，本课程的评价目的是激励每个儿童的发展，促进课程的发展和提高教育质量，促进教师的自我成长和提高专业能力；课程评价应当过程化，强调对儿童学习过程的评价；评价主体、角度、尺度应该多样化；重视质性评价，不宜全部量化；评价主要采用的方法有观察、访谈、问卷、成长资料袋评价、作品分析等，其中，成长资料袋评价是评价儿童成长比较有效的一种方法。同年发布的《品德与社会课程标准（实验稿）》还专门指出：“本课程评价的根本目的在于获得反馈信息，以帮助教师改进教学，促进儿童发展，保证课程目标的实现，而不在于对学生品德与社会性发展水平做出终结性的评定，更不是利用评价结果对儿童进行比较与分等。因此，要从每个学生的原有基础出发，尊重学生的个性特点，强调以鼓励为主的发展性评价。”2011年，教育部发布以上两门课程的2011年版课程标准指出，品德与生活课程评价要遵行多元、开放、整体的儿童评价观，以质性评价为主，量化评价为辅；品德与社会课程要采用认知和操作相统一、综合性和简约性相统一、显性表现和隐性品质相统一等多元的评价方式激励学生。

1986年印发的《中学思想政治课改革实验教学大纲（初稿）》指出，在中学思想政治课的改革实验中，要重视教学方法、考试方法的改革，考试应着重考核学生对所学内容的理解和运用能力，成绩评定办法也须相应改革；思想政治课要与学校的日常思想政治教育紧密结合，与政教处、班主任、团队工作以及家庭、社会教育密切配合，引导学生把所学的知识、观点运用到自己的思想和行动中，努力做到言行一致。1997年由国家教委发布的《九年义务教育小学思想品德课和初中思想政治课课程标准》指出，初中思想政治课学习评价分为识记能力评价、理解能力评价和运用能力评价，采用书面测验与日常观察相结合的方式进行。2003年由教育部印发的《思想品德课程标准（实验稿）》指出，初中思想品德课程评价要坚持正确的思想价值导向，有利于促进学生良好思想品德的形成；既要重视学生对本课程基本知识的理解和运用，更要考查学生是否开始形成了好公民所应有的态度、能力、价值观和行为；不仅要重视结果，更要注重发展、变化和过程，把形成性评价与终结性评价结合起来；重视学生、教师和家长在评价过程中的作用，重视对学生评价的反馈。2011年，教育部发布2011年版的《思想品德课程标准》，对实验稿进行了微调，指出“课程评价要客观、公正，将形成性评价与终结性评价结合起来，重视学生、教师和家长在评价过程中的作用，不能用单一的知识性考试作为对学生思想品德课程学习质量评价的唯一方式，避免评价方式偏离本课程的目标和理念”。

就高中而言，2004年教育部发布《普通高中思想政治课程标准（实验稿）》，指出，高中思想政治课的课程评价要把对学生思想政治素质的评价放在突出位置，实行多元主体共同参与的发展性评价。2017年，教育部印发《普通高中思想政治课程标准（2017 年版）》，该文件指出要精准研究开展学业水平考试以期有效测试思想政治学科核心素养的真实发展水平。

基于上文梳理，笔者现将我国德育政策对德育课评价和学生品德测评的关系归纳如下：（1）德育课评价是学生品德测评的有机组成部分；（2）德育课评价不能仅评价学生在认知层面对德育课上所传授的知识的掌握情况，还要评价学生在实际生活中能否做到知行合一；（3）德育课评价方式不能局限于书面测验，而要突出过程评价，注重分析学生的日常行为表现。如果允许对文件内容进行引申的话，当德育课评价注重学生在生活中的实践应用，注重分析学生是否“形成了好公民所应有的态度、能力、价值观和行为”时，德育课评价其实就包括了学生品德测评，或者，德育课评价与学生品德测评合二为一了。

（二）实践中的学生品德测评与德育课评价

在迄今为止的多数时间里，小学阶段的学生品德测评由班主任负责，德育课评价则基本上是形式化的。每个学期末，班主任会给学生写操行评语，传统的操行评语基本上是“该生关心集体，团结同学，学习刻苦”这样的表达方式，当前的评语更加日常化、口语化，如“你听课的样子很认真，你讲故事很生动”等。每个学年，班主任会组织优秀学生评选，越来越多的班级赋予学生投票权，不过，班主任仍然有较大的自主空间。除班主任以外的其他教师基本上不参与给学生写操行评语和评选优秀学生的过程。小学德育课教学由班主任兼任，学校不将德育课作为期末考试的科目，班主任或德育课专任教师会在学生成绩表中填上一个等级作为德育课评价结果，而且，一般情况下，全班同学的德育课评价等级是一样的，没有区别。近年来，随着党和国家对思政课地位的强调，一些地方从小学三年级开始将小学德育课列为期末统考科目，德育课学习成绩依据日常的考查和期末的考试进行判定，德育课考试分数受到师生重视，不过，操行评语、优秀学生评选和德育课考试分数彼此分离，基本上没有什么联系。

初中阶段的学生品德测评与德育课评价基本上是平行进行，井水不犯河水。学生品德测评由班主任负责，实施方式和小学差不多。德育课评价和语文、数学等学科的做法相似，强调学生对知识的识记，德育课考试分数对学生来说挺重要。在很长一段时间里，德育课不是中考科目，所以，德育课考试分数在学生心中的分量弱于中考科目的分数，德育课也成为师生心目中的“副科”。近年来，一些地方将德育课作为中考科目，试卷总分普遍少于语文、数学，但这门课的考试分数得到了大量学生的重视，也引发了学生、家长和教师的焦虑。不过，操行评语、优秀学生评选和各种类型的德育课考试分数彼此分离，基本上没有什么联系。

高中阶段的学生品德测评与德育课评价基本上也是井水不犯河水的状态。学生品德测评的做法与小学和初中基本一样。对于不将德育课作为高考科目的学生来说，德育课只是一门毕业会考科目，成绩及格即可。对于将德育课作为高考科目的学生来说，德育课就是绝对的一门主科，考试重点和难点是对该学科知识的熟练掌握。不过，操行评语、优秀学生评选和各种类型的德育课考试分数彼此分离，基本上没有什么联系。

随着发展性评价理念的传播，越来越多的教师（主要是班主任教师）尝试对学生言行进行持续观察，收集学生的作品，为学生制作成长档案袋，基于成长档案袋对学生操行做出的评价更为丰富、真实而有说服力。在国家层面，为落实《国家义务教育质量监测方案》，教育部基础教育质量监测中心分别于2017年、2020年组织开展了两轮国家义务教育德育状况监测。监测以国家德育相关政策、品德课程及相关课程标准等为依据，将社会主义核心价值观贯穿其中，重点测查学生的价值观状况、学生行为规范的日常表现状况、学生对国情常识和中华优秀传统文化的了解状况、学生的法律素养状况。监测还结合国家相关政策规定，对学校道德与法治课教育教学状况和学校德育工作状况进行调查，反映全国道德与法治课程的实施以及国家德育相关的政策落实状况。由此可见，监测整合了德育评价、品德测评、德育课评价的功能。

监测报告显示，第二轮监测努力开发科学有效的监测工具。国内外百余所相关机构的德育、儿童发展心理学、教育与心理测量、课程与教学论、教育政策、教育管理、思想政治教育、法学、历史学、地理学等各领域的专家，以及地方教育行政人员、中小学教研员、一线道德与法治教师、校长等参加了此次德育状况监测的指标选取与工具研发工作。研发过程严格按照标准化流程和相关规范要求进行，历经国际测评技术方法研究、学生德育现状与学校德育工作现状调研、监测指标研制、监测工具研发、多轮次预试与修订等过程。

监测报告显示，学生品德发展状况良好。接受监测的四年级、八年级学生普遍具有积极的人生价值；85% 以上学生行为规范表现较好，与 2017 年相比有所提升；学生对国情常识的了解得分与 2017 年大体相当；40% 以上学生对中华优秀传统文化内涵与价值的理解处于中上水平；85% 以上学生运用规则的相关知识解决生活中实际问题的能力处于中等水平及以上。监测报告还呈现了德育课开设情况、德育工作情况、家庭教育实施情况等方面的结果。

随着国家义务教育质量监测的持续展开和相应监测工具的持续完善，笔者以及一些德育领域研究者设想，有没有可能依托国家级的标准化品德测评来实现面向所有学生的品德测评和德育课评价？品德测评和德育课评价能否随之合二为一？

（三）理论研究中的品德测评与德育课评价

从 20 世纪 90 年代开始，德育理论界出现了一次关于品德测评研究的小高潮，肖鸣政、杜时忠、檀传宝等对品德测评进行了探讨。研究者指出，学生思想品德评价是德育质量评价中的重要组成部分，学生思想品德测评是品德评价的一种科学的表现形式，但在德育实践中，中小学校学生思想品德测评普遍存在着名不副实的问题，品德测评呈现“测评不科学——结果不真实——对结果不重视——对道德评价的忽视——对道德教育的忽视”的怪圈。从品德测评的流程来看，品德测评标准和测评内容不确定、具体实施过程中方法不科学、测评结果的工具性价值无限扩大可能导致上述问题的产生。①

若干学者对品德测评方法进行了研究和探索。一是借鉴国外的品德测评方法，如皮亚杰的对偶故事法，柯尔伯格的两难故事法，莱斯特的限定问题测验，林德的道德行为与发展双面理论及其道德判断测验。二是发掘我国古代品德考评经验，如诸葛亮、王守仁提出的“日询常规，务实考德”，即在日常生活中考察个体思想品德的方法。三是提炼当代中国的品德测评方法，如行为观察法、谈话法、问卷法、测验法、投射法、对偶故事法、情境测验法、人物推定法、个案研究法、操行鉴定法、现场教育心理实验法等。②

有研究者对品德测评研究的进展和问题进行了反思。肖鸣政指出，研究存在研究任务艰巨而研究力量薄弱的“大骨头”与“小蚂蚁”的矛盾问题，存在重复研究、各自为战的现实问题，存在费时费力、效率不高、效果不好的问题，存在定性定量相结合、各测评主体相结合的困难问题，存在品德测评精确化、准确化与客观化的困难问题，希望由国家教委出面在全国范围内建构一支科研、行政、实践者三结合的科研队伍，协作攻关；在追求评语测评的具体性、等级测评的准确性、量化评分的精确性以及测评过程的客观化的同时，要对品德测评的抽象性、随意性、模糊性与主观性留有一席之地；努力改进与简化现有的品德测评方法，使它们便于教师操作；对教师运用各种品德测评方法给予一定的指导与训练。③

---

① 廖英，檀传宝．中小学思想品德测评中的问题与对策［J］．河北师范大学学报（教育科学版），2003 (5)：79 − 82.

② 胡朝兵，张大均．国内外品德测评方法述评与展望［J］．中国教育学刊，2008 (3)：40 − 44.

③ 肖鸣政．当前品德测评研究中的问题与对策［J］．江西教育科研，1995 (1)：58 − 60.

相比之下，很少有理论研究者涉足德育课评价或者德育课考试研究，德育课评价研究整体上比较薄弱。陈友芳等着力构建素养本位的思想政治学科素养测评体系，强调“设置具有典型性的情境活动是思想政治学科素养测试的最重要的技术性工作”，要求构建能够实现情境真实、（学科）任务真实、行为表现真实的测评体系。① 近年来，随着素质教育持续推进和学科素养概念的提出，各地德育课考试发生了较大变化，偏重考查学生运用理论知识分析解决现实问题的能力，一些研究者对这一转向进行了归纳。王宏建、杨伟东分析了 2019 年河南省中考道德与法治命题导向：试卷引导语“道德与法治课，关注国计民生，培育核心素养，引领人生航程。唱响自信之歌，依道守法前行，担当复兴大任，有我必定成功！”突出了核心素养培育；考题联系生活实际，围绕高考志愿选择考查“个人与国家、个人与社会”的相关知识点，围绕“记得牢固，考出高分，就是学好了道德与法治课”和“坚持知行合一，立德树人，才能学好道德与法治”两个观点考查学生辩证地分析问题、解决问题的能力。② 各地命题普遍注重问题情境创设，考查的是学生在面对不同情境时能否运用学科知识和技能解决问题，以及在此过程中所展现的参与社会生活的必备品格和关键能力。基于素养立意的试题命制，需从确定关键核心素养开始，围绕素养目标要求确定学科内容、设置学科任务、创设评价情境，对学生行为表现进行测评。③ 透过这些研究，我们能够感觉到品德测评与德育课考试正在相向而行，有望在生活化、情境化、注重实际应用方面融合为一。

---

① 陈友芳 . 考试内容改革背景下思想政治学科素养测评体系构建研究［J］. 课程·教材·教法，2018 (10)：98 － 104.

② 王宏建，杨伟东 . 加强学段教学衔接 培育学科核心素养：从 2019 年河南省中考道德与法治命题导向谈起［J］. 中学政治教学参考，2020 (11)：71 － 73.

③ 杨子忻 . 道德与法治学科素养立意的命题要旨［J］. 中学政治教学参考，2018 (35)：56 － 58.

（四）期待品德测评与德育课评价的融合

作为研究者，笔者真诚地期望品德测评与德育课评价的融合。德育课的宗旨是促进学生形成良好的思想品德素质，德育课评价理所当然应该成为品德测评的重要组成部分。就当代德育课评价突出强调对学生思想政治素质的评价，追求对思想政治学科核心素养的真实发展水平的有效测试而言，德育课评价应该超越片面强调知识点识记的水平，注重考查学生实际运用相关知识解决实际问题的能力。当前我国已经拥有开展义务教育德育状况监测的一定基础，在国家层面组建了一支进行高质量品德测评的专业队伍，如果能够将这些工作加以推广，开发出体现国家水准的德育课常规检测、期末检测、中考乃至高考检测系统，就可以消除地方分散命题导致的片面强调知识点记忆、试题规范性程度欠佳、试题难度波动过大等问题，减少伴随德育课考试产生的焦虑。

品德测评与德育课评价的融合还意味着德育课评价进一步融入日常生活，加大表现性评价所占的比重。书面测试可以反映学生面对现实问题时的思考方式，但学生在参加测试时可能自我美化，学生提供的答案可能与本人的真实行动有一定差距，因而，德育课评价和品德测评还需要走出教室，在人生的开放式考场中展开。“表现性评价就是让学生参与一些活动，要求他们实际表现出某种特定的表现性技能，或者创建出符合某种特定标准的成果或作品。简言之，就是我们在学生执行具体的操作时直接观察和评价他们的表现。”[①] 与纸笔考试、标准化测试不同，表现性评价是基于观察和主观判断的评价，表现性评价的有效实施要求教育者注意如下要点。一是明确评价目标，即确定不同年段学生在思想品德发展方面所应达到的认知状况、情感倾向和行为方式。二是确定评分规则，“不仅需要大体描

① Richard J. Stiggins. 促进学习的学生参与式课堂评价［M］. 国家基础教育课程改革“促进教师发展与学生成长的评价研究”项目组，译. 北京：中国轻工业出版社，2005：155.

述‘优异’的表现是什么样的，还要刻画出从低到高的各个表现水平”①，从而可以使用等级制进行一定程度的评量。三是设置表现性任务，即为学生提供具有挑战性的情境和有待解决的问题。表现性评价需要较长时间，可以贯穿、分解到日常教育教学过程中实施；表现性评价容易出现主观偏差，评价主体多元化（综合运用教师评价、学生自评、同伴互评等）可以有效克服这一问题。

二、德育课评价中的考试问题

考试是德育课评价和品德测评实施过程中绕不过去的问题。笼统地说，品德测评、德育课评价都是考试，只是我们拥有不同的考试方式而已。当前，全国各地中小学的应试压力仍然较大，“以分数论英雄”的考试型教育文化在公众心中还挥之不去，“只问耕耘，不问收获”，不考试显然并不能解决德育课评价面临的现实问题。那么，如何改革考试方式，如何开发更加科学、规范、有效的考试系统，成为我们应该直面的现实问题。

（一）各地德育课考试实践五花八门——以中考为例

当前各地普遍将道德与法治课程列为中考科目，这种做法对于提升道德与法治课程在义务教育阶段课程体系中的地位来说产生了重要影响，也引发了中小学校在期中考试、期末考试中开展各种类型的道德与法治课程考试的热潮。

从评分方式、分值和考试方式来看，各地中考中的道德与法治课程考试有较大差异，这种差异必然会对学校常规组织开展的道德与法治课程考试产生巨大影响。评分方式分为计分制和等级制两种，多数地方采用计

① Richard J. Stiggins. 促进学习的学生参与式课堂评价［M］. 国家基础教育课程改革“促进教师发展与学生成长的评价研究”项目组，译. 北京：中国轻工业出版社，2005：164.

分制，个别城市采用等级制。各地分值差异较大，从 20 分到 100 分不等。多数地市实行闭卷考试，部分城市实行开卷考试，如上海市规定，道德与法治（统一考试）采用开卷笔试的考试方式，允许考生携带《道德与法治》教科书，教科书中不得夹带或粘贴任何材料。此外，上海市规定，在中考分数计算时，道德与法治课程的分数由平时分 30 分和统一测试 30 分累加而成。至此，不同地区道德与法治课程考试存在差异这一现象或问题清晰地浮现在公众面前。如与上海市相比，武汉市道德与法治课程考试分值也是 60 分，不过，考试方式是闭卷考试，且学生在初中学业水平考试中的得分就是最终的分数，平时表现对中考得分没有影响。常规开展期中考试、期末考试以及单元测试的情况更加丰富，各校、各区县均有所不同，这里不做细致呈现。

笔者咨询全国各地的朋友，了解到很多地区中考对于道德与法治课程考试的安排，见表 6–1。

表 6–1　若干地区中考对于道德与法治课程考试的安排

地区	道德与法治课程考试安排
北京	总分 80 分。其中，中考卷面分 70 分，综合实践活动 10 分
上海	总分 60 分，包括 30 分平时分 +30 分中考笔试分。30 分平时分贯穿初中 4 年，从“日常学习、考试成绩、实践活动”三个板块综合打分，由学校完成评价。30 分中考笔试纳入集中中考的三天中，开卷考试，时长为 40 分钟
成都	会考成绩折算后计入中考成绩。总分 20 分，会考成绩 80 分以上中考成绩为 20 分；70—79 分得 16 分；60—69 分得 12 分；60 分以下得 8 分
南京	开卷考试，总分 60 分，难度还行，考高分不容易，这门课拉分也挺厉害
武汉	2022 年最后一届开卷考试，满分 40 分，考试时长 40 分钟，题型为单选题。2023 年开始闭卷考试，满分 60 分，题型为单选题、分析题
郑州	开卷考试，满分 70 分。考试难度适中。由于所考题目灵活且与时事联系紧密，教师备课需要花大量精力和时间，备考压力挺大

续表

地区	道德与法治课程考试安排
济南	总分 100 分，进行等级评价，按照济南市总体学生成绩从高到低排序，其中 A（15%）、B（30%）、C（30%）、D（20%）、E（5%）给学生赋予相应等级。按照目前济南市中考政策，C 等级以上即可上一类高中，D 等级以上可上普通高中。所以学生学习基本无压力
南通	与历史一起考，总分 100 分，各占 50 分。先考一个小时的历史，中间休息半个小时后，重新发试卷，再考一个小时的道德与法治
扬州	开卷考试，总分 50 分，其中有 5 分是时政测试题
咸宁	闭卷考试，总分 50 分，和历史考试一起共用 80 分钟，应考压力比较大
宜昌	道德与法治、历史合卷考，各 100 分，考试时间共 90 分钟。中考记分按等级记分，80 分及 80 分以上记 30 分，70—79 记 25 分，60—69 分记 20 分，60 分以下记 10 分
肇庆	闭卷考试，原始总分 100 分，折算为 60 分

注：本表内容由相应地区的朋友于 2022 年 2 月友情提供，未与相应地市教育行政部门确认。

面对各地实践层面的差异，很多人在思考道德与法治课能不能考、该不该考、应该怎样考等问题。

（二）道德与法治课程考试的原理分析

其一来看道德与法治课程性质对考试方式的内在规定性。

教育目标与课程评价之间存在首尾呼应的内在逻辑关系，即依据特定价值观确定的教育目标对课程评价具有统率作用，课程评价的意义在于“用评估程序确定学生身上实际发生了什么变化，我们在哪些地方实现了课程目标，而在哪些地方我们仍需做出进一步的改善，以获得有效的教育计划”[①]。

道德与法治的课程性质因而成为确定该课程的评价方式（笔者将其笼统称为考试方式）必须首先予以正视的问题。《关于深化新时代学校思想政治理论课改革创新的若干意见》指出，思政课是落实立德树人根本任务的关键课程；小学阶段思政课的课程目标重在启蒙道德情感，引导学生形成爱党、爱国、爱社会主义、爱人民、爱集体的情感，具有做社会主义建设者和接班人的美好愿望；初中阶段思政课的课程目标重在打牢思想基础，引导学生把党、祖国、人民装在心中，强化做社会主义建设者和接班人的思想意识。教育部于 2011 年颁布的《思想品德课程标准》指出，思想品德课程是一门以初中学生生活为基础、以引导和促进初中学生思想品德发展为根本目的的综合性课程，体现思想性、人文性、实践性、综合性特性，帮助学生过积极健康的生活，做负责任的公民是课程的核心，坚持正确价值观念的引导与学生独立思考、积极实践相统一是课程的基本原则。这些规定，与理论研究者对于德育课注重引导学生学会生活、学会做人的主张是一致的，都强调德育课是一门格外强调知行合一的课程；德育课的教学目标不应止步于知识传递，而要促使学生形成社会发展所期望的思想品德，实现认知、情感、行为的共同进步。依据这样的课程目标或者课程性质定位，道德与法治课程评价必须跳出片面考查知识掌握情况的束缚，更加关注学生运用知识解决实际问题的能力，关注学生在具体情境及日常生活中的思考、选择和行动。

其二来看道德与法治课程评价特殊性对考试方式的内在规定性。

道德与法治课程的培养目标是育德，而对个体品德生成情况的评价是复杂而艰难的。骆郁廷对高校思想政治理论课教学评价的特殊性进行了专门分析，指出这种评价是知识评价与价值评价、内在评价与外在评价、

---

① 泰勒．课程与教学的基本原理［M］．罗康，张阅，译．北京：中国轻工业出版社，2014：133.

现实评价与潜在评价、个体评价与社会评价、精确评价与模糊评价的统一。[①]

笔者认为，以上分析也适用于义务教育阶段的道德与法治课程评价。道德与法治课程评价应该体现综合性，全面考查学生在该领域的认知、情感、行为，从而判断学生的思想品德发展状况；坚持发展性，注重把握学生在前后相继的生活经验中的思想品德成长轨迹，展现学生为人处世方面的进步；着眼终身可持续发展，关注学生是否具有在具体情境中独立思考和处理问题的能力；落实多主体参与，综合考虑教师、学生本人、同学、家长的评价意见；在精确性与模糊性之间保持张力，既努力提升精确性又保持必要的模糊性。

其三来看当代教育评价理念对道德与法治课程考试的基本要求。

新时代道德与法治课程考试还必须吸纳最新的教育评价研究成果，与当代教育评价理念相契合。在评价理论创新方面，当代评价研究者主张发展性评价，强调质性评价，重视表现性评价。在教学评价和考试命题领域，布鲁姆提出的教育目标分类系统将教育目标分为认知目标、情感目标、动作技能目标三类，进而对三类目标进行层级解析，其中，将认知目标划分为知道、领会、应用、分析、综合、评价六个层级的观点得到广泛采纳。《深化新时代教育评价改革总体方案》明确要求坚决克服唯分数、唯升学、唯文凭、唯论文、唯帽子的顽瘴痼疾，提出“改进结果评价、强化过程评价、探索增值评价、健全综合评价”四项新举措，以期通过评价改革推动教育事业迈向更高目标，促进学生全面发展。

基于上述教育评价理念，道德与法治课程考试应该走向学生品德发展测评，即“依据一定的评价指标，运用一切科学可行的方法、技术，系统

---

① 骆郁廷．试论高校思想政治理论课教学评价的特殊性［J］．教学与研究，2007 (4)：71－75.

地收集有关的资料信息，对学生的品德状况及其发展做出价值判断”[1]。具体来说，着重在较长时段内考查学生在真实情境中的实际行动，以此为依据来判断指导学生行动的思想观念，努力呈现学生的思想品德素养发展状况，淡化书面测试的分数，逐步扭转将中考分数与“普职分流”和未来学业选择混同的应试风气，鼓励和引导青少年根据个人兴趣和社会需求进行学业和职业选择。

（三）道德与法治课程考试的实施框架构建

原理分析提示我们，道德与法治课程考试从属于学生品德发展状况评价，适合采用长期的、以促进学生发展为宗旨的质性与量化相结合、自我评价与师长评价相统一的评价方式，构建书面测试与表现性评价相结合的考试系统。

一是构建书面考试与表现性评价相结合的道德与法治课程考试系统。

道德与法治课程考试、学生品德发展测评宜长期进行，必须将学生行为表现纳入考查范围。可以在中考和期末考试中建立“行为表现评价 + 书面考试评价”复合评分系统，书面考试占 50 分，行为表现占 50 分。这样做，既符合道德与法治课作为德育课的课程性质，又能大大减轻书面考试命题压力，能够为试题减容，为学生减负。

行为表现评价要考虑运行成本和结果可靠性，进一步划分为日常行为表现评价和真实情境中的任务完成情况评价。前者考查学生在日常生活中爱国守法、参与集体、关心他人、勤奋学习等方面的表现，占 50%；后者采用真实情境面试形式进行，让学生完成特定的表现性任务，占 50%。后者尽管存在一定的机械性，但能够以评促改，在一定程度上推动学生生活

---

① 郑航. 学校德育概论［M］. 北京：高等教育出版社，2007：237.

的丰富，并且容易进行数据保存，便于检查。表现性评价容易出现主观偏差，综合开展教师评价、学生自评、同伴互评，落实评价主体多元化，可以有效克服这一问题。

道德与法治课程考试结果宜模糊处理，同时又要有一定的区分度。评分结果建议以等级制方式呈现，减轻学生应试焦虑，如 80 分以上为 A 等，70 分以上为 B 等，60 分以上为 C 等，此外为 D 等；为了便于中考总分计算，各等级分别转化为固定分数。

二是开发规范科学优质的道德与法治考试命题系统。

高质量命题是书面考试有效性的关键。道德与法治课程易学难考，命题应该把握如下要点。一是指向实际应用，尽可能多地提供问题情境考查学生灵活运用知识进行判断和选择的能力，减少书本知识的死记硬背。二是符合学生发展阶段，根据不同学段学生的知识储备、生活经验和思维特点进行命题，防止揠苗助长。三是体现全面覆盖和难易搭配，围绕教学内容编制难度系数不同的考题，灵活组卷。

规范科学优质的书面考试和真实情境面试的实现要求有稳定的命题队伍和组织机构。当前各地的普遍情况是中考考题由省市教研员、骨干教师合作命题，比较具有规范性，但也难免受到命题时间紧、团队人员少等因素的局限；常规考试由学校自主命题或者选用市面上出售的考卷，质量参差不齐，“超课标、超难度”现象非常普遍[①]，一方面给中考命题人员造成不小的干扰，另一方面迫使“教师在应试的压力面前将知识条块分割，并用大量的习题课来让学生巩固知识”[②]。考虑到思政课程采用国家统编教材，教学内容意识形态性强，建议组建全国范围内的专业命题队伍或机构，集合拥有丰富教学经验和扎实理论素养的专业人员，持续开发评价理念先进、

---

① 王旭东．落实“双减”新政：学校要建立考试管理机制［J］．中国考试，2021 (11)：60 – 65.

② 檀传宝．学校德育诊断案例研究［M］．北京：教育科学出版社，2012：259.

思想立场正确、难度系数适当的试题，为高考、中考以及常规开展的期中考试、期末考试、单元测试提供依据。

三是依托“双减”落地为道德与法治课程考试创造适宜生态。

表现性评价如何开展，师生的主观打分如何体现区分度，这些问题必然困扰道德与法治课程考试，也困扰德、智、体、美、劳各领域的评价。当学生应试压力过大，除了在学校听课、在家写作业以及校外补习之外的生活一片空白时，要考查学生在德、智、体、美、劳诸领域的真实素质，实在无从谈起。当前,国家持续推动“双减”,大力打击违法培训和过重作业，其宗旨就是将学生从书山题海中解放出来，让学生拥有接触真实世界、解决真实问题、发展创新能力、成长为高水平人才的机会。

对于“双减”落地来说，管好考试指挥棒至关重要。部分科目考试次数偏多、难度较大、质量不高、结果使用不当，给学生带来繁重学业负担，架空素质教育，这种状况必须予以纠正。[①]教育行政部门要从严落实考试管理，将考试数量减下来，将中考、高考等关键考试的难度根据学生成长阶段稳定下来，将义务教育阶段学校滥用考试分数选拔学生、划分重点班等违法违规行为牢牢控制住，把嵌在中小学生头上的“争分夺秒写作业”的紧箍咒卸下来，让学生拥有在校园内外开展科学探究、团队合作、志愿服务和社会参与的机会，为基于真实情境的表现性评价提供宽广平台。

第三节 德育课程评价研究的前景展望

评价改革任重而道远。随着社会的进步，教育评价吸引了越来越多研究者来开拓研究疆域。《深化新时代教育评价改革总体方案》的出台，以

---

① 吴月．推动“双减”政策全面落地［N］．人民日报，2021－08－31.

及各地中考、高考政策的持续改进，必将推动德育课程评价研究。在这里，笔者尝试对德育课程评价研究的前景进行展望与设想。

一、扎实开展德育课程考试研究

在基础教育阶段和高等教育阶段，德育课程考试都是影响深远的德育课程评价方式。德育课程评价研究要落细落小落实，扎实开展德育课程考试研究，努力提升考试的科学性、规范性、有效性。

考试牵动千家万户。“有效的测验，是对学生的学业成就做出科学、公正、可靠的评价的前提条件”，一个有效的测验必须有较高的效度，有较高的信度，有较高的代表性，有较高的区分度和鉴别力，具有一定的可行性。[①] 然而，对于德育课程考试的规范研究，在我国，基本上还处于空白状态。在德育评价研究领域，谈论评价理念转型的成果远远多于考试实践优化的成果的局面必须得到纠正。研究者要走出书斋和象牙塔，自觉地从群众最关心的领域选择研究课题，收集、占有尽可能丰富的中外考试试卷及相应政策，对德育课程考试展开多角度研究，提出相应的改进建议。

二、走向专业化的德育课程评价研究

参考发达国家经验，德育课程评价研究要走向专业化，组建融考试研究、试卷命制为一体的德育课程考试机构。

以中考和高考为例，我国德育课程考试命题工作采用正式考试前由教育行政部门临时抽调相关领域专家开展命题的方式。这种做法的专业化程度偏低，因为命题专家的本职主业不是命题，在每年的多数时间里承担着

---

① 袁振国．当代教育学［M］．北京：教育科学出版社，1999：280－281.

另外的重要工作，在集中命题时间之外用来思考命题工作的时间微乎其微；并且，没有实现“管、办、评”分离，不能有力地动员社会力量监督考试、评价考试。借鉴欧美发达国家经验，我国应成立面向全国的专门考试机构，集中专业力量专职开发、编选丰富、科学、程度适宜的考题，在全国及各地推行一年多考，变终结性评价为发展性评价，学生选择历次考试中最好的考试成绩作为中考、高考成绩。该机构作为独立的第三方机构，必须开展扎实的德育考试研究，接受公众监督和批评，不断提高考试的科学性、规范性、有效性。

主要参考文献

[1] 班华. 现代德育论[M]. 合肥：安徽人民出版社，2001.

[2] 杜时忠. 德育研究[M]. 福州：福建教育出版社，2019.

[3] 高德胜，章乐，唐燕. "接上童气"：小学《道德与法治》统编教材研究[M]. 北京：人民教育出版社，2019.

[4] 刘长海. 经验德育论纲[M]. 北京：人民出版社，2019.

[5] 鲁洁. 当代德育基本理论探讨[M]. 南京：江苏教育出版社，2003.

[6] 戚万学，唐汉卫. 学校德育原理[M]. 北京：北京师范大学出版社，2012.

[7] 佘双好. 现代德育课程论[M]. 北京：中国社会科学出版社，2003.

[8] 施良方. 课程理论：课程的基础、原理与问题[M]. 北京：教育科学出版社，2020.

[9] 檀传宝. 德育与班级管理[M]. 北京：高等教育出版社，2013.

[10] 檀传宝. 学校德育诊断案例研究[M]. 北京：教育科学出版社，2012.

[11] 肖鸣政. 品德测评的理论与方法[M]. 福州：福建教育出版社，1995.

[12] 易连云. 德育课程论：理念与文化[M]. 北京：人民教育出版社，2011.

[13] 张晓东. 德育政策论[M]. 北京：人民教育出版社，2011.

[14] 赵志毅. 德育原理与方法[M]. 北京：人民教育出版社，2013.

[15] 郑航. 学校德育概论[M]. 北京：高等教育出版社，2007.

[16] 郑航. 中国近代德育课程史[M]. 北京：人民教育出版社，2004.

[17] 黄向阳. 德育原理[M]. 上海：华东师范大学出版社，2000.

[18] 李海月. 西北地区中学德育课程实施研究[M]. 北京：中国社会科学出版社，2020.

[19] 班华. 近十年来德育思想现代化的进展[J]. 教育研究，1999(2)：18－22.

[20] 班建武，檀传宝. 改革开放30年中小学德育课程的变迁与发展[J]. 思想理论教育，2008(24)：14－19.

[21] 陈光全，杜时忠. 德育课程改革十年：反思与前瞻[J]. 课程·教材·教法，2012(5)：83－90.

[22] 冯婉桢，檀传宝．改革开放 30 年的中小学德育政策［J］．中国教育学刊，2008 (12)：24－27.
[23] 高德胜．回归生活的德育课程［J］．课程・教材・教法，2004 (11)：39－43＋73.
[24] 高德胜．《思想品德》教材理念的革新［J］．课程・教材・教法，2006 (6)：58－61.
[25] 韩震．以学科核心素养为主线优化思想政治课学科育人目标［J］．人民教育，2018 (7)：45－49.
[26] 蓝维，高德胜．对话：德育课程改革三十年［J］．中国德育，2009 (4)：14－19.
[27] 姜春玲．道德与法治学科核心素养的培育［J］．中国教育学刊，2021 (10)：107.
[28] 鲁洁．德育课程的生活论转向：小学德育课程在观念上的变革［J］．华东师范大学学报（教育科学版），2005 (3)：9－16＋37.
[29] 鲁洁．道德教育的根本作为：引导生活的建构［J］．教育研究，2010 (6)：3－8＋29.
[30] 鲁洁．回归生活："品德与生活""品德与社会"课程与教材探寻［J］．课程・教材・教法，2003 (9)：2－9.
[31] 鲁洁．边缘化外在化知识化：道德教育的现代综合症［J］．教育研究，2005 (12)：11－14＋42.
[32] 鲁洁．德育课程的生活论转向：小学德育课程在观念上的变革［J］．华东师范大学学报（教育科学版），2005 (3)：9－16＋37.
[33] 骆郁廷．试论高校思想政治理论课教学评价的特殊性［J］．教学与研究，2007 (4)：71－75.
[34] 廖英，檀传宝．中小学思想品德测评中的问题与对策［J］．河北师范大学学报（教育科学版），2003 (5)：79－86.
[35] 单晓红．新课标思想品德教材存在的共性问题及对策分析［J］．教育研究，2013 (1)：32－37.
[36] 檀传宝．德育教师的专业化与教师的德育专业化［J］．教育研究，2007 (4)：32－34.
[37] 唐燕．"摹仿生活"：小学《道德与法治》教材生活化的实现［J］．中国教育学刊，2018 (1)：15－20.
[38] 叶飞，李会松．德育评价：由封闭性走向开放性［J］．中国德育，2006 (6)：20－22＋66.
[39] 叶飞，檀传宝．德育一体化建设的理念基础与实践路径［J］．教育研究，2020 (7)：50－61.
[40] 习近平．思政课是落实立德树人根本任务的关键课程［J］．奋斗，2020 (17)：4－16.
[41] 闫闯，郑航．小学德育教科书中传统文化教育的嬗变：以四套人教版小学德育教科书为文本［J］．课程・教材・教法，2015 (10)：72－78.
[42] 杨一鸣，王磊．彰显国家意志促进人的全面发展：新时代初中《道德与法治》教材编写

思想刍议［J］. 中国教育学刊, 2018 (4) : 12 − 17.
［43］张忠华. 德育课程理论研究综述［J］. 思想理论教育, 2005 (19) : 62 − 67.
［44］赵振寰. 构建中学现代化的德育课程 : 论德育课程设置的改革［J］. 课程 · 教材 · 教法, 2001 (12) : 17 − 21.
［45］赵志毅, 金旭球, 邢耀东. 改革开放以来我国学校德育评价回眸［J］. 中国德育, 2021 (14) : 22 − 25.
［46］郑敬斌, 王立仁. 德育课程内容改革误区及匡正［J］. 中国教育学刊, 2013 (12) : 86 − 89.
［47］周玉波. 创新与超越 : 关于初中思想品德教材改革的探索［J］. 湖南师范大学教育科学学报, 2004 (2) : 115 − 117.

后　记

研究德育课程并非易事，因为德育、课程均是内涵丰富的概念。对于青少年品德成长来说，德育课所发挥的影响远远没有日复一日的学校生活大。基于这样的认识，众多研究者在德育课程领域不仅探讨直接道德教学，而且分析学科德育，探讨日常生活事件的德育价值。新近兴起的课程思政、“大思政课”研究与实践，均可以划归德育课程领域。

笔者认为，如果想在一本书中全面包揽德育课程领域的所有研究主题，是不现实的。于是，笔者尝试开展学校德育课程的类型解析，并且将最能体现国家德育意志、专门系统地以课的形式指引青少年思想品德建构的德育课（也可称为思政课）看作学校德育课程体系的核心或统率，进而依据古德莱德阐发的课程类型思想，从理念、政策、教科书、课程实施、课程评价等方面分别梳理新中国成立以来（尤其是改革开放以来）的德育课程研究，分析现有研究的历史功绩，探讨其发展方向，提出有待重视的问题。基于上述写作逻辑，本书对于中小学常见的德育活动类课程、校本德育课程以及发挥学科教学育人功能的学科德育课程没有展开专门论述。

近年来，以习近平总书记“思政课是落实立德树人根本任务的关键课程”重要论述为指导，德育课在学校教育教学工作中受到更多的重视，德育课程领域出现了一些创新。然而，如何编制科学的德育课、充分发挥德育课的德育功能、合理开展德育课教学评价等问题，尚未得到彻底解决；理论研究者、实践工作者、政策制定者必须协同用力，在反思德育传统基础上踏实前行，逐步彰显德育课的育人效能，进而从整体上提升学校德育质量。本书作者希望，本书对已有研究、政策、实践的梳理和分析，对于推进该领域的理论研究、实践改进和政策优化能够发挥些许促进作用。由于学力所限，本书肯定存在这样那样的不足，恳请读者同仁批评指正。